Sissy

Ein Mädchen wird Kaiserin

MARIELUISE VON INGENHEIM

Sissy

Ein Mädchen wird Kaiserin

BREITSCHOPF
WIEN - STUTTGART

Umschlaggestaltung von Mag. Erwin Moser-Brandsch

ISBN 3-7004-0090-X

1.

Ein vorwitziger Sonnenstrahl kitzelte Sissy in der Nase. Mit einem lauten „Hatschi!" erwacht das junge Mädchen, dehnt sich ausgiebig und springt mit einem Satz aus dem Bett. Bloßfüßig tappt Sissy über den weichen Teppich, ein Mitbringsel des Vaters, und schiebt die Vorhänge zur Seite.

Strahlend helles Sonnenlicht überflutet den Raum, am Himmel ist kein Wölkchen zu sehen. Begeistert reißt sie das Fenster weit auf, beugt sich hinaus und atmet tief durch.

Ein herrlicher Tag, denkt sie. Da kann ich den ganzen Tag mit Nené reiten gehen!

Aber gleich darauf verfinstert sich ihr hübsches Gesichtchen. O weh! Baronin Wulffen wollte uns doch heute Geschichtsunterricht geben. Da kennt sie kein Erbarmen. Aber ich will nicht den ganzen Tag im finsteren Zimmer sitzen... Ärgerlich stampft sie mit dem Fuß auf. Zum Lernen hat Sissy selten Lust und an einem Tag wie heute schmeckt die Paukerei überhaupt nicht.

Possenhofen präsentiert sich heute wirklich von seiner allerschönsten Seite. Das Sommerschlößchen der Familie liegt direkt am Starnberger See. Das leicht gekräuselte Wasser blitzt und funkelt in der Sonne. Im dichten Wald zwitschern die Vögel, und auf der satten Wiese balgen sich zwei Stallburschen. Von den nahegelegenen Stallungen her hört man leises Wiehern. Auch die Pferde freuen sich über das Kaiserwetter und wollen ausgeführt werden.

Mit einem inbrünstigen Seufzer wendet sich Sissy von der herrlichen Aussicht ab und beginnt langsam ihr Haar zu bürsten, das im Morgenlicht wie Gold schimmert. Nachdenklich betrachtet sie sich im Spiegel. Im Vorjahr hat sie noch wie ein Lausbub ausgesehen. Aber nun bekommt ihr

Antlitz schon feine, zarte Züge. Erst neulich hat Papa festgestellt, nun sähe sie allmählich wie ein adretter Backfisch aus. Aber was nützt das alles, wenn einem an so einem Sommertag trockene Unterrichtsstunden ins Haus stehen.

„Auf jeden Fall", beschließt Sissy, „werde ich mein Reitkleid anziehen. Vielleicht kann Papa die Wulffen überreden, die Lernerei auf einen Regentag zu verschieben."

Frohgemut geht sie ins Frühstückszimmer, wo sich die Familie schon versammelt hat. Sissy ist wie immer die letzte. Aber im Salon scheint dicke Luft zu herrschen. Die Geschwister sitzen recht manierlich um den großen Tisch herum, was sonst eher selten der Fall ist. Die Eltern machen finstere Mienen und sehen geflissentlich aneinander vorbei.

„Wahrscheinlich haben sie wieder gezankt", murmelt sie in sich hinein, „da kann ich wohl nicht mit meiner Bitte kommen. Guten Morgen!" begrüßt sie die Anwesenden bedrückt und blickt fragend auf ihre Schwester Nené, aber die zuckt nur ratlos mit den Schultern.

„Aber Sissy!" dröhnt der Vater fröhlich, „warum machst du an so einem fabelhaften Morgen wie heute ein Gesicht wie drei Tage Regenwetter? Komm, trink rasch deinen Tee, dann wollen wir einen Ritt unternehmen!"

Ein hastiger Seitenblick zeigt Sissy, daß ihre Mutter die Lippen nur noch fester aufeinanderpreßt. Nun weiß sie wirklich nicht, was sie sagen soll.

„Ja schon, aber..." stottert sie unbeholfen.

„Was, aber? Ist dir von heute auf morgen die Lust am Reiten vergangen?" Herzog Max in Bayern ist sichtlich darauf aus, seine Frau bis zur Weißglut zu reizen.

Und nun verliert Herzogin Ludovika auch tatsächlich die mühsam aufrechterhaltene Beherrschung. Zornrot, fast den Tränen nahe, macht sie ihrem Herzen endlich Luft.

„Max, ich kann dich einfach nicht verstehen. Das ganze

Jahr läßt du dich nicht blicken, kümmerst dich nicht um deine Kinder — und wenn du schon einmal gnädigerweise auf Besuch kommst, dann bringst du den gesamten Haushalt durcheinander!"

Nun ist es heraußen.

Aber während der Vater ungerührt sein weiches Ei verspeist, senken sich plötzlich sechs schuldbewußte Geschwisternasen ganz tief über die Tassen.

Die Mutter hat ja recht. Der Papa verbringt die meiste Zeit im Ausland, besucht die Familie nur dann, wenn sie auf Posenhofen residiert, und verwöhnt die Kinder nach Strich und Faden. Wenn die unbekümmerten Kleinen keine Lust zum Lernen haben, dann wird Sissy zum Vater geschickt. Und Herzog Max läßt sich nur allzuleicht um den Finger wickeln. Oft genug kommt er auch unaufgefordert ins Klassenzimmer, klappt vor der verdutzten Erzieherin alle Bücher zu und verkündet lauthals: „Schluß für heute!" Und dann stürmen sie, der Herzog an der Spitze, die Stiegen hinunter. Ab geht's ins Baumhaus, das unter seiner kundigen Anleitung gebaut wurde. Dort erzählt er ihnen abenteuerliche Geschichten von fremden Ländern und Sitten. Sissy kann nie genug hören. Immer wieder bittet sie den Vater, sie doch einmal mitzunehmen, dorthin, wo das ganze Jahr über die Sonne scheint, die Menschen in Lehmhütten hausen und jene eigenartige Sprache sprechen, die wie eine Halskrankheit klingt. Vor ein paar Jahren hat der Vater vier Negerknaben aus Kairo mitgebracht. Ganz München ist bei der feierlichen Taufe der verschreckten Jungen dabeigewesen. Hinter vorgehaltener Hand hat man aber allenthalben über die seltsamen Liebhabereien des Herzogs getuschelt. Max kümmert sich wenig um den Tratsch, die Meinung anderer Leute ist ihm herzlich gleichgültig. Aber Ludovika, die auf ihre Stellung im Gesellschaftsleben achtet, ist peinlich berührt, wenn die Sprache auf ihren Gemahl kommt. Oft verläßt sie frühzeitig einen Ball, wenn die sogenannten Freundinnen spitze Bemerkungen anbringen. Manchmal kann Sissy die Mama im Schlafgemach weinen hören.

Wie es scheint, hat es gestern abend wieder eine fruchtlose Diskussion über Vaters Gewohnheiten gegeben. Sosehr Herzog Max Frau und Kinder liebt — er mag einfach nicht lange bei ihnen bleiben. Empfänge, Theaterbesuche, Bälle oder Soireen sind ihm ein Greuel. Nach wenigen Wochen packt ihn wieder die Reiselust.

„Los, beeilt euch!" fordert er gerade das junge Volk auf, ohne auf Ludovikas Vorwürfe einzugehen. „Sonst reite ich alleine aus!"

Bei den Kleineren hat Max die Schlacht schon gewonnen. Sie scharren ungeduldig mit den Füßen und rutschen von den Sesseln. Sissy und Nené, die ein schlechtes Gewissen haben, blicken zögernd auf die Mutter. Die fügt sich gottergeben in ihr Schicksal. Schließlich will sie ihren Kindern den schönen Tag nicht verderben.

„Es ist gut, ihr könnt alle laufen", lächelt sie gequält. „Aber wenn der erste Regentropfen fällt, wird alles nachgeholt. Und zwar ohne Widerrede!"

Sissy atmet auf. Heute ist ja noch einmal alles gut gegangen. Bevor sie geht, drückt sie der Mama noch einen zarten Kuß auf die Stirn, dann läuft sie schnell hinter den anderen her.

Ludovika bleibt alleine zurück. In dem Raum ist es nun ganz still geworden. Ihre Gedanken kreisen noch um den eigenwilligen Gemahl.

Er wird mir die Kinder gänzlich verderben. Wie sollen sie sich je in das Hofleben einfügen, wenn er ihnen nur Flausen in den Kopf setzt, überlegt sie.

Aber insgeheim beneidet Ludovika ihren Max doch ein wenig. In den ersten Jahren der Ehe konnte sie noch mit in die Schweiz fahren oder durch Italien ziehen. Zwar hatte sie Max nicht aus Liebe geheiratet, die Hochzeit war von den Eltern beschlossen worden. Doch der vielseitig interessierte und charmante Mann konnte ihr Herz im Sturm erobern. Die gemeinsamen Erlebnisse mit ihm in der Ferne hatten ihr unvergeßliche Stunden beschert. Bald allerdings wurde Ludwig, das erste Kind, geboren, und nun war es für Ludovika aus mit dem Vagabundenleben. Herzog Max in Bayern, den keine politischen Verpflichtungen an die Heimat banden, dachte nicht daran, das Wanderleben aufzugeben. Helene kam auf die Welt, dann folgten Sissy, Karl Theodor, Marie, Mathilde, Sophie und Max Emanuel. Aus Sorge um die Zukunft der Kinder mußte die Mutter wohl oder übel die Rolle des Familienoberhauptes übernehmen, in der Gesellschaft repräsentieren und die Erziehung der Kinder im Auge behalten.

Wie soll ich die Mädchen verheiraten, wenn sie sich wie Stallburschen benehmen? Für Sissy wäre es fast besser gewesen, denkt sie sich, wenn sie in einer bürgerlichen Familie aufgewachsen wäre. Das Mädchen wird es einmal schwer haben, wenn es seine Freiheit aufgeben muß. Ich kann sie ja kaum dazu überreden, ein schönes Kleid anzuziehen. Sogar in München hat Sissy nichts anderes im Sinn als Pferde, Zaumzeug und neue Reitkleider.

Ludovika nimmt noch eine Tasse Tee, begibt sich an ihren handgeschnitzten Schreitisch, den ihr Max aus Spanien mitgebracht hat, und setzt einen Brief an ihre Schwester Sophie in Wien auf. Aber heute schweifen die Gedanken ständig ab.

Eigentlich darf ich gar nicht klagen. Sophie hat es ungleich schwerer als ich. Die Schwester hat Erzherzog Franz

Karl von Österreich geheiratet. Die politische Lage fordert ganzen Einsatz: Nach langem, zähem Kampf konnte es Sophie schließlich durchsetzen, daß 1848 nicht ihr willensschwacher Gatte, sondern Franz Joseph, der älteste Sohn, die Thronfolge übernahm. Hinter den ersten Schritten des jungen Kaisers ist deutlich ihre starke Hand zu spüren.

„Die Mutter des Kaisers ist der einzige Mann am Hof", pflegt man in Wien zu sagen.

Zum Kaiser gehört auch eine Kaiserin. Zwischen den Schwestern Sophie und Ludovika ist es bereits beschlossene Sache, daß Franz Joseph mit Sissys Schwester Helene vermählt werden soll. Nené weiß davon noch überhaupt nichts, aber seit dieser Plan existiert, wird Nené strenger erzogen als ihre Geschwister. Eine künftige Kaiserin soll schließlich nicht in Baumhäusern aufwachsen.

In dem Brief, den Ludovika heute nach Wien schreibt, ist aber hauptsächlich von Sissy die Rede. Anscheinend hat Karl Ludwig, Franz Josephs jüngerer Bruder, an seiner Cousine Gefallen gefunden. Die Kinder haben einander einmal in Innsbruck gesehen. Franz Joseph, ganz erfüllt von kommenden Aufgaben, hatte sich wenig um seine Verwandten gekümmert. Aber Karl Ludwig ist nicht von Sissys Seite gewichen. Regelmäßig schreibt er aus Wien, beschenkt sie mit Zuckerwerk und gepreßten Blumen. Unlängst hat er seiner kleinen Freundin sogar einen Ring geschickt. Sissy antwortet natürlich auf diese Schreiben, aber von Zuneigung ist recht wenig zu bemerken.

Einen Augenblick lang überlegt Ludovika. Soll sie ihre beiden Töchter wirklich in Vernunftehen treiben? Der Verstand gewinnt den Kampf. „Liebe Sophie", beginnt sie also, „mit Freuden vernehme ich, daß Karl Ludwig von Sissy schwärmt".

Für Sissy vergeht der Tag wie im Flug. Beim Abendessen

bemerkt sie, daß Ludovika den Streit von heute morgen offenbar vergessen hat und viel freundlicher gestimmt ist. Deswegen beschließt sie, der Mama vor dem Schlafengehen ein Geheimnis anzuvertrauen.

„Mama", flötet sie mit ihrer süßesten Stimme, „kannst du dich an Irene Paumgartten erinnern?"

„Freilich. Ihre Mutter, die Gräfin, hat mich vor wenigen Tagen besucht. Sie hat gleich in der Nähe Verwandte und will den Sommer über mit ihren Kindern am See bleiben."

„Sag, dann weißt du ja auch, daß Irene einen Bruder hat?"

Erschrocken hält die Herzogin den Atem an. Was wird da auf sie zukommen?

Sissy gerät ein wenig ins Stocken. Wie soll sie der Mutter sagen, daß sie Irenes Bruder David von Herzen lieb hat, ganz anders als ihren Bruder Karl Theodor, den sie zärtlich „Gackel" nennt. Und instinktiv spürt sie, daß diese Freundschaft der Mutter nicht recht sein wird.

„Nun, was ist denn, Sissy?"

„Ja, weißt du, ich wollte ... ich wollte fragen, ob Irene und David vielleicht mit uns ausreiten dürfen?"

Sissy ist der Mut vergangen, ihr Geheimnis preiszugeben. Die Mutter ahnt sehr wohl, was ihr Töchterchen in Wahrheit sagen wollte, hält es aber für besser, die Sache nicht zur Sprache kommen zu lassen. So geht sie bereitwillig auf die rasch erfundene Frage ein.

„Doch, doch, du kannst Irene einladen, so oft du willst. Aber du weißt doch, daß du sie dann in München nicht immer sehen solltest. Die Paumgarttens sind nicht der rechte Umgang für dich."

Mit diesen Worten verläßt die Herzogin das Zimmer. Sissy hat ihren Wink gut verstanden. Sie wartet noch ein Weilchen, bis die Schritte auf der Treppe verhallt sind, dann schlüpft sie leise aus dem Bett, entzündet eine Kerze und kramt in einer Kommode nach ihrem Tagebuch, einem sorgsam versteckten Schatz. Gedankenversunken blättert sie in den Eintragungen der letzten Tage.

2.

In Sissys Tagebuch ist viel von Irene und David zu lesen. Gerade in diesem Sommer sind die drei unzertrennlich. Diese Spielkameraden sind ganz anders als die Freunde, mit denen Sissy in München auf Wunsch ihrer Mutter zusammenkommt. Gerne verstecken sich die drei im Wald. Dann liest ihnen Sissy ihre selbstverfaßten Gedichte vor, Irene bastelt wunderliche Tiere aus Wurzeln und Blättern, und David phantasiert von den Abenteuern, die er als Erwachsener bestehen wird. Sissy gefällt die verträumte Art ihres kleinen Freundes. Sie kann stundenlang zuhören, wenn er erzählt, wie er sie vor wilden Tieren retten, über stürmische Meere geleiten und in ferne Oasen entführen wird. Manchmal, wenn Irene gerade wegsieht, streicht David über Sissys dichtes Haar und lächelt sie dabei zärtlich an.

Ein wenig erinnert er sie an den Vater. Schade nur, daß David eine so angegriffene Gesundheit hat. Oft muß er das Bett hüten, weil er sich am Vortag beim Spielen überanstrengt hat.

Auch Irene hat schon gemerkt, daß ihr Bruder ungeduldig darauf wartet, bis Sissys Blondschopf auftaucht. „Ihr dürft mich aber nicht alleine lassen, wenn ihr heiratet", flüstert sie Sissy einmal zu. Die errötet zwar heftig, nickt aber zustimmend: „Abgemacht, wir nehmen dich überallhin mit." Aber jetzt blickt Sissy traurig in das Kerzenlicht. Warum wohl hat die Mama eben gemeint, David und Irene seien nicht der richtige Umgang? Die Paumgarttens sind zwar nicht sehr reich, aber in der Familie geht es immer sehr fröhlich zu. Wenn sie da an die Tanten aus Sachsen und Preußen denkt — die hat sie noch nie richtig herzlich lachen gesehen. Sissy nimmt sich vor, die Angelegenheit morgen mit ihrem Vater zu besprechen.

Das hat auch Ludovika vor, aber sie verschiebt die Aussprache nicht auf den nächsten Tag. Herzog Max ist etwas verstimmt, schließlich war er gerade auf dem Weg zu seiner Tafelrunde, der er als »König Artus« vorsteht. Aber Ludovika läßt ihn nicht gehen.

„Weißt du, daß unsere Sissy offenbar in den kleinen Paumgartten verliebt ist?" fragt sie strafend, als wäre Max an dem Dilemma schuld.

„Nein, das ist mir noch nicht zu Ohren gekommen. Aber Sissy ist ja bald 15 Jahre alt. Da können schon die ersten Gefühle erwachen. Du warst ja auch nicht viel älter, als wir geheiratet haben."

„Das ist mir alles klar", unterbricht sie ihn ungeduldig. „Aber die Paumgarttens sind kein standesgemäßer Umgang. Ich hätte gute Lust, Sissy zu verbieten, mit diesen Kindern zu spielen."

„Was soll denn das?" fragt Max entrüstet. Nun ist auch er an dem Gespräch interessiert und legt den Überrock wieder ab. „Die Familie ist anständig und viel freundlicher als gewisse Herrschaften am Hof. Jedes Mädel erlebt eine erste Liebe, und ich bin froh, daß sich meine Sissy diesen netten David ausgesucht hat."

Ludovika kennt die Abneigung ihres Gemahls gegen die Gesellschaft in München, die — das muß sogar sie zugeben — wirklich recht ermüdend sein kann.

„Darum geht es doch nicht. Du weißt ganz gut, daß Sissy dem Bruder von Franz Joseph so gut wie versprochen ist. Die Hochzeit wird wahrscheinlich in zwei Jahren stattfinden. Sophie erkundigt sich in ihren Briefen immer nach Sissys Forschritten. Soll ich ihr etwa schreiben, daß ihre zukünftige Schwiegertochter mit verwahrlosten Burschen turtelt?"

Nun legt sich Max aber ordentlich ins Zeug. Über seine Lieblingstochter darf niemand schlecht reden. „Erstens ist David kein dahergelaufener Niemand. Und zweitens kann Sissy von mir aus auch einen Bauernjungen heiraten, wenn sie nur glücklich wird. Oder willst du ihr etwa eine Ehe zumuten, wie wir sie führen?"

Ludovika ist sprachlos: „Was willst du damit sagen?"

„Wir haben einander doch erst ein halbes Jahr vor der Eheschließung kennengelernt. Und weder deine noch meine Eltern haben lang nach unseren Wünschen gefragt. Willst du behaupten, daß du mit dieser Entscheidung glücklich warst? Nein, nein, solange ich noch in Possenhofen bin, werde ich dafür sorgen, daß Sissy ihren David sooft wie möglich zu sehen bekommt."

Mit diesen Worten nimmt Max seinen Umhang und verläßt grußlos das Schlößchen. Ihm, dem liberal denkenden Mann, sind die Vernunftehen in guten Kreisen schon längst ein Dorn im Auge. Ludovika bleibt wieder einmal alleine und verärgert zurück. Nicht genug damit, daß ihr Gatte sie mit seinem Lebenswandel vor den Kopf stößt — nun fallen ihr auch noch die Kinder in den Rücken. Auch Ludwig, der älteste Sohn, ist häufig in schlechter Gesellschaft zu finden. Er verbringt mehr Zeit im Theater als bei der Familie. Wenn er einmal bei Tisch erscheint, äußert er recht radikale Ansichten und wirft der Herzogin vor, daß sie mit Standesdünkeln behaftet sei. Insgeheim beschließt Ludovika, die beiden Töchter so schnell wie möglich zu verheiraten.

Der nächste Tag ist grau und verregnet. Sissy richtet ergeben ihre Hefte her, gleich wird wohl Baronin Wulffen zum Unterricht rufen. Da klopft es auch schon an der Zimmertür. Herzogin Ludovika tritt ein. „Sissy, ich habe einen Brief an Tante Sophie geschrieben. Möchtest du nicht einige Zeilen an Karl Ludwig beilegen? Du hast dich noch gar nicht für seinen Ring bedankt!"

Auf Karl Ludwig hat Sissy schon längst vergessen. „Ich weiß gar nicht mehr, wie er aussieht. Was soll ich ihm denn schreiben?"

„Dir wird schon etwas Nettes einfallen, mein Kind. Außerdem müßtest du dann auch nicht in die Schulstunden gehen. Ich möchte die Briefe schon gerne zu Mittag wegschicken."

„Also gut, ich mache mich an die Arbeit", antwortet Sissy, bemüht, ein triumphierendes Lächeln zu unterdrücken. Wenn sie der Erzieherin ein Schnippchen schlagen kann, schreibt sie gerne an den Cousin in Wien.

Auch Ludovika lächelt still vor sich hin. Gegen Mittag will sie nach München aufbrechen, einen hübschen Ring aussuchen und Sissys Brief an Karl Ludwig beilegen.

Sissy sucht ihr hellblaues Papier mit den Blümchen heraus und kaut am Federhalter. „Wo ist eigentlich dieser Ring hingekommen?" Erschreckt fährt sie hoch. Sie hat ihn kein einziges Mal über den Finger gestreift und achtlos beiseite gelegt. In der Schmuckschatulle ist er nicht.

Wenn ich den Ring verloren habe, ist Mama sicher böse, überlegt sie. Aus irgendeinem Grund achtet sie darauf, daß ich alle Geschenke von Karl Ludwig aufhebe. Vielleicht ist er hinter den Schreibtisch gefallen."

Hastig rückt sie das schwere Möbelstück beiseite. Da ist er auch nicht. Vielleicht in der Kommode? Sissy wühlt zwischen Wäschestücken und richtet ein heilloses Durcheinander an. Der Ring bleibt verschwunden.

Ächzend richtet sie sich auf und blickt sich suchend um. Da fällt ihr Blick aus dem Fenster. Was ist denn das? Weit entfernt erkennt sie David, der mit einem großen Jungen am Seeufer Fangen spielt. „O weh, er wird sich sicher erkälten und muß dann tagelang in seinem Zimmer bleiben!" Kopfschüttelnd und besorgt beginnt Sissy nun, die Teppiche umzudrehen. Endlich findet sie das zierliche Schmuckstück unter dem Himmelbett. Erleichtert begibt sie sich wieder an ihren Tisch, um den Brief aufzusetzen. In ihrer Jungmädchenschrift bedankt sie sich artig für das Geschenk, erzählt von den kleinen Lämmern, die ihr der Vater gebracht hat, über den Fortschritt, den sie beim Reiten macht, und schließt mit den kühlen Worten „Deine Cousine Sissy". Ohne auf die Unordnung in ihrem Zimmer zu achten, läuft sie mit dem Werk zur Mutter.

Ludovika liest das Briefchen mit deutlichem Mißfallen. „Hättest du nicht einen freundlicheren Ton anschlagen können? Und warum erkundigst du dich überhaupt nicht nach seinem Befinden?"

Schön langsam hat Sissy ihren Wiener Verwandten satt.

„Mama, was hast du denn nur mit Karl Ludwig? Er interessiert mich überhaupt nicht. Außerdem habe ich ihn nur ein einziges Mal gesehen, und das ist bestimmt vier Jahre her!"

„Sissy, hör zu, dein Cousin ist immerhin der Bruder des Kaisers von Österreich. Und er schreibt dir doch so oft und so nett."

„Soll ich den Brief noch einmal schreiben?" mault Sissy.

„Nein, für heute muß es genügen. Ich bin schon in Eile, denn ich fahre nach München."

Sissy wundert sich. Seit wann schickt ihre Mutter die

Briefe selber ab? Nun, ihr soll es recht sein. Sie beschließt, den Rest des Tages möglichst unsichtbar zu bleiben, um der Baronin nicht in die Hände zu fallen.

„Ich werde mein Zimmer aufräumen und dann ein Bild von Possi malen."

Am späten Nachmittag ist Sissys Zimmer noch immer im gleichen chaotischen Zustand. Eine flüchtige Skizze vom Park liegt zerknüllt am Boden. Sissy widmet sich einer wenig schmeichelhaften Zeichnung von Baronin Wulffen. Die Erzieherin bekommt eine lange spitze Nase mit einer großen Warze, die sie wie eine mittelalterliche Hexe aussehen läßt. Mit erhobenem Zeigefinger versucht sie ihren Schützlingen, die sich unter den Bänken versteckt haben, Anstand und Sitten beizubringen. „Das muß ich David und Irene zeigen..."

Irene schenkt der lustigen Karikatur allerdings keinen Blick, als Sissy einige Tage später auf Besuch kommt.

„David ist schrecklich krank", erklärt sie mit verweinten Augen. „Er ist ins Wasser gefallen und hat sich eine Lungenentzündung geholt", berichtet sie der nun zutiefst erschrockenen Freundin.

Da kommt auch schon Gräfin Paumgartten mit einem Tablett aus dem Krankenzimmer. „Du darfst einen Moment lang hineingehen, Sissy. Aber bleib nicht zu lange. David ist recht müde, und der Doktor hat gesagt, er solle viel schlafen, damit er rasch zu Kräften kommt."

Schüchtern betritt Sissy Davids Zimmer. Wie anders ist diese kleine Kammer im Vergleich zu ihren prächtig ausgestatteten Räumen daheim! Ein kleiner Schrank an der Schmalseite des Zimmers quillt über vor Büchern. Was mag David wohl lesen? Sissy nimmt sich vor, ihn danach zu fragen, sobald er wieder ganz gesund ist. An den Wänden hängen viele bunte Bilder und Figuren, die Irene angefertigt hat. Neben dem Fenster steht Davids Bett.

„Sissy, wie nett, daß du gekommen bist!" David reicht seiner Freundin matt die Hand. Sie fühlt sich heiß und trocken an. Sissy weiß nicht recht, wie sie sich verhalten soll. „Ich habe dir etwas mitgebracht, schau einmal!" Sie reicht ihm die Karikatur.

„So sieht also eure Erzieherin aus! Die muß aber streng sein. Und das hier bist wohl du?" David lächelt ein wenig und versucht, sich aufzurichten. Da schüttelt ein krampfartiger Husten den schmalen Körper.

„Komm mir nicht zu nahe, sonst stecke ich dich auch noch an..."

„Was ist denn geschehen?" Sissy nimmt einen Sessel und zieht ihn näher an Davids Liegestatt heran.

„Vor einigen Tagen hat es geregnet, und ich habe mich aus dem Haus geschlichen, obwohl es die Mutter verboten hat. Dann habe ich am Ufer Johannes getroffen und mit ihm Nachlaufen gespielt. Aber dabei bin ich auf dem nassen Gras ausgerutscht und ins Wasser geplumpst. Tja, es hat keine Stunde gedauert, da habe ich Fieber bekommen, und seitdem warte ich darauf, daß du mich besuchen kommst."

„Du mußt schnell gesund werden, David. Mutter hat erlaubt, daß du zum Reiten kommen darfst, und das Wetter ist ja auch so wunderschön."

Die Tür öffnet sich einen Spalt. „Sissy!" mahnt Davids Mutter. „Es ist Zeit."

Sofort erhebt sich Sissy. „Auf Wiedersehen, und erhole dich rasch."

„Nur Geduld, Sissy, ich bin bald wieder auf den Beinen."

„Stell dir vor", schluchzt Irene, als die Mädchen alleine sind, „ich habe den Doktor gestern belauscht. Er hat den

Eltern gesagt, daß sie mit dem Schlimmsten rechnen müssen. Was kann er bloß gemeint haben? Sie sahen alle so ernst aus."

„Wahrscheinlich heißt das, daß er besser auf sich aufpassen muß. Er wird doch immer so schnell krank, das weißt du doch. Aber wir drei werden wohl nicht um die Welt segeln können, wenn sich David schon nach einem kurzen Plumps ins Wasser verkühlt", versucht Sissy die Freundin von ihrem Kummer abzulenken, obwohl ihr Böses schwant. Vor einigen Monaten ist ein Freund ihres Vaters, ein robuster Kerl, der noch nie krank war, an einer Lungenentzündung gestorben. Wie soll David dieses Leiden überstehen, wenn ihn schon der leiseste Windhauch umwirft?

Betrübt macht sie sich auf den Heimweg. Langsam wandert sie am Ufer entlang und versucht, sich selbst zu beruhigen. „Er wird es auch diesmal schaffen. Aber wenn er zu uns zum Reiten kommt, werde ich darauf achten, daß er sich nicht überanstrengt."

In dieser Stimmung stößt sie auf ihren Vater, der zum Angeln geht. „Nanu, Sonnenscheinchen, so still heute? Welche Laus ist denn dir über die Leber gelaufen? Komm mit mir auf den See!"

Schweigend hilft Sissy dem Papa, das Boot klarzumachen. Nachdem Max weit genug draußen ist, zieht er die Ruder ein, wirft die Angeln aus und widmet sich dann seinem Töchterchen.

„Erzähl einmal!" fordert er Sissy auf.

Erst stockend, dann immer flüssiger berichtet Sissy von Davids Krankheit und von ihren Befürchtungen. Dann gesteht sie dem Vater auch noch, wie gern sie ihren Kameraden hat.

„Tja, eine Lungenentzündung ist keine Angelegenheit,

die man auf die leichte Schulter nehmen soll. Da kann man nur abwarten, ob sich der Patient wieder erfängt. Aber daß du David lieb hast, viel lieber als deine Brüder, ist ganz natürlich. Wenn Mädchen und Jungen alt genug sind, dann beginnen sie, sich füreinander zu interessieren. Und diese Zuneigung empfindet man eben ganz anders als Geschwisterliebe."

„Aber ich glaube, die Mama kann den David nicht so recht leiden", wendet Sissy ein, die Vaters letzte Worte nicht so genau verstanden hat.

„Ich weiß, ich weiß!" seufzt Herzog Max. „Sie will eben, daß du einmal jemanden heiratest, der dir ein standesgemäßes Leben bieten kann. Du weißt doch, daß sie es nicht gerne sieht, wenn ich mich mit meinen Freunden treffe. Die können leider keine hochherrschaftliche Abstammung vorweisen. Mir sind diese Menschen aber tausendmal lieber als die eingebildeten Kaiser und Könige, mit denen man kein vernünftiges Wort sprechen kann. Meine Freunde verstehen Spaß und sind herzensgute Männer. Das zählt für mich viel mehr als ihre Stellung bei Hof."

Da kann Sissy nur beipflichten. „Stimmt genau, Papa, wenn ich da an die Arenbergs denke..."

Sie schüttelt sich beim Gedanken an die hochnäsigen Kinder, die nichts von Pferden verstehen und nur die Nase rümpfen, wenn Sissy von ihren Kaninchen erzählt. „Aber", wendet sie ein, „ich will ja noch gar nicht heiraten. Ich möchte bei meinen Pferden bleiben. Und wenn ich alt genug bin", fügt sie mutig hinzu, „dann kannst du mich und David einmal auf eine Reise mitnehmen."

Herzog Max schüttelt sich vor Lachen bei dem Gedanken an das Gesicht, das Ludovika machen würde, wenn sie ihre Tochter hören könnte. Hoffentlich wird Sissy kein allzuschweren Schicksal haben, denkt er, ernster geworden.

Sie hat viele von meinen Eigenschaften geerbt. — „Du darfst der Mama deine Pläne nicht verraten! Sie würde dich nicht verstehen und sich nur unnötige Sorgen machen. Dafür sollst du aber immer zu mir kommen, wenn du etwas auf dem Herzen hast."

„In Ordnung, Papili."

Und dann gehen beide daran, den Fischbestand im Starnberger See zu dezimieren.

Das Schicksal meint es in diesem Sommer aber nicht gut mit Sissy. Kurz nach ihrem Besuch bei David stirbt der zarte Bursche an der heimtückischen Krankheit. Sissy ist untröstlich. Tagelang schließt sie sich in ihrem Zimmer ein und vergießt bittere Tränen.

Nur der Vater darf sie besuchen. Stunden um Stunden sitzt er bei ihr und wiegt sie in seinen Armen. Aber auf die Frage, die seine Tochter immer wieder stellt, weiß auch er keine Antwort.

„Warum hat David sterben müssen, Papa? Er war doch noch so jung."

Die Geschwister schleichen bedrückt durch das Schloß. Sogar Ludovika fragt sich, ob sie nicht zu streng mit Sissy umgegangen ist.

Stundenlang verbringt Sissy nun an ihrem Schreibtisch und vertraut dem Tagebuch ihren Kummer an. Als der erste Schmerz vorbei ist, dichtet sie einen Vers auf den dahingegangenen Freund:

„Du bist so jung gestorben
Und gingst so rein zur Ruh';
Ach, wär', mit dir gestorben,
Im Himmel ich wie du."

3.

Als die Familie im Herbst wieder nach München fährt, ist Sissy ganz verändert. Aus dem Sausewind, dem beständig der Schalk in den Augen blitzte, ist ein ernstes Mädel geworden...

Im Innenhof des herzöglichen Palais in der Münchner Ludwigstraße herrscht geschäftiges Treiben. Ein Dutzend Arbeiter hämmert und zimmert an einem kuppelähnlichen Bau. Zimmerleute sägen und hobeln, und inmitten des Trubels richtet sich Herzog Max gerade ächzend von seiner Arbeit auf. Obwohl es schon spät im Herbst ist, haben die Bäume noch kein Blatt verloren, und die Sonne brennt noch mit voller Kraft auf die Männer nieder. Max, der sich wie alle anderen die Hemdsärmel hochgekrempelt hat, wischt sich mit einem fleckigen Taschentuch über die Stirn.

„Schluß jetzt, Mittagspause!"

Lärmend steigen die Arbeiter von den Gerüsten, packen ihre mitgebrachten Brote aus und setzen sich im Kreis auf eine Holzbank rings um Max. Für den Herzog zu arbeiten ist ein wahres Vergnügen. Ganz im Gegensatz zu anderen Bauherren verbringt er die meiste Zeit bei ihnen, scheut sich auch nicht, kräftig zuzupacken und dehnt die Pausen über das übliche Maß aus.

Mit seinem neuesten Projekt hat Max wieder einmal für Gesprächsstoff in München gesorgt: Im Hof des Palais wird ein Zirkus eingerichtet. Obwohl man allerortens diese Idee verächtlich belächelt, ist man dennoch auf die Eröffnung der Privatmanege gespannt. Niemand will sich die Gelegenheit entgehen lassen, dem Spektakel beizuwohnen.

Die wunderlichen Einfälle des Herzogs haben den Münchnern schon manch köstlichen Abend beschert. Nach einem Besuch in Paris hat Max im Erdgeschoß des herzöglichen Sitzes eine Art Varieté nach französischem Vorbild eingerichtet. Dort treten Künstler aus dem Ausland auf und geben Volksweisen aus ihrer Heimat zum besten. Max ist ein großzügiger Gastgeber. Die Tische biegen sich unter der Last erlesener Leckerbissen, der Wein fließt in Strömen, und selten verläßt ein Gast vor Mitternacht das Fest. Wenn die Damen nicht mehr anwesend sind, kommt es oft genug vor, daß der Herzog selbst zu seinem Lieblingsinstrument, der Zither, greift und recht freche Liedchen vorträgt. Da ist er dann ganz in seinem Element. Bis in die frühen Morgenstunden wird gespielt, gelacht und getanzt.

Ludovika läßt sich bei solchen Festivitäten nie blicken. Sie hält es unter ihrer Würde, dieses Varieté zu betreten. Im Stock darüber befindet sich ein riesiger Tanzsaal, in dem an die hundert Paare Platz finden. Auch dort werden Feste gefeiert, über die ganz München noch Tage später spricht. Ludovika hat ihren Gatten schon oft gebeten, auf den guten Ruf ihres Hauses zu achten. Bei den Gesellschaften soll es allzu turbulent zugehen. Sogar Schwester Sophie in Wien hat von dem Treiben schon Nachricht bekommen und sich unmißverständlich dazu geäußert. Wenn Sophie wüßte, daß ihr Schwager sein Mittagmahl mit Bauarbeitern teilt...

Sissy steht lächelnd an einem Fenster und beobachtet ihren Vater, der gerade dröhnend lacht und sich vor Vergnügen auf die Schenkel klopft. Da hat er sie auch schon erblickt.

„Komm doch herunter, Sissy, und sieh dir an, was wir heute alles geleistet haben!" ruft er zu ihr hinauf.

Das läßt sie sich nicht zweimal sagen. In Windeseile fliegt Sissy die Treppe hinunter und läuft auf den Papa zu. Max nimmt sie bei der Hand und macht mit ihr einen Rundgang. Er ist sehr erleichtert, daß Sissy den Tod ihres Jugendfreundes David offenbar endlich überwunden hat. Nun lacht sie wieder so fröhlich wie eh und je und heckt Streiche aus, die Ludovika zur Verzweiflung bringen. Nur manchmal huscht ein Schatten über ihr Gesichtchen. Dann wirkt sie still und verträumt. Max hat seine gewohnte Herbstreise nicht nur verschoben, um die Bauarbeiten zu überwachen, sondern auch, um auf seine geliebte Tochter achtzugeben.

„Schau, hier in der Mitte ist die Arena. Dort werden die Logen aufgebaut. Die Arbeit ist im Sommer so zügig vorangegangen, daß wir schon in zehn Tagen fertig sind. Ich habe schon eine fahrende Zirkustruppe engagiert. Sie haben zwar nur alte Klepper, aber die Reiterkunststückchen kann ich allein vorführen."

„Darf ich bei der ersten Vorstellung dabei sein?" bettelt Sissy.

„Ich weiß nicht, ob es deine Mutter erlauben wird. Das Schauspiel fängt spät abends an. Aber wir können vielleicht einmal eine Vorführung am Nachmittag geben. Du dürftest dann deine Freunde einladen, was meinst du?"

„Das wäre eine feine Sache, Papi. Zeigst du mir nun die Pferde, die gestern angekommen sind?"

„Natürlich, wir können zu den Stallungen gehen. Ich will nur Graf Schattenstein bitten, uns zu begleiten. Warte hier auf mich."

Bei der Erwähnung des Namens Schattenstein errötete Sissy heftig. Glücklicherweise hat der Vater nichts bemerkt. Graf Richard Schattenstein steht seit wenigen Wochen in herzöglichen Diensten. Er stammt aus einer völlig verarmten Familie und muß sich seinen Lebensunterhalt als Sekretär verdienen. Dieser Umstand hat Richards Lebenslust aber keineswegs beeinträchtigt. Der Zwanzigjährige, eine große, sportliche Erscheinung, hat ständig gute Laune, versteht sich bestens mit der strengen Ludovika und kann sogar die finstere Baronin Wulffen zum Lächeln bringen.

Und Sissy, die voller Trauer nach München gekommen ist, hat sich von seinem heiteren Wesen beeinflussen lassen. Schneller, als jeder erwartet hat, ist der Schmerz von ihr gewichen. Noch weiß niemand in der Familie, wie sehr sich Sissy von Richard angezogen fühlt. Wenn sie in ihre Träumereien versinkt, dann sieht sie seine schlanke Gestalt vor sich. Richards große dunkle Augen haben es ihr besonders angetan. Wieder hat sie ihrem Tagebuch ein Gedicht anvertraut:

„Oh, ihr dunkelbraunen Augen,
Lang hab ich euch angesehen,
Und nun will mir euer Bildnis
nicht mehr aus dem Herzen gehen."

Diesmal hat Sissy aber nicht vor, sich ihrer Mutter mitzuteilen. Wenn sie es schon nicht gerne gesehen hat, daß David Paumgartten zu Sissys besten Freunden zählte, wie soll sie da erst auf eine Freundschaft mit Richard Schattenstein reagieren? Ludovika findet zwar, daß der Vertraute ihres Gemahls einen vernünftigen Eindruck macht, aber sie behandelt ihn eben doch wie einen Dienstboten.

Sissy hütet ihr Tagebuch noch sorgsamer als früher und versteckt es in der untersten Lade ihres Kleiderschranks.

„Sissy, was ist denn, du träumst schon wieder mit offenen Augen!" Die Stimme ihres Vaters läßt das Mädchen zusammenzucken.

„Guten Morgen, gnädiges Fräulein!" Artig verbeugt sich Graf Schattenstein vor Sissy.

Ihre Stimme versagt. „Guten Morgen", bringt sie stotternd heraus und würde sich am liebsten hinter dem Papa verstecken. Max wundert sich über Sissy. Was ist denn in seine Tochter gefahren? So schüchtern kennt er sie gar nicht. Auch er ahnt nicht, daß sie für den jungen Mann an seiner Seite schwärmt.

Die drei wandern langsam zu den Stallungen. Während Max die Qualität der Pferde preist, lugt Sissy vorsichtig zu Richard hinüber. Wie gerade er sich hält, welch freundliches Lächeln seine Lippen umspielt! Am liebsten hätte Sissy ihre Hand auf Richards Arm gelegt und sich von ihm führen lassen.

Graf Schattenstein ahnt wohl, daß er Sissys junges Herz entflammt hat. Auch er ist von der Tochter seines Dienstherren beeindruckt. Er bewundert das dichte Haar, die schneidige Haltung, wenn sie auf ihrem Reitpferd sitzt. Von einer möglichen Verbindung wagt er natürlich nicht zu träumen. Er hat schon gehört, daß Ludovika ihre Töchter an den Wiener Hof verheiraten will. Also begnügt er sich damit, Sissy freundlich zuzulächeln und verbietet sich alle weiteren Gedanken. Wenn herauskommt, daß er versucht, der Herzogstochter schöne Augen zu machen, ist es ja auch mit seiner Stellung vorbei.

Man ist bei den Stallungen angelangt. Da stehen zwei edle Rösser, die unruhig mit den Hufen scharren. Die Stallburschen sind gerade dabei, die Pferde zu striegeln und haben Mühe, die ungeduldigen Tiere zum Stillhalten zu überreden.

Schon hat sich der Herzog Sattel und Zaumzeug geholt und besteigt eines der Pferde. „Richard, kommen Sie!" fordert er seinen Sekretär auf. „Es ist eine Freude, auf dem Tier zu sitzen!" Voller Übermut beschließt Richard, ebenfalls ein ausgemachter Pferdenarr, auf den Sattel zu verzichten, hält sich an der Mähne des zweiten Tieres fest und schwingt sich aufs Pferd. Sissy ist hingerissen. Begeistert sieht sie den beiden Männern zu, die nun mit den Pferden auf und ab traben. Wie gerne würde sie mit Richard einmal einen Ausritt unternehmen! Das wird aber die Mutter nie und nimmer erlauben. Gerade jetzt achtet sie unerbittlich darauf, daß sich ihre Tochter nicht zu oft im Stall herumtreibt...

„O weh!" Bestürzt blickt Sissy den Papa an. „Ich habe ganz vergessen, daß ich nach dem Mittagessen im Haus bleiben sollte. Was mache ich nun? Die Mama wird schrecklich schimpfen! Papa, hilf mir!"

„Tja, was machen wir da? Ich weiß es schon! Graf Richard begleitet dich zurück und sagt der Mama, daß ich dich aufgehalten habe. In Ordnung?"

Diese Lösung läßt Sissys Herz schneller schlagen, aber nun, da sie mit Richard alleine sein könnte, hat sie doch etwas Angst vor der ungewohnten Situation. „Kannst du nicht mit mir kommen?"

„Nein, Sissy, ich möchte jetzt mit den Pferden einige Dressurakte üben. Und nun läuft mir schon die Zeit davon, das siehst du doch ein?"

„Ist gut", murmelt Sissy. Sie wartet, bis Graf Schattenstein vom Pferd heruntergestiegen ist, und eilt dann mit Riesenschritten auf das Palais zu, ohne sich umzusehen, ob Richard ihr folgen kann.

Tatsächlich, am Tor steht die Mutter, und ihre Miene verheißt nichts Gutes. „Wo warst du solange?" begrüßt sie Sissy, die kein Wort herausbringt, sosehr ist sie außer Atem. „Habe ich dir nicht verboten, auszugehen?"

Da taucht auch schon Graf Schattenstein unter den Bäumen auf. „Der Herzog bittet vielmals um Entschuldigung. Aber in der Freude über die neuen Pferde hat er vollkommen auf Ihre Anordnungen vergessen. Gehen Sie mit dem Kind nicht zu hart ins Gericht", versucht er die aufgebrachte Herzogin zu besänftigen.

„Wie ich meine Kinder erziehe, ist ausschließlich meine Sache", erwidert Ludovika brüsk und läßt den verwirrten Fürsprecher ohne ein weiteres Wort stehen.

Die Mama ist aber heute eigenartig. So böse ist sie ja sonst auch nicht, wenn ich mich ein wenig verspäte. Habe ich etwas angestellt? überlegt Sissy, während sie gehorsam ihrer Mutter in den Salon folgt.

Ludovika hat sich vorgenommen, ihrer Tochter den breiten bayrischen Dialekt auszutreiben, koste es, was es wolle. So übt sie nun höchstpersönlich jeden Nachmittag eine Stunde mit Sissy. Das Ergebnis ist allerdings mager. Sissy mag sich noch sosehr bemühen, beim Reden gerät sie unversehens in ihre gewohnte Sprechweise. Doch die Mutter läßt nicht locker. Schließlich will sie ihrer Schwester Sophie eine bestens erzogene Schwiegertochter übergeben.

Doch das ist nicht der Grund ihrer schlechten Laune. Ludovika hat Sissy nach dem Mittagmahl gesucht und ist dabei auch in das Zimmer ihrer Tochter gekommen. Dort hat wie immer die übliche Unordnung geherrscht, und Ludovika hat sich darangemacht, einige Kleider in den Schrank zu hängen. Dabei entdeckte sie etwas, das ihr den Atem verschlug. In einer Rockschürze hat sich das Bild des Grafen Schattenstein befunden. Ludovika war wie vom Donner gerührt.

Wo kann Sissy dieses Bild bekommen haben? überlegt sie jetzt noch, als sie ihrer Tochter ein Buch zum Vorlesen in die hand drückt. Was hat sie mit diesem Grafen zu schaffen? Tausend Fragen schießen ihr durch den Kopf. Vor Sissy will sie aber kein Wort von dem Bild verlauten lassen. Diese Sache muß anders geregelt werden.

Auch Sissy ist mit ihren Gedanken weit weg, während sie mechanisch vorliest. Sie erforscht ihr Gewissen nach

Schandtaten. Aber sosehr sie sich das Hirn zermartert, sie kann sich an keinen Ungehorsam erinnern.

Auf einmal wird Sissy ganz heiß. „Das Tagebuch? Vielleicht hat Mama das Tagebuch gesehen und darin geblättert. Aber das geht ja nicht, ich habe es doch vor wenigen Tagen in ein Kästchen, zusammen mit Richards Bild, eingesperrt und mir den Schlüssel an einer Kette um den Hals gehängt. Mama kann es einfach nicht gefunden haben, das ist unmöglich."

Sissy liest weiter. Auf einmal poltert das Buch zu Boden, Ludovika springt erschrocken auf.

„Sissy, was ist denn, du bist ganz bleich!"

„Nicht, Mama, nichts, ich glaube, ich weiß nicht..." Sissy weiß nicht, was sie sagen soll, um das plötzliche Zittern ihrer Hände zu erklären. „Mama, mir ist nicht gut. Darf ich auf mein Zimmer gehen?"

„Ja, ja, natürlich, geh nur. Aber was hast du denn?"

„Ich weiß es nicht, mir ist auf einmal schwindlig geworden. Ich werde mich ein wenig hinlegen."

Mit bebenden Knien steigt Sissy die Treppe hinauf, schließt die Zimmertür hinter sich und lauscht eine Minute, ob ihr die Mutter folgt. Aber alles bleibt still. Fieberhaft durchwühlt Sissy den Kleiderschrank. Beim Lesen ist es ihr auf einmal eingefallen: Gestern nacht hat sie Richards Bild aus seinem Versteck geholt und beim Mondenschein lange betrachtet. Später, viel zu müde, das Bildnis wieder wegzuschließen, hat sie es in eine Schürzentasche gesteckt und nicht weiter daran gedacht.

Da hängt auch die Schürze im Schrank, aber die Taschen sind leer. „Ich weiß ganz genau, daß ich es in die linke Tasche gesteckt habe. Und die Schürze ist auf dem Stuhl hier gelegen. Du lieber Gott, deswegen war Mama also so böse! Sie hat es sicher entdeckt, während ich mit Papa spazierengegangen bin. Was wird jetzt wohl geschehen?"

Nun wird Sissy wirklich schwindlig. Ermattet läßt sie sich aufs Bett sinken und beginnt leise zu weinen. „Ich habe gar kein Glück im Leben", schluchzt sie in sich hinein. „Alles läuft schief. Ach, wäre ich doch auch tot wie David!

Ludovika läßt unterdessen ihren Gemahl zu sich bitten. Max merkt sofort, daß wieder einmal eine lange Aussprache droht, und wappnet sich mit Geduld.

„Nun, was gibt es schon wieder? Vergiß nicht, daß du dich bereits im Sommer mit dem Zirkus einverstanden erklärt hast."

„Aber darum geht es mir gar nicht", unterbricht ihn Ludovika ungeduldig. „Schau dir das an!" Und sie reicht ihm Richards Bild.

„Ach, du hast es! Ich habe das Bild schon vermißt. Es ist mir vorige Woche beim Reiten aus dem Rock gefallen, und dann konnten Sissy und ich es nicht mehr finden. Aber wie kommst du denn zu dem Bildnis? Gefällt dir der junge Mann so gut?" scherzt Max, der noch nicht begreift, worum es geht.

„Ich kann dir sagen, woher ich es habe. Aus Sissys Zimmer!" eröffnet ihm Ludovika mit schneidender Stimme.

4.

Diese Eröffnung verblüfft sogar den Herzog, den sonst nichts aus der Ruhe bringen kann.

„Aber was macht Sissy denn mit diesem Bild? Hat sie sich etwa in den Grafen verliebt?"

„Es scheint so. Und ich wünsche, daß du Graf Schattenstein sofort entläßt. Er hat in meinem Haus nichts zu suchen!"

,,Aber Ludovika, beruhige dich doch! Es handelt sich sicher nur um eine kindliche Schwärmerei. Richard ist doch ständig an meiner Seite. Er kann höchstens einige belanglose Worte mit Sissy gewechselt haben. Was soll er denn auch mit dem Kind schon anfangen?"

,,Du verkennst die Situation. Während du nichts anderes zu tun hast, als dich mit diesen schmutzigen Arbeitern herumzutreiben, habe ich sehr wohl gemerkt, wie sich Sissy verändert, wenn Schattenstein das Zimmer betritt. Was glaubst du wohl, woran sie denkt, wenn sie vor sich hinträumt?"

,,Aber ich war der Meinung, Sissy würde dem kleinen David nachtrauern. Sie hat ihn ja recht gern gehabt."

,,Das war etwas anderes. Mir ist zwar diese Annäherung an das Paumgarttensche Haus nicht recht gewesen, aber David war nicht viel mehr als ein gleichaltiger Spielkamerad. Diesem Schattenstein traue ich nicht über den Weg. Stell dir vor..."

,,Was soll ich mir vorstellen?" Max ist erbost. ,,Sissy hat doch nicht die geringste Ahnung, was Liebe bedeutet. Hast du denn je mit ihr darüber gesprochen?"

,,Nein, natürlich nicht. Aber sie wird es vor ihrer Hochzeit schon noch von mir erfahren. Jetzt ist nicht der Zeitpunkt, um ihr Flausen in den Kopf zu setzen!"

,,Was heißt denn hier Flausen? In Sissy erwachen die ersten Gefühle. Das ist ganz natürlich, das habe ich schon einmal versucht, dir zu erklären. Wie soll sie denn damit umgehen, wenn ihr niemand sagt, was es damit auf sich hat! Du versperrst sogar die Bibliothek, damit sie nur ja keinen Liebesroman zu lesen bekommt. Abgesehen davon, daß du ihr die wichtigsten Dinge vom Leben verschweigst, entgehen Sissy auch noch die schönsten Werke der Weltliteratur."

„Auch meine Eltern haben mir verboten, Liebesromane zu lesen, solange ich noch nicht reif dafür war", entgegnet Ludovika würdevoll.

„Da bist du auch noch stolz darauf? Ich will mich ja wirklich nicht in deine Erziehungsmethoden einmischen, aber meiner Meinung nach hältst du Sissy wie in einem goldenen Käfig. Graf Schattenstein werde ich nicht entlassen. Er ist ein intelligenter junger Mann und besitzt mein vollstes Vertrauen."

„Er muß trotzdem weg. Wenn du es ihm nicht sagst, dann will ich es tun. Wenn Sophie erfährt, daß Sissy mit ihm turtelt, ist die Hochzeit geplatzt. Sei doch einmal etwas rücksichtsvoller. Schließlich hängt davon doch das Wohl deiner Tochter ab."

„Ich weiß gar nicht, ob sie sich wünscht, mit Karl Ludwig verheiratet zu sein. Erstens sollte sie solange wie möglich ihre Jugend genießen, und zweitens macht sie sich ja gar nichts aus ihrem Cousin", ärgert sich Max, der nicht einsieht, warum sein Liebling so schnell aus dem Haus soll.

„Sissy kann das Leben auch genießen, wenn sie verheiratet ist. Der Wiener Hof ist berühmt für seine herrlichen Bälle und seine prunkvollen Gesellschaften. Da kann sie nach Herzenslust tanzen und Feste geben."

„Als ob das Leben nur aus Tanzen bestünde", murrt der Herzog unwillig, fügt sich aber endlich den Wünschen seiner Gemahlin. Was bleibt ihm auch anderes übrig?

„Ich werden Graf Schattenstein mit einem Auftrag nach Italien schicken", willigt er schließlich ein. „Entlassen will ich ihn sicher nicht. Ich glaube, der junge Mann hat eine glänzende Zukunft vor sich."

„Mach, was du willst, aber laß ihn nicht in Sissys Nähe."

Verärgert begibt sich Max in seine Zimmerflucht, um

sich einen glaubwürdigen Auftrag für Richard auszudenken. Der junge Mann soll nicht merken, daß er am Hof nicht erwünscht ist.

Einige Tage später beobachtet Sissy, wie Graf Schattenstein die Kutsche besteigt, die ihn nach Italien bringen soll. Obwohl Ludovika die Angelegenheit mit keinem Wort erwähnt hat, kann sich Sissy die Zusammenhänge sehr wohl zusammenreimen. Sie fühlt sich einsam und verlassen. Bald will auch der Vater abreisen, und sie hat nun gar keinen Vertrauten mehr. Die Stallungen hat sie seit Tagen nicht mehr betreten, auch die Zirkusvorstellungen haben ihr kein Lächeln entlockt. Die Geschwister erkennen ihr sonst so fröhliches Schwesterchen nicht wieder. Sogar Ludovika ist besorgt. Um Sissy aufzuheitern, lädt sie Irene Paumgartten ein. Ist das eine Freude, als sich die Mädchen wiedersehen! Ungeduldig zieht Sissy die Freundin in ihr Zimmer, um ihr den Kummer anzuvertrauen. Sissy hat das Herzeleid wieder in Versen niedergeschrieben:

„Die frische, junge Liebe,
So blühend wie der Mai,
Nun ist der Herbst gekommen
Und alles ist vorbei.

Und nun ist er mir so ferne,
Und ich sehe ihn gar nie.
Ach, ich wollt' zu ihm wohl gerne,
Wüßt ich nur, wohin und wie."

Der kommende Winter paßt auch richtig zu Sissys trübseliger Stimmung. Es ist bitterkalt, Sissy verläßt kaum das Haus und verbringt viele Stunden an ihrem Schreibtisch. Endlich tragen Ludovikas Bemühungen Früchte: Sissy spricht ein reines, akzentfreies Deutsch, sie läßt sich geduldig von Ludovika in prächtige Roben kleiden und begleitet die Mama zu einigen Gesellschaften, auf denen sie sich schrecklich langweilt. Erst im Jänner kehrt der Vater wieder. Er ist braungebrannt und voll guter Laune. Erschrocken bemerkt er, wie schmal sein Töchterchen geworden ist.

„Diesmal habe ich die Ägypter ganz ordentlich verblüfft. Ich habe meine Zither auf die Cheops-Pyramide mitgenommen, und als ich dann ganz oben war, habe ich ein bayrisches Schnadahüpfl gesungen. Du mußt dir die Gesichter vorstellen, die diese braunen Kerle gemacht haben!"

Aber auch mit solchen Geschichten ist Sissy nicht aufzuheitern. Im Gegenteil, diesmal hat sie die Rückkehr des Vaters in größte Betrübnis gestürzt. Richard Schattenstein, der gemeinsam mit dem Herzog nach München gekommen ist, ist schwer krank. Die Ärzte wissen keinen Rat. Es ist ein Jammer, anzusehen, wie sich der gesunde junge Mann verändert hat. Die Wangen sind eingefallen, seine frische Hautfarbe ist einer fahlen Blässe gewichen, er kann vor Schmerzen kaum aufrecht gehen. Unter diesen Umständen hat sich Ludovika natürlich bereit erklärt, Richard wieder in ihrem Haus aufzunehmen.

Zum zweitenmal in ihrem jungen Leben wird Sissy mit dem Tod konfrontiert. Wenige Wochen später stirbt Graf Schattenstein. Als Ludovika wieder einmal seufzend versucht, ein wenig Ordnung in Sissys Zimmer zu bringen, findet sie auf dem Schreibtischchen ein Blatt Papier. Darauf hat Sissy einen Leichenzug gemalt. Trauernde Gestalten gehen rechts und links neben dem Sarg einher. Trotz der kindlichen Unbeholfenheit macht die Zeichnung großen Eindruck auf Ludovika.

Sissy war und ist ein Sorgenkind. Ludovika hat schon gehofft, ihre Tochter hätte den Grafen vergessen. Denn sie hat bemerkt, daß sich Sissy für einen anderen jungen Mann interessiert. Auf etlichen Gesellschaften ist Graf Friedrich Rosen oft neben Sissy zu sehen gewesen. Diese Bekanntschaft ist zwar auch nicht nach Ludovikas Geschmack, aber im Moment findet alles ihre Billigung, das Richards Bild verblassen läßt. Rosens blaue Augen haben es Sissy wahrhaftig angetan. Aber recht schnell findet sie heraus, daß sich der Graf nicht eben viel aus ihr macht.

Auch diese Zurückweisung drückt auf Sissys Gemüt. Wenn man sie anspricht, hat sie oft Tränen in den Augen. Sooft es das Wetter zuläßt, flüchtet sie sich zu ihren Pferden und unternimmt ausgedehnte Streifzüge in der Umgebung Münchens. Es paßt ihr gar nicht, daß ihr die Mutter eine Aufsichtsperson mitgibt. Sissy möchte viel lieber alleine sein. Oft kann sie ihren Begleitern entwischen. Nicht einmal Max weiß Rat. So verbittert und unzugänglich hat er sein Töchterchen nie gesehen.

Eines Abends im April setzen sich Ludovika und der Herzog zusammen, um wieder einmal über Sissys Zukunft zu sprechen. Daraufhin beschließt Ludovika, an ihre Schwester Sophie zu schreiben, um ein Treffen zwischen Nené und Franz Joseph auszumachen. Bei dieser Gelegenheit sollen auch Sissy und Karl Ludwig verlobt werden.

Rasch vergeht das Frühjahr, der Sommer kommt, die Familie übersiedelt nach Possenhofen. Sissy gewinnt ihre Fröhlichkeit wieder zurück. Wenn sie sich im Freien aufhalten kann, dann weicht die Melancholie einem unbändigen Übermut. Zudem ist Ludovika in diesem Sommer nicht gar so bedacht darauf, daß Sissy an allen Unterrichtsstunden teilnimmt. Nun ist auch sie der Meinung, daß Sissy ihre letzten unbeschwerten Wochen genießen soll. Bald kommt der Ernst des Lebens auf ihre Tochter zu.

Im August ist es dann soweit. Eines Morgens bittet Ludovika ihre Töchter Sissy und Helene, noch ein wenig bei ihr zu bleiben.

„Wir fahren in zehn Tagen nach Bad Ischl", eröffnet sie den Mädchen. „Helene!" — sie wendet sich ernst an ihre Älteste — „Kaiser Franz Joseph hat nun um deine Hand angehalten."

Nené bleibt stumm. „Deswegen habe ich dich auch etwas strenger behandelt als deine Geschwister. Ich wußte schon lange, daß aus euch ein Paar werden soll."

Nené sagt noch immer nichts. Aber Sissy fällt ihrer Schwester stürmisch um den Hals. „Denk dir, du wirst Kaiserin in Wien. Ich freu' mich für dich, Nené."

Endlich löst sich Helene aus der Umklammerung ihrer Schwester und fragt die Mutter vorsichtig: „Wann muß ich denn heiraten?"

„Müssen!" ruft die Herzogin entrüstet aus. „Helene, das darfst du nie wieder sagen! Es bedeutet doch eine große Ehre für dich, Kaiserin zu werden!"

Aber Nené bricht in Tränen aus. Ludovika nickt verständnisvoll. Auch sie hat geweint, als ihr die bevorstehende Hochzeit angekündigt wurde.

„Weine nur, das geht vorbei. Aber bald wirst du die erste Dame in Wien sein, und alle Menschen werden zu dir aufblicken. Es wird wunderschön für dich werden."

Ludovika blickt nun Sissy an: „Du wirst uns nach Bad Ischl begleiten. Dort soll Helene den Kaiser kennenlernen, und du wirst Karl Ludwig wiedersehen."

Sissy freut sich auf die Reise. Karl Ludwig interessiert sie herzlich wenig, aber nun fährt sie zum erstenmal ins Ausland.

In den Tagen vor der Abreise stecken die Schwestern eng

beisammen, malen sich den kaiserlichen Hof aus, überlegen, welche Kleider sie nach Bad Ischl mitnehmen wollen und wie oft sie einander werden sehen können, wenn Helene Kaiserin geworden ist.

Dann ist es soweit. Mutter und Töchter besteigen die Kutsche, verabschieden sich von Max und den übrigen Geschwistern, die gerne mitgefahren wären, und los geht die Reise. Der Weg nach Österreich ist jedoch recht beschwerlich. Eine Achse bricht, kann nicht so schnell repariert werden, und man trifft am 16. August mit enormer Verspätung, erhitzt, staubbedeckt und ermüdet in Bad Ischl ein.

Nervös läuft Ludovika im Hotelzimmer auf und ab. „Wo bleibt denn der Wagen mit den Gepäckstücken? Wir werden in einer Stunde erwartet! Und wo steckt denn Sissy?"

Sissy, die sich wegen der Kleidung überhaupt keine Sorgen macht, ist natürlich im Hof bei den Pferden geblieben. Sie hilft dem Kutscher, die Tiere zu tränken, spricht beruhigend auf sie ein und kümmert sich überhaupt nicht darum, daß sie sich immer schmutziger macht.

„Sissy, komm sofort herauf und bürste dich ab! Um Himmels willen, wie siehst du denn aus?" ruft Ludovika entsetzt. Unmutig wendet sich Sissy von den Pferden ab und geht hinauf.

Die Herzogin schlägt die Hände über dem Kopf zusammen. „Du bist über und über mit Hafer bedeckt. Wir können uns nicht mehr umziehen, die Koffer sind nicht angekommen. Wasch dir doch um Himmels willen Gesicht und Hände."

Hektik verbreitet sich in der Zimmerflucht, die Ludovika für die Dauer des Aufenthaltes gemietet hat. Da klopft es plötzlich an der Tür.

„Wer kann denn das wohl sein, wir haben doch keine

Zeit mehr!" Verärgert über die Störung reißt Ludovika die Tür auf — und auf der Schwelle steht Sophie, die Mutter des Kaisers. Ohne die Schwester zu umarmen, betritt sie das Zimmer. Mit einem Blick hat sie die Lage erfaßt.

„Wie ich höre, seid ihr zu spät gekommen. Ich werde meine Kammerzofe herüberschicken, sie soll Euch zur Hand gehen."

„Wir hatten einen Unfall", entschuldigt sich Ludovika, die mit einemmal recht kleinlaut geworden ist.

„Wichtig ist nur, daß Ihr zur rechten Zeit bei Uns eintrefft", erstickt Sophie jede weitere Erklärung im Keim. „Wir lieben keine Unpünktlichkeiten."

Helene fühlt sich höchst unbehaglich, während sie von Sophie von oben bis unten gemustert wird. Das also ist ihre zukünftige Schwiegermutter!

Nur Sissy läßt sich von der furchteinflößenden Gestalt weinig einschüchtern.

„Guten Tag, Tante!" sagt sie mit klarer Stimme und tritt auf sie zu, um ihr kräftig die Hand zu schütteln.

Erzherzogin Sophie weicht einen Schritt zurück.

„Wer ist dieser Schmutzfink?" fragt sie Ludovika, die nun am liebsten in den Erdboden versinken möchte.

„Meine Tochter Elisabeth", bringt sie mühsam heraus.

„Ich hoffe doch, daß sich dieses Kind waschen wird, bevor es vor dem Kaiser erscheint. Im übrigen bin ich es gewohnt, mit ‚Sie' angesprochen zu werden."

Sophie verläßt mit hocherhobenem Haupt das Zimmer. Völlig undamenhaft streckt Sissy die Zunge in Richtung Tür aus. Nené bricht in Tränen aus.

„Mama!" jammert sie, „ich bleibe nicht hier. Noch einmal lasse ich mich nicht so abfällig ansehen. Wer weiß, vielleicht ist der Kaiser genauso hartherzig."

„Helene, was fällt dir ein! Sofort hörst du auf zu weinen. Du wirst in wenigen Minuten vor dem Kaiser erscheinen, und wenn ich dich hintragen muß."

Dabei ist Ludovika selbst ein wenig bange zumute. Der Empfang war ja nicht gerade besonders herzlich. Noch einmal klopft es, die Kammerzofe tritt ein. Sofort macht sie sich daran, Helenes Haar in Ordnung zu bringen. Die Augen der gutmütigen Frau gleiten aber immer wieder zu Sissy, die ihre dicken Zöpfe selber in Ordnung bringt. Was für ein prächtiges Mädchen, denkt sie, sogar in der dunklen Reisekleidung sieht es entzückend aus.

Dann kommt der große Augenblick. Mit bangem Herzen stehen Ludovika und ihre beiden Töchter in einem großen Salon. Endlich öffnet sich eine hohe Flügeltür. Sophie, Franz Joseph und Karl Ludwig treten ein.

Die Begrüßung fällt recht förmlich aus. Alle wissen, was heute auf dem Spiel steht, und blicken erwartungsvoll auf Franz Joseph und Helene.

Der junge Kaiser, eine schmucke Erscheinung, wirkt recht befangen. Üblicherweise ist er in Gegenwart junger Damen ein witziger, charmanter Unterhalter, doch heute findet er nicht die rechten Worte. Schon lange weiß Franz Joseph, daß er bei der Wahl seiner Braut nicht auf die Stimme des Herzens hören darf. In langen Gesprächen hat ihm Erzherzogin Sophie erklärt, daß sein hohes Amt so manches Opfer erfordere. Die künftige Kaiserin muß also sorgfältig nach politischen Überlegungen ausgewählt werden.

Auch Helene ist nervös — aber aus anderen Gründen. Sie weiß ganz genau, daß ihr das schwarze, streng geschnittene Reisekleid überhaupt nicht zu Gesicht steht. Voller Scham blickt sie zu Boden, nestelt an ihrem Gürtel und wünscht sich weit, weit weg.

Franz Joseph hat Mitleid mit Nené, auch er hat sich das erste Treffen eigentlich anders vorgestellt. Lächelnd beobachtet er Sissy, die ganz unbekümmert auf Karl Ludwig zugetreten ist und mit ihm ein Gespräch anfängt.

Was haben die beiden wohl zu wispern? überlegt er. Wie niedlich die Kleine aussieht. Wenn sie lacht, dann blitzt der Schalk in ihren Augen auf. Und dieses süße Grübchen auf der Wange...

Versonnen starrt Franz Joseph auf seine Cousine, die heute besonders lieblich aussieht. Weder die lange Reise noch das unvorteilhafte Kleid tun ihrer kindlichen Schönheit Abbruch. Sissy hat überhaupt nicht bemerkt, daß ihr Franz Joseph so viel Aufmerksamkeit schenkt. Karl Ludwig jedoch sind die Seitenblicke, die sein Bruder der Cousine zuwirft, nicht entgangen. Eifersüchtig zieht er Sissy beiseite und redet wie ein Wasserfall auf sie ein.

Auch die Schwestern Sophie und Ludovika sind peinlich berührt. Der junge Kaiser hat Helene kaum angesehen.

Die Erzherzogin rettet schließlich die Situation, indem sie ihre Gäste zum Essen bittet. Widerstrebend reißt sich Franz Joseph von Sissys Anblick los und bietet Helene seinen Arm an.

Bei Tisch spürt Sissy endlich, daß sich Franz Joseph eingehend mit ihr beschäftigt. Nun ist es aber aus mit ihrer Unbefangenheit. Sie errötet tief, beugt sich über ihren Teller — aber als sie wieder aufzublicken wagt, sind Franz Josephs Augen immer noch auf sie gerichtet. Das Tischgespräch schleppt sich dahin. Sophie schweigt verstimmt, Ludovika versucht, so zu tun, als wäre nichts geschehen, und Karl Ludwig macht ein böses Gesicht. Als die Tafel schließlich aufgehoben wird, sind alle erleichtert, bis auf Franz Joseph, der sich an Sissy nicht sattsehen kann...

5.

Schluchzend wirft sich Nené auf ihr Bett. „Er hat mich überhaupt nicht angesehen, er hat immerzu zu Sissy hinübergeblickt. Oh, Mama! Laß uns doch wieder abfahren, ich schäme mich so schrecklich!"

„Beruhige dich doch, Helene, das hat überhaupt nichts zu bedeuten. Franz Joseph hat Sissy wahrscheinlich nur deswegen beobachtet, weil sie sich ganz und gar undamenhaft verhalten hat. Solche Manieren ist er nicht gewohnt."

Das ist eine magere Ausrede, Ludovika weiß es ganz genau. Die Herzogin sieht ihre Pläne bereits im Nichts verschwinden. Was kann Franz Joseph wohl an ihrer Tochter gefunden haben?

Aber so schnell gibt Ludovika nicht auf. „Helene, bitte nimm dich zusammen. Schau, nun sind ja auch unsere Koffer gekommen. Morgen, beim Dinner, wirst du alle Damen in den Schatten stellen. Franz Joseph wird nur Augen für dich haben. Was willst du denn morgen anziehen?"

Die Kleiderfrage zeitigt die erwünschte Wirkung. Nené putzt sich die Nase und probiert vor dem großen Spiegel eine Robe nach der anderen.

Sissy hat es für klüger gehalten, sich am Nachmittag unsichtbar zu machen. Obwohl Helene und Mama kein Wort gesagt haben, spürt Sissy, daß etwas schiefgelaufen ist. Sie unternimmt einen langen Spaziergang und überlegt dabei, was sie heute wohl schon wieder falsch gemacht habe. Sicher ist Nené traurig, weil Tante Sophie so streng geschaut hat. Sie kann einem aber auch wirklich Angst einjagen. Mich hat sie sogar Schmutzfink genannt. Ach, hoffentlich ist dieses Familientreffen recht bald vorbei...

Ebenso wie Sissy geht auch Franz Joseph an diesem

Nachmittag seiner Mutter absichtlich aus dem Weg. Wenn sie mich fragt, wie mir Nené gefallen hat, denkt er sich, dann kann ich ihr keine Antwort geben. Helene ist ein schönes Mädchen, gewiß, aber ihre kleine Schwester ist tausendmal entzückender. Wo habe ich nur meine Augen gehabt, als sie zu Besuch in Innsbruck war? Karl Ludwig hat fürwahr keinen schlechten Geschmack...

Der Kaiser gibt sich einen Ruck und sucht nun doch Erzherzogin Sophie auf, die eben die Tischordnung für das morgige Diner kontrolliert. Er späht ihr über die Schulter und stutzt.

„Wo soll denn Sissy sitzen?"

„Ach, diesen Fratz möchte ich nicht mehr bei Tisch sehen! Elisabeth ist in unserer Gesellschaft wohl fehl am Platz. Es war ein großer Irrtum, sie nach Bad Ischl einzuladen. Ich muß auch mit Karl Ludwig ein ernstes Wort reden. Er soll sich nicht mehr zuviel mit dem Kind abgeben."

Sophie will auf diese Weise ihrem Sohn zu verstehen geben, daß sie sein Interesse für Sissy mißbilligt. Doch damit hat sie nur Franz Josephs Beschützerinstinkte geweckt.

„Aber Mama! Sissy ist allerliebst. So ein charmantes Mädchen kann ich in ganz Wien nicht finden."

Sophies Stimme klingt gepreßt, als sie sagt: „Die Hochzeit mit Helene ist eine abgemachte Sache."

„Nun, noch ist keine Entscheidung gefallen. Und ich möchte morgen Sissys Tischherr sein."

Selten wagt Franz Joseph seiner Mutter zu widersprechen. Aber in dieser Angelegenheit muß er seinen Willen durchsetzen.

Die Erzherzogin hält es für klüger, seinen Wunsch zu erfüllen. Vielleicht merkt Franz Joseph auf diese Weise, daß er seine Zuneigung an ein mißratenes Kind verschwendet. Wenn sich Sissy in Gesellschaft nicht zu benehmen weiß, wird er sie schnell vergessen. Immerhin weiß er, was er als Kaiser seinem Volk schuldig ist.

„Nun gut, soll sie also morgen kommen. Allerdings muß sie dann zwischen mir und Ludwig von Hessen sitzen, anders geht es nicht."

Franz Joseph schmunzelt in sich hinein. Selbstverständlich hat auch er bemerkt, daß Sissy der letzte Schliff fehlt, aber gerade ihr unverdorbenes Naturell hat ihn von Anfang an in ihren Bann gezogen. Unverzüglich schickt er einen Boten in Ludovikas Hotel.

Franz Joseph weiß nicht, was er mit dieser Nachricht angerichtet hat. Helene, die sich inzwischen beruhigt hat, erblaßt, als die Einladung überbracht wird. „Nun lädt er Sissy auch noch selber ein! Du kleine Hexe", fährt sie ihre Schwester böse an, „was hast du vor? Willst du mein Glück zerstören?"

„Aber Nené, was hast du denn? Ich kann doch nichts dafür. Oh', bitte, schimpf nicht mit mir! Ich wünsche mir sosehr, daß du Kaiserin wirst! Wenn du willst, bleibe ich den ganzen Tag im Zimmer. Oder ich schreibe Papa, daß er mich abholt. Nené, nun weine doch nicht schon wieder!"

Tränenüberströmt blickt Helene ihre kleine Schwester an. „Entschuldige, Sissy, bitte entschuldige! Ich wollte nicht mit dir schelten. Ich weiß aber auch nicht, was mit mir los ist. Heute geht aber auch alles schief. Du sollst doch gar nicht wegfahren."

Ludovika, die dem Gespräch ihrer Töchter bis jetzt schweigend zugehört hat, schaltet sich ein. „So ist es recht, versöhnt euch wieder! Wir haben heute eben ein bißchen Pech gehabt und sind alle nervös. Morgen sieht alles ganz anders aus. Hinter Sissys Einladung steckt auch ganz gewiß Karl Ludwig. Und da er diese Entscheidung nicht alleine treffen kann, hat er wohl seinen Bruder darum gebeten."

Die Schwestern sind für den Augenblick wieder erleichtert, aber Ludovika macht sich Sorgen. Die Reise steht wahrhaftig unter keinem guten Stern. Was, wenn sich Franz Joseph nun wirklich in Sissy verliebt hat? Sophie würde dieser Verbindung doch nie und nimmer zustimmen. Und was soll dann mit Helene geschehen?

Hätte ich Sissy nur nicht mitgenommen. Sie stiftet nur Verwirrung, denkt die Herzogin und nimmt sich vor, nach dem morgigen Diner mit Sophie über ihre Befürchtungen zu sprechen.

Mit Herzklopfen betritt Sissy am nächsten Tag den Sommersitz der kaiserlichen Familie. „Vielleicht bemerkt mich Franz Joseph nicht, wenn ich mich ganz klein mache", schickt sie ein Stoßgebet zum Himmel. Doch das Spiel wiederholt sich. Der Kaiser vergißt auf Nené, die an seiner Seite sitzt, spricht kaum ein Wort mit den anderen Gästen und blickt unentwegt auf Sissy, die in ihrem einfachen Sommerkleidchen noch reizender wirkt als gestern. Vor lauter Verlegenheit bringt Sissy keinen Bissen hinunter. Der Hessenprinz an ihrer Seite wundert sich schon eine geraume Weile über seine herzige Nachbarin. „Sie hat ja nur einen Löffel Suppe gegessen und auch die anderen Speisen kaum angerührt. Ob Sie wohl einen Fasttag macht?" Sosehr sich Ludwig von Hessen auch bemüht — mit Sissy kommt keine Konversation zustande. Regungslos und tiefrot sitzt sie bei Tisch. Sophies Miene spricht Bände. Nun weiß es schon die ganze Tischgesellschaft: Das Herz des Kaisers gehört dem jungen hübschen Ding.

Sissy ist das alles schrecklich peinlich. Sie haßt es, im Mittelpunkt zu stehen. Aber dennoch beschleicht sie ein triumphierendes Gefühl. Ja, Sissy ist sogar ein wenig stolz darauf, daß der Kaiser alle Damen ignoriert und sich ganz ihrer Betrachtung widmet. In der vergangenen Nacht, als ihre Schwester endlich eingeschlafen war, hatte sich Sissy leise ans Fenster gesetzt und an Franz Joseph gedacht. Mit einemmal war ihr klar geworden, daß ihr der Kaiser gar nicht gleichgültig ist. Immer wieder hatte sie sich daran erinnert, wie sein freundlicher Blick auf ihr geruht hatte. Aber das kann ich Nené doch nicht antun, sie soll doch mit Franz Joseph glücklich werden... Lange hatte Sissy in dieser Nacht hin und her überlegt. Und schließlich hatte die Schwesterliebe gesiegt. Ich werde mich so unauffällig wie möglich verhalten. Er muß sich morgen ganz einfach nur um Helene kümmern, sonst ist sie ganz verzweifelt.

Doch jetzt, einige Stunden später, sind die guten Vorsätze vergessen. Sissy spürt ein eigenartiges Kribbeln in der Magengrube, wenn sie Franz Josephs Blick begegnet. Auch dieses Diner geht vorüber, die Gäste zerstreuen sich im Garten, nur die Schwestern Sophie und Ludovika bleiben im Haus.

„Was nun?" fragt die Herzogin ihre hochgestellte Schwester.

„Wenn du Sissy nicht mitgebracht hättest, wäre alles nach Plan verlaufen", grollt Sophie und vergißt in ihrem Ärger sogar, daß sie Ludovika für gewöhnlich mit „Sie" anredet. „Aber nun ist es schlecht möglich, deine Tochter wegzuschicken. Ich kenne Franz Joseph. Er wird Himmel und Hölle in Bewegung setzen, um sie zurückzuholen. Wir müssen den Tatsachen ins Auge sehen. Er macht sich nichts aus Helene."

„Sophie, wir sind doch auch nie gefragt worden, wen wir heiraten wollen", erinnert Ludovika die Erzherzogin. Ganz unerwartet wird Sophie weich. „Die Zeiten haben sich geändert, liebste Ludovika. Unsere Kinder sind selbständiger als wir. Lassen wir doch Franz Joseph die Wahl treffen. Ich werde in den nächsten Tagen mit ihm sprechen. Morgen hat er Geburtstag, und wenn er einen Herzenswunsch hat, dann wird er ihn an diesem Tag äußern. Aber eines sage ich dir", fügt sie fast drohend hinzu, „sollte er wirklich die Absicht haben, Elisabeth zu ehelichen, dann wird sie noch einiges lernen müssen."

Sophie braucht allerdings nicht bis zum nächsten Tag zu warten. Nachdem Ludovika gegangen ist, bestürmt Franz Joseph seine Mutter mit einer Bitte: Er möchte beim Ball am Abend den Kotillon mit Sissy tanzen und nicht mit Helene, wie man es vorgesehen hat. Nun weiß Sophie Bescheid. Wer je bei Hof getanzt hat, kennt die Bedeutung des Kotillons. Er gilt ebensoviel wie ein Heiratsversprechen.

Es ist Sissys erster Ball, bei dem sie bis nach Mitternacht aufbleiben darf, und sie ist ungeheuer aufgeregt. Helene, die sich damit abgefunden hat, daß der Kaiser ihre kleine Schwester offenbar wirklich liebgewonnen hat, ist erstaunlich friedlich. Die Schwestern erwähnen Franz Joseph mit keinem Wort, sondern beraten den ganzen Nachmittag, wie sie sich kleiden wollen. Ludovika erkennt ihre Tochter Sissy nicht wieder. Sie, die sich sonst wenig um Abendroben gekümmert hat, ist eifrig dabei, sich herauszuputzen. Die Schwestern stellen beim Ball wirklich alle anderen Damen in den Schatten. Sogar Sophie muß zugeben, daß sie allerliebst aussehen. Helene trägt ein herrliches weißseidenes Kleid. Ins Haar hat sie einen Efeukranz geflochten, der ihre strengen Züge mildert. Auch Sissy, die ein einfach geschnittenes Musslinkleidchen in rosa gewählt hat, bezaubert alle Anwesenden. Der Diamantpfeil in ihrem braunen Haar schimmert und funkelt...

6.

Natürlich hat es sich schon herumgesprochen, daß Franz Joseph von Sissy entzückt ist. Als sie nun in ihrem süßen Ballkleid den Saal betritt, wenden sich die Augen aller Anwesenden ihr zu.

Der Kaiser geht auf die Mädchen zu und verbeugt sich vor ihnen. Da unterläuft Sissy ein schlimmer Fehler: Statt einen Hofknicks zu machen, reicht sie Franz Joseph freundlich die Hand. Der Kaiser schmunzelt leise und erwidert geistesgegenwärtig den Händedruck. Auch die Gäste lächeln vergnügt über Sissys Unbefangenheit — nur Erzherzogin Sophie ist zusammengezuckt. Sie hofft noch immer, daß sie ihrem Sohn dieses Mädchen ausreden kann. Hat denn dieses Ding nicht gelernt, wie man sich einem Kaiser gegenüber verhält? denkt sie verärgert. Wenn Franz Joseph das Mädchen wirklich heiraten will, dann muß ich Sissy erst einmal Anstand beibringen. Nicht auszudenken, wenn sie solche Sitten auch in Wien einführen will. Ludovika hat sich wohl überhaupt nicht um ihre Erziehung gekümmert...

Aber nun beginnt der Ball mit einer schnellen Polka. Franz Joseph will noch nicht tanzen, er möchte erst einmal Sissy zusehen. Er bittet Baron Weckbecker, Sissy aufzufordern. Der junge Major läßt sich das nicht zweimal sagen. Höflich bittet er sie zum Tanz. Da merkt man schon noch, daß Sissy frischweg von der Tanzstunde kommt. Aber sie liegt leicht wie eine Feder in den Armen des Barons und läßt sich von ihm führen. Als der Tanz zu Ende ist, flüstert Baron Weckbecker einem Freund zu: „Ich glaube, ich habe gerade mit der zukünftigen Kaiserin getanzt."

Nun reißt sich jeder darum, Sissy aufs Parkett zu führen. Mit jeder Minute wächst ihre Sicherheit; voller Freude schwebt sie über den spiegelblanken Boden. Ihre Augen strahlen, eine Haarlocke hat sich gelöst und liegt nun keck auf der Stirn, die Wangen haben sich zart gefärbt — heute sieht Sissy wirklich zum Verlieben aus. Nun muß sogar Sophie zugeben, daß ihr Sohn Geschmack besitzt. — Wie erwachsen Sissy auf einmal aussieht, denkt sie sich. Sie wirkt wie eine Rosenknospe, die plötzlich erblüht ist. Beim Tanzen hält sie sich äußerst anmutsvoll...

Die Stunden vergehen wie im Flug. Bald ist es Mitternacht. Franz Joseph erhebt sich von seinem Platz und geht gemessenen Schrittes auf Sissy zu. Die Gäste halten gespannt den Atem an. Tatsächlich — Franz Joseph eröffnet mit Sissy den Kotillon. Bewundernd betrachten die Anwesenden das schöne Paar. Ludovika ist tief gerührt. Doch bei allem Stolz auf ihre junge Tochter vergißt sie nicht auf Helene und wirft ihr einen raschen Seitenblick zu. Doch Nené hat ganz auf ihren Kummer vergessen und sieht ihrer kleinen Schwester lächelnd zu. Viel zu schnell ist der Tanz vorbei. Franz Joseph verbeugt sich vor seiner Partnerin und überreicht ihr seinen Kotillionstrauß. Dann winkt er einen Lakaien herbei, der Sissy auch noch all die anderen Blumen gibt, die der junge Kaiser eigentlich den anderen Damen hätte bringen sollen, mit denen er vorher getanzt hat. Sissy hat die Arme voller Blumen und ist recht verlegen. Was für ein wunderschöner Ball! Wenn nur nicht so viele Leute hier wären. Aber Franz Joseph ist zu nett. Wie gut er tanzen kann! Und wie er mich immer angesehen hat... Tausend Gedanken schießen Sissy durch den Kopf. Als sie endlich im Hotel in ihrem Bett liegt, kann sie einfach nicht einschlafen.

„Nené, bist du wach?" flüstert sie.

„Nein", wispert die Schwester zurück. „Was möchtest du denn?"

„War es heute abend nicht wunderschön? Wenn du Kaiserin bist, kannst du jeden Tag ein solches Fest geben!"

Eine kurze Zeitlang bleibt es still. Dann setzt sich Helene im Bett auf. „Aber Sissy, ich werde nie Franz Josephs Frau. Hast du denn nicht bemerkt, daß der Kaiser nur mehr Augen für dich hat?"

Nun schweigt Sissy verlegen. „Das wird wohl nichts zu bedeuten haben. Mir scheint überhaupt, daß mich jeder anstarrt. Franz Joseph wird sicher um deine Hand anhalten, so war es doch ausgemacht, oder nicht?"

Nené meint, daß es nun wirklich an der Zeit sei, mit ihrer Schwester ein ernstes Wort zu reden. „Sissy, hast du denn noch nie gehört, was es bedeutet, wenn man den Kotillon miteinander tanzt? Das gilt genausoviel wie eine feierliche Verlobung. Franz Joseph hat mit dir getanzt, nicht mit mir."

„Aber Nené, ich kann doch gar nicht heiraten, ich bin doch noch zu jung. Und Tante Sophie würde es nie erlauben. Ich glaube, sie mag mich überhaupt nicht leiden. Stell dir vor, was Mama sagen wird?"

„Ach Sissy, du bist wirklich noch recht jung. Wenn der Kaiser einen Wunsch hat, dann wird sich niemand widersetzen. Ich bin sicher, daß er Mama um deine Hand bitten wird."

Nun ist Sissy ganz still geworden. Freilich hat sie Franz Josephs Blicke bemerkt und ist auch ein wenig stolz darauf gewesen. Aber daß sie seine Frau werden soll — daran hat Sissy keine Sekunde lang gedacht. Ihr Herz beginnt schneller zu schlagen, denn sie spürt, daß ihr der junge, fesche Kaiser auch nicht gleichgültig ist. Doch die Erinnerung an ihren jüngsten Kummer ist noch allzu frisch. Wenn er es nun nicht aufrichtig meint? überlegt Sissy. Vielleicht macht er allen Damen schöne Augen und heiratet schließlich eine vornehme Prinzessin? Wenn ich nur wüßte, wie ich mich verhalten soll?'

Lange noch wälzt sich Sissy in ihrem Bett hin und her, bis sie endlich einschläft.

Auch Franz Joseph hat unruhig geschlafen. Als er am nächsten Tag, seinem 23. Geburtstag, aufwacht, regnet es in Strömen. Nervös geht er in seinem Zimmer auf und ab. Ungeduldig wartet er darauf, daß sich seine Mutter endlich erhebt. Heute will er sie bitten, die Abmachung mit Tante Ludovika rückgängig zu machen. Er möchte Sissy heiraten, dessen ist er sich sicher.

Aber wer weiß, ob sie meine Frau werden möchte, denkt er sich. Es ist gewiß keine leichte Aufgabe, meine schwere Lage zu teilen. Vielleicht zieht sie ein ruhiges Leben an der Seite eines anderen vor? Wenn Mama nur endlich aufwachen würde...

Endlich ist es soweit. Erzherzogin Sophie empfängt ihren Sohn. Stürmisch bedrängt sie Franz Joseph, bei Ludovika nachzufragen, ob Sissy ihn zum Gatten nehmen wolle.

„Liebes Kind, jede Frau wäre glücklich, ihr Leben mit dir zu teilen und deine Sorgen mit Anmut und Heiterkeit vergessen zu machen. Wenn es also dein sehnlichster Wunsch ist, dich mit Sissy zu vermählen, dann werde ich mit meiner Schwester sprechen. Natürlich wird Sissy einwilligen. Aber hast du dir überlegt, daß sie noch ein halbes Kind ist? Das Mädchen ist doch noch nicht reif für das schwere Amt einer Kaiserin!"

„Da mache ich mir gar keine Gedanken. Sissy ist so bezaubernd und natürlich, daß sie alle Wiener im Sturm erobern wird. Sie wirkt auch recht vernünftig. Ich bitte dich, Mama, lade die Familie für heute Mittag ein."

Seufzend fügt sich Sophie den Wünschen ihres Sohnes. Beim verspäteten Mittagsmahl sitzt Sissy schon neben dem

Kaiser. Franz Joseph plaudert wie ein Wasserfall, lacht und scherzt mit Sissy, die ihre anfängliche Befangenheit bald abgelegt hat. Es regnet noch immer. Franz Joseph schlägt vor, nach dem Essen eine Ausfahrt im geschlossenen Wagen zu machen. Ludovika läßt sich mit Kopfschmerzen entschuldigen, aber Sophie denkt nicht daran, das Paar aus den Augen zu lassen. Auch Helene soll mitkommen, was dieser gar nicht recht ist.

Die Stimmung im Wagen ist recht gespannt. Franz Joseph merkt, daß seine Mutter Sissy ständig von oben bis unten mustert. Auch Sissy fühlt sich unter den prüfenden Blicken ihrer gestrengen Tante ganz unbehaglich. Die einzige, die versucht, das Gespräch im Gang zu halten, ist Nené. Aber ihre Munterkeit wirkt alles andere als echt, und so sind alle froh, als der Ausflug zu Ende ist.

Zum Tee läßt Sophie Herzogin Ludovika zu sich bitten. Ohne weiteren Umschweife kommt sie sofort zur Sache:

„Es ist Franz Josephs sehnlichster Wunsch, deine Tochter Sissy zu heiraten, Ludovika. Glaubst du, daß sie den Antrag annehmen wird?"

Tief gerührt, mit Tränen in den Augen, ergreift Ludovika die Hand ihrer Schwester. „Sophie, ich bitte dich! Dem Kaiser von Österreich gibt man doch keinen Korb."

Die Herzogin ist über alle Maßen erleichtert, hat sie doch schon am Zustandekommen ihrer Pläne gezweifelt. Auch Sophie ist zufrieden. Halb hat ihr Franz Joseph ja gehorcht, denn schließlich vermählt er sich mit der Schwester der ihm zugedachten Braut. Nun muß nur noch Sissy einwilligen, dann ist alles wieder in bester Ordnung.

Abends klopft Herzogin Ludovika vorsichtig an Sissys Zimmertür. Verträumt sitzt das junge Mädchen auf der Fensterbank und merkt gar nicht, daß es ins Zimmer hineinregnet.

,,Sissy, du wirst dich verkühlen! Komm herunter und schließe das Fenster. Ich muß mit dir sprechen."

Der strenge Ton erschreckt Sissy. O weh, denkt sie, jetzt ist alles aus. Der Kaiser will Helene nicht heiraten, wir müssen nach Hause fahren. Nun wird Mama mir die Schuld an allem geben, nur weil ich mit ihm getanzt habe...

Tatsächlich beginnt die Mutter mit den Worten: ,,Du weißt doch, daß wir nach Bad Ischl gefahren sind, um Nené mit Franz Joseph zu verloben. Nun, der Kaiser hat aber andere Pläne..."

,,Mama", unterbricht Sissy die Herzogin, ,,ich wollte doch gar nicht mit ihm tanzen. Glaube mir, ich kann wirklich nichts dafür!"

,,Aber Kind, wieso willst du Franz Joseph nicht? Er wird doch um deine Hand anhalten!"

Fassungslos starrt Sissy ihre Mutter an. ,,Er... er wird um meine Hand anhalten? Er will micht heiraten? Ist es wirklich wahr?"

Das Mädchen bricht nun in Tränen aus. Den ganzen Nachmittag ist Sissy am Fenster gesessen. Immer mehr hat sie gespürt, daß sie Franz Joseph tief und innig liebt. Doch eine schreckliche Angst hat ihr das Herz zugeschnürt. Wenn nun der Kaiser seiner Mutter gehorchen und doch Helene heiraten muß? Oder wenn ihm beide Mädchen nicht gefallen und er sich nur aus reiner Höflichkeit mit ihnen abgegeben hat? Sissy ist immer trauriger und verzweifelter geworden. Und nun diese Nachricht! Sie kann es kaum glauben.

,,Hast du Franz Joseph gerne?" fragt Ludovika.

,,Wie soll ich ihn denn nicht gerne haben? Aber wie kann er nur an mich denken? Ich bin doch so jung und unbedeutend. Wer weiß, ob ich ihn glücklich machen kann. Ist es denn wirklich wahr?"

„Ja, Sissy, nun beruhige dich wieder, Franz Joseph möchte dich zur Frau haben. Du mußt es doch auch bemerkt haben, daß du ihm vom ersten Augenblick an gefallen hast."

„Ja, er hat mich so oft angesehen, aber das hat mich nur geniert. Ich dachte, Tante Sophie hätte ihm am ersten Tag erzählt, daß ich ein Schmutzfink bin. Kannst du dich nicht erinnern, wie böse sie zu mir war? Darum glaubte ich, er wollte mich nach Schmutzflecken absuchen."

Ludovika muß herzlich lachen. Wie naiv ihr Töchterchen manchmal sein kann! Aber gleich darauf wird sie wieder ernst. „Sissy, die Ehe mit einem Kaiser ist keine leichte Aufgabe, das weißt du doch? Du wirst viele Verpflichtungen haben, mußt dich immer tadellos benehmen und darfst deinen Launen nicht mehr nachgeben. Du wirst die erste Frau in Österreich sein. Alle Menschen werden auf dich blicken. Das Leben, das du von zu Hause gewohnt bist, kannst du am Hof nicht mehr führen."

„Ach, wenn er nur kein Kaiser wäre!" seufzt Sissy, die sich bei Ludovikas Worten innerlich geschüttelt hat. „Ich mag nicht so viele Menschen um mich haben." Ganz plötzlich ist sie recht verzagt, wenn sie sich vorstellt, daß sie nun bald das Elternhaus verlassen muß und nach Wien ziehen wird, wo sie keine Menschenseele kennt. Zu wem soll sie denn gehen, wenn sie Kummer haben wird?

„Tante Sophie ist so schrecklich ernst und furchterregend", vertraut Sissy ihrer Mutter an.

„Tante Sophie hat viele Sorgen. Die politische Lage ist in Österreich nicht immer leicht gewesen. Sie hat Franz Joseph oft mit Rat und Tat zur Seite stehen müssen. Da gewöhnt man sich leicht an, energisch und bestimmt aufzutreten. Doch du mußt deswegen keine Angst vor ihr haben. Ich glaube, sie hat dich recht gern. Wenn sie einmal streng zu dir ist, so sollst du immer daran denken, daß es zu deinem besten geschieht."

An Schlaf ist diese Nacht nicht zu denken. Sissy hat tausend Fragen an ihre Mutter. Später kommt auch Helene hinzu, die ihrer Schwester aufrichtig gratuliert. Bis in die Mitternachtsstunden sitzen alle drei einträchtig beisammen und malen sich die Zukunft aus. Schonend bereitet Ludovika das Mädchen auf die Freuden und Leiden des Ehelebens vor.

Schon früh am nächsten Tag wird dem Kaiser Sissys Antwort überbracht. Franz Joseph ist überglücklich. Sofort eilt er ins Hotel. Da steht Sissy in der Tür, schüchtern, die Augen zu Boden gesenkt. Der Kaiser ist von ihrem lieblichen Anblick so bezaubert, daß er auf die Etikette vergißt und wie ein ganz normaler, verliebter junger Mann auf sie zustürmt. Überschwenglich nimmt er sie in die Arme, hebt sie hoch und wirbelt sie im Kreis herum. Ganz außer Atem küßt er Sissy auf beide Backen.

Mit dieser natürlichen Geste hat er seine kleine Braut vollends erobert. Sissy hat einen formvollendeten Antrag erwartet, eine steife Verbeugung oder vielleicht einen Handkuß. Mit dieser freudigen Begrüßung hat sie überhaupt nicht gerechnet. Alle ihre Befürchtungen sind vergessen. Er hat mich wirklich lieb, denkt sie mit klopfendem Herzen. Und er ist auch gar nicht so förmlich wie Tante Sophie. Wie ich mich freue. Wir werden uns sicher gut verstehen!

Der Kaiser ist kaum wiederzuerkennen. Aufgeregt läuft er zwischen Sissy und ihrer Mutter hin und her und treibt sie zur Eile an, denn die Familie soll mit ihm gleich in die Kaiservilla mitkommen.

Nun ist die Verlobung offiziell. Im großen Salon haben sich Erzherzogin Sophie, Karl Ludwig, General Graf Grünne, der Vertraute des Kaisers, die anderen Adjutanten und

Königin Elise von Preußen, Sissys Patentante, versammelt. Während sich alle um das Paar scharen, steht Karl Ludwig traurig in einer Ecke. Er kann es noch immer nicht fassen, daß er seine Jugendliebe verloren hat. Schließlich gibt er sich einen Ruck und wünscht Sissy viel Glück.

Um elf Uhr begibt man sich zur Messe. Ganz Bad Ischl ist herbeigeströmt. Als Sissy und Franz Joseph bei strahlendem Sonnenschein aus der Kutsche steigen, singt die Gemeinde die Volkshymne. Franz Joseph nimmt Sissy bei der Hand und führt sie zum Priester. Tief bewegt bittet er den Geistlichen: „Hochwürden, segnen Sie uns, dies ist meine Braut."

Hochrufe ertönen, als man die Kirche wieder verläßt. Sissy bekommt nun einen ersten Vorgeschmack von ihren künftigen Pflichten. Am liebsten würde sie sich hinter ihrem Schal verstecken und unerkannt in der Menge verschwinden. Doch Franz Joseph hält sie fest bei der Hand. So muß sie freundlich nach allen Seiten nicken und die nicht enden wollenden Glückwünsche mit höflichen Dankesworten entgegennehmen.

Ängstlich drückt sie Franz Josephs Hand. Da erst bemerkt der Kaiser, wie verwirrt Sissy ist. Schnell führt er sie durch die Menge und hilft ihr in den Wagen. Aufstöhnend sinkt Sissy in die Polster.

„Warum müssen mich alle so anstarren, als ob sie mich aufessen wollten? Das kann ich nicht mehr ertragen!"

„Elisabeth, das Volk hat ein Recht darauf, seine künftige Kaiserin zu sehen", mahnt Erzherzogin Sophie, die das Paar begleitet.

„Ach, Tante, ich habe Angst, daß sie mich erdrücken", klagt Sissy, die es gar nicht mag, wenn sie mit Elisabeth angesprochen wird.

„Du darfst jetzt Mutter zu mir sagen", erinnert Sophie

ihre Schwiegertochter. „Du wirst dich wohl oder übel daran gewöhnen müssen. Die Kaiserin von Österreich darf sich nicht verstecken."

Sissy schweigt bedrückt. Franz Joseph betrachtet sie zärtlich. Geschwind beugt er sich zu ihr hinüber und flüstert ihr ins Ohr: „Du kannst dir gar nicht vorstellen, wie glücklich ich bin."

Als Sophie diese Worte hört, unterdrückt sie den aufkeimenden Ärger und denkt bei sich: Wer weiß, vielleicht ist es besser, daß Franz Joseph ein Mädchen heiratet, das er liebt. Sissy ist zwar recht unbeholfen, aber sie kann ihm sein schweren Schicksal sicher erleichtern. Daß sie ihn gern hat, sieht man auf den ersten Blick. Sie wird sich ihm zuliebe schon bemühen, eine gute Kaiserin zu sein.

Das Diner soll in Hallstatt eingenommen werden. Auf dem Weg dorthin fröstelt Sissy ein wenig. Fürsorglich hüllt Franz Joseph die zarte Gestalt in seinen warmen Militärmantel. Ganz nah sitzt er bei seiner Braut und zeigt ihr die wunderschöne Landschaft, die nach dem Regentag ihre ganze Pracht entfaltet.

Erst spät am Abend fährt man nach Bad Ischl zurück. Da erlebt Sissy eine wunderschöne Überraschung. Zur Feier ihrer Verlobung sind in dem Städtchen Tausende von Kerzen angezündet worden. Auf dem Siriuskogel ist mit vielen kleinen Lampen ein Brautkranz in den Abendhimmel gezeichnet, in dem die Initialen FJ und E funkeln. Auf den Straßen hat die Bevölkerung geduldig auf die Rückkehr des Brautpaares gewartet. Diesmal ist Sissy gerührt über die Treue, die die Menschen ihrem Kaiser entgegenbringen.

Einige Tage später kommt Herzog Max von Bayern in Ischl an. Freudestrahlend fällt Sissy dem Vater um den Hals.

„Sissy, du Teufelsmädel, da wirst du nun Kaiserin von Österreich. Wer hätte das gedacht!"

Die Ankunft von Max ist Sophie gar nicht recht. Am liebsten würde sie den Brautvater totschweigen. Seine antihöfische Einstellung und seine verrückten Einfälle sind ihr ein Dorn im Auge. Aber schließlich muß man auch seine Einwilligung einholen.

Ludovika weiß natürlich, daß Max kein gern gesehener Gast ist. Aber soll sie Sophie gestehen, daß sie in aller Heimlichkeit und Eile Max beauftragt hat, Sissys gute Kleider herbeizuschaffen?

Die Tage vergehen nun wie im Flug. Ein Fest jagt das andere, Sissy hetzt von einem Empfang zum anderen, steht geduldig dem Hofmaler Modell, denn immerhin will sich die Kaiserstadt Wien schon ein Bild von seiner zukünftigen Regentin machen. Während dieser Sitzungen ist Franz Joseph immer bei Sissy. Wenn sie ungeduldig wird, spricht er tröstend auf sie ein und vertreibt ihr mit fröhlichen Scherzen die Zeit. Der Künstler ist ganz hingerissen von Sissys feinem Antlitz und betont immer wieder, daß er noch nie so ein liebliches Gesichtchen gemalt hat.

Von allen Seiten erhält Sissy die kostbarsten Geschenke. Soviel Geschmeide hat sie noch nie besessen. Franz Joseph legt ihr eines Morgens ein wunderschönes Diadem aus Smaragden und Diamanten in Form einer Blütenranke in die Hände. Am allermeisten aber freut sich Sissy über eine Schaukel, die der Kaiser im Garten der Sommervilla aufstellen läßt.

Das junge Mädchen wird von Tag zu Tag eleganter. Langsam lernt sie auch, trotz ihrer gleichbleibenden Angst vor den Menschen eine ruhige, vornehme Haltung zu bewahren. Nur auf den Spaziergängen mit Franz Joseph und General Grünne klagt sie darüber, im Mittelpunkt der Aufmerksamkeit zu stehen. Grünne hat Mitleid mit dem jungen Mädchen. Besorgt sieht er zu, wie Erzherzogin Sophie mehr und mehr Einfluß auf Sissy nimmt.

Ludovika hat Vertrauen zu dem General gefaßt und schüttet ihm ihr Herz aus: „Welch schwere Zeit wird Sissy wohl bevorstehen? Wer weiß, ob ihr Franz Josephs Liebe hilft, die schwierige Aufgabe zu erfüllen?"

Einmal kommt es zwischen Sissy und Sophie fast zum Zerwürfnis. Rodi, Sissys Gouvernante, hat ihrem Schützling eine wenig schmeichelhafte Bemerkung der Erzherzogin hinterbracht. Sophie hat sich in kleinem Kreise etwas abfällig über Sissys gelbe Zähne geäußert. Sissy wird richtig rebellisch, als sie davon erfährt. „Immer behandelt sie mich wie ein kleines Kind. Jedesmal, wenn ich neben ihr stehe, hat sie etwas anderes an mir auszusetzen. Verbeuge dich, verbeuge dich nicht, lächle, lächle nicht! Und nun will sie mir wohl auch noch sagen, wie oft ich mir die Zähne putzen soll!" Sissy schimpft wie ein Rohrspatz und weigert sich ganz entschieden, auf dem für diesen Abend vorgesehenen Empfang zu erscheinen.

Ludovika ist ratlos. Wie soll sie ihrem Trotzkopf erklären, daß dies erst der Anfang ist? Die Herzogin weiß nur zu gut, welch bissige Bemerkungen die Damen der Wiener Aristokratie auf Lager haben. Da wird ihre Tochter noch ganz andere Bosheiten überstehen müssen...

Schließlich wird Franz Joseph ins Hotel gerufen. Liebevoll versucht er, Sissy zu beruhigen. Besänftigt erscheint sie nun doch auf dem Ball, meidet aber jeden Kontakt mit Sophie. Langsam merken die Anwesenden, daß es zwischen Sophie und ihrer Schwiegertochter nicht gerade zum besten steht. In Windeseile verbreiten sich viele kleine Klatschgeschichten über die junge Braut.

In Wien hat die Nachricht von der Verlobung mit der

unbekannten Sissy wie eine Bombe eingeschlagen. Man nimmt die bevorstehende Heirat mit gemischten Gefühlen auf. Sophie ist seit der blutigen Unterdrückung der Revolution im Jahre 1848 nicht sehr beliebt. Und man merkt deutlich, daß sie bei dieser Verlobung wieder ihre Hand im Spiel gehabt hat. Andrerseits freut man sich, daß Kaiser Franz Joseph seinen Willen durchgesetzt und sich für Sissy entschieden hat. Selbstverständlich wird die Herkunft der Braut sorgfältig unter die Lupe genommen. Kritisch wird bemerkt, daß Sissys Ahnengalerie nicht gerade kaiserlich ist. Und Max von Bayern gibt mit seinen grotesken Liebhabereien natürlich wieder Anlaß zu bösen Klatschereien. Man erzählt sich, daß seine Kinder zwar vortrefflich reiten können, dafür aber der französischen Sprache nicht mächtig sind — ein arges Makel am Wiener Hof. Eifersüchtig bezeichnen manche Komtessen, die sich bei Franz Joseph Chancen ausgerechnet haben, ihre Rivalin Sissy als Zirkuskind. Bald fällt in Wien das böse Wort „Bettelwirtschaft" aus der die künftige Kaiserin stammt. Auch die Schlösser des Herzogs werden einer genauen Prüfung unterzogen. Possenhofen kommt dabei schlecht weg. Und daß sich Max dort mit Bürgern und Bauern umgibt, macht Sissy nicht gerade beliebter.

Doch als die ersten Bilder von ihr in der Kaiserstadt eintreffen, ist es vorbei mit dem abfälligen Getuschel. Keiner kann sich Sissys Liebreiz entziehen, und nun wandelt sich wenigstens die Stimmung im Volk. Man erwartet schon ungeduldig darauf, das schöne Mädchen aus der Nähe zu bewundern.

Bald kommt der Abschied. Kaiser Franz muß nach Wien zurück, die Pflichten dürfen bei aller Verliebtheit nicht vergessen werden. Zur Erinnerung an die Verlobung und die schönen Tage beschließen der Kaiser und seine Mutter, die

Villa, die bis jetzt nur für die Sommerfrische gemietet war, endgültig zu kaufen. Zwei weitere Flügel sollen angebaut werden, und so bekommt der Grundriß die Form eines E — Sissy zu Ehren.

Gemeinsam fahren Sissy und Franz Joseph bis nach Salzburg. Dort nehmen sie zärtlich voneinander Abschied. Franz Joseph kehrt nach Wien zurück, Sissy nach Possenhofen.

7.

In Possenhofen hat Sissy endlich Zeit zum Nachdenken. Vor wenigen Tagen hat sie das Schlößchen als ahnungsloser Backfisch verlassen, und nun kehrt sie als Braut des Kaisers von Österreich zurück. Sie soll Landesmutter eines riesigen Reiches werden, dessen Geschichte sie kaum kennt.

Was ist nur mit mir geschehn? überlegt Sissy, während sie sehnsüchtig die Schwalben beobachtet, die sie schon so oft beneidet hat. Mit einemmal ist ihr richtig bang zumute. „Ach, könnte ich nur mit euch fortfliegen", murmelt sie in sich hinein. „Wer weiß, was mich in Wien erwartet. Ich habe Franz Joseph wohl sehr lieb, aber wie werde ich mit Tante Sophie auskommen? Es ist sicher nicht einfach, Kaiserin zu sein. Und ich werde Papa schrecklich vermissen."

Auch Ludovika und Max wissen noch immer nicht, ob sie sich für ihre Tochter freuen oder sie bemitleiden sollen. Max kann sich überhaupt nicht vorstellen, daß sich seine freiheitsliebende Tochter in dem strengen Zeremoniell des Wiener Hofes zurechtfinden wird. Dazu hat er sie viel zu liberal erzogen.

In Possi kann sich Sissy noch nach Herzenslust austoben. Sie ist von allen Unterrichtsstunden befreit, und Ludovika sagt kein Wort, wenn sie sieht, daß ihre Tochter den ganzen Tag bei ihren Pferden verbringt. Die Eltern lesen Sissy jeden Wunsch von den Augen ab. Denn sobald man wieder in München ist, muß sie jede Minute damit verbringen, sich auf ihr Amt vorzubereiten. Sophie hat ein umfangreiches Lernprogramm zusammengestellt.

Schon Mitte September ist es soweit. Ein Brief von Sophie trifft in Possenhofen ein. Sie hat die Hochzeit für den April des nächsten Jahres festgesetzt. Vorher hat man noch die päpstliche Erlaubnis für die Eheschließung einholen müssen — denn Franz Joseph und Sissy sind ja Vetter und Cousine ersten Grades. Die Erzherzogin wünscht, daß Sissy sobald wie möglich mit den Lektionen beginnt. In den wenigen Monaten bis zur Hochzeit soll jetzt im Eilzugstempo alles nachgeholt werden, was in der Ausbildung versäumt worden ist.

Rodi, die Gouvernante, Baronin Wulffen und Herzogin Ludovika sind nun jede Minute bei Sissy. Max macht sich Vorwürfe, daß er seine Tochter so oft vom Unterreicht weggeholt hat. Zu seiner Gattin sagt er mit gerunzelter Stirn: „Unsere Kinder haben alle kein Talent beim Lernen. Das einzige, was Sissy recht gut beherrscht, ist die englische Sprache. Aber mit dem Französischen tut sie sich schwer. Da wird sie in Wien sicher viel Ärger mit Sophie bekommen. Die Hofdamen sprechen ein tadelloses akzentfreies Französisch. Wenn sie sich nur nicht über Sissy lustig machen! Sie ist ja so schnell gekränkt. Ich hätte sie nicht so oft zum Reiten verführen sollen."

Ungewohnt sanft antwortet Ludovika: „Aber Max, daran trägst du doch keine Schuld. Wir haben den Kindern viel Liebe geschenkt. Das war doch wichtiger als der Unterricht in Geschichte oder Fremdsprachen. Wir können stolz auf sie sein, auch wenn sie vielleicht weniger Wissen in ihrem Kopf haben als andere. Wer konnte denn ahnen, daß Sissy Kaiserin von Österreich wird? Nené hätte sich vielleicht leichter in ihr Schicksal gefügt als der Dickkopf Sissy. Aber von unserer Familie kann sich keiner in Wien wohlfühlen. Manchmal wünschte ich, daß wir nie nach Bad Ischl gefahren wären. Unser ganzes Leben ist anders geworden. Durch diese Verlobung blickt alle Welt auf uns. Das ist schon recht unangenehm."

Max wundert sich ein wenig, solche Töne hat er noch nie von seiner Frau gehört. Aber er versteht nur zu gut, was sie damit meint. Auch er hat einen Brief von Sophie bekommen. In eisigem Ton hat sie ihm mitgeteilt, daß er als Brautvater verpflichtet sei, seinen Namen von allen Skandalen freizuhalten.

Sissy hat jetzt wirklich keine freie Minute mehr. Sie, die es gewohnt ist, möglichst viel allein zu sein, steht auf einmal im Mittelpunkt. Reitet sie einmal aus, dann versammelt sich sofort eine Menschenmenge und beobachtet jede ihrer Bewegungen. Sophie hat gleich drei Maler aus Wien geschickt, die Dutzende von Bildern anfertigen. Rodi kommt jeden Morgen ins Zimmer und zwingt Sissy, statt der bequemen Hauskleider prachtvolle Roben anzuziehen. Sissy hat sich noch nie sehr viel aus Kleidern gemacht. Und nun ärgert sie sich immer wieder über das viel zu enge Korsett, das ihr kaum Luft zum Atmen läßt. Ständig treffen Schmuckstücke aus Wien ein, Geschenke des Kaisers und seiner Mutter. Die darf man natürlich nicht achtlos beiseite legen. Sissy kommt sich manchmal wie ein aufgeputzter Christbaum vor. Nur ein Schmuckstück legt sie nie ab: Ein Kurier aus Wien hat das Miniaturbild Franz Josephs gebracht, das in ein diamantenes Armband gefaßt ist.

Gleich nach dem Frühstück erscheint Baronin Wulffen.

Sie hat eine Liste der österreichischen Gesellschaft bekommen: Sissy soll die Namen der Minister, der Hofdamen und der kaiserlichen Adjutanten auswendig lernen und sich auch gleich merken, mit wem sie wann Umgang pflegen darf. Manche Hofdamen werden zum Beispiel nur einmal in der Woche zum Tee gebeten, andere wieder dürfen Sissy nicht von sich aus ansprechen, sondern erst dann antworten, wenn das Wort an sie gerichtet wird. Auch die Begrüßungszeremonien sind höchst verwirrend. Sissy bringt alles durcheinander. Außerdem hat sie in der Liste einige nahe Verwandte entdeckt — und sie sieht überhaupt nicht ein, warum sie diese nicht umarmen darf.

„Du liebe Güte, wie soll ich mir das alles merken? Warum kann ich mich denn nicht so benehmen wie zu Hause?" Aber Baronin Wulffen ist unerbittlich. Sie ist die einzige, die sich hundertprozentig über die Heirat freut. Mit unerschütterlicher Geduld prüft sie Sissy ab, läßt sie Tag für Tag Namen und Titel wiederholen und achtet darauf, daß Erzherzogin Sophies Wünsche peinlich genau befolgt werden.

Es hagelt Vorschriften über Vorschriften. Sophie mahnt, daß Sissy von den Pferden ferngehalten wird. Sie soll auf ihre zarte Gesundheit achten, und überdies schickt es sich nicht für eine zukünftige Kaiserin, wie ein Wildfang zu reiten. Da greift sogar Ludovika ein, die eigentlich wenig Verständnis für Sissys Freude am Reiten gehabt hat. „Das Kind muß doch ein wenig Abwechslung haben. Die frische Luft und die Bewegung können nicht schaden."

Als Sophie ein Aquarell von Bad Ischl schickt, bedankt sich Sissy artig in einem Brief, wobei sie die Erzherzogin wieder mit du anspricht. Die Rüge läßt nicht lange auf sich warten.

„Der vertraute Ton ist in der kaiserlichen Familie nicht

üblich. Sogar mein Sohn Franz Joseph hat mich, bis auf wenige Ausnahmen, mit Sie zu titulieren..."

Sissy ist erschöpft. In den vielen Briefen an Franz Joseph beklagt sie sich über die Erzherzogin. „Auch das stete Lernen geht über meine Kräfte. Die Vorschriften bezüglich des Protokolls halte ich für sinnwidrig. Cousine Adelgunde wird beispielsweise dazu angehalten, meine Hand zu küssen."

Der junge Kaiser findet immer wieder tröstende Worte. Wenn seine Briefe ankommen, faßt Sissy wieder neuen Mut. „Er wird schon dafür sorgen, daß es nicht allzu förmlich zugehen wird. Ich werde mich auch bemühen, bei allen Empfängen würdig zu erscheinen. Doch wenn wir nicht in der Öffentlichkeit erscheinen, dann darf sich Tante Sophie nicht in unsere Angelegenheiten einmischen."

Das Wichtigste aber ist die Geschichte der Donaumonarchie. Sophie hat es ihrer Schwester überlassen, einen geeigneten Lehrer für die Unterrichtsstunden zu finden. Herzog Max beauftragt seinen Freund Graf Johann Mailath mit dieser Aufgabe. Denn der gebürtige Ungar lebt in München in recht bescheidenen Verhältnissen. Der Ertrag seiner Bücher reicht kaum aus, um ihn zu ernähren. Dreimal in der Woche kommt nun Mailath in das Schloß in der Ludwigstraße, um Sissy aus seinem Werk „Die Geschichte des österreichischen Kaiserstaates" vorzulesen.

Sissy freundet sich sofort mit dem lebhaften alten Herrn an. Sie hat noch keinen Fuß auf ungarischen Boden gesetzt, da erfüllt schon Zuneigung zu dem stolzen Volk ihr Herz. In poetischen Worten schildert Mailath die ungarische Geschichte, erzählt vom Mut und der Kraft des schneidigen Reitervolkes, singt feurige Volkslieder und beschreibt die wunderschöne Landschaft.

Aber als Sophie erfährt, daß Sissys Lehrer ein Ungar ist,

legt sie Protest ein. Ihre Abneigung gegen alles, was aus Ungarn kommt, kennt keine Grenzen. Immer wieder versucht dieses Volk, das Joch der österreichischen Kaiserkrone abzuwerfen. Doch Sophie hält nichts von den Loslösungsbestrebungen der Ungarn. Sie will das Reich wachsen sehen. Auf Wunsch der Erzherzogin wird Sissy ein neuer Lehrer zugeteilt. Doch nun ist es schon zu spät. Sissy, die soviel auf Freiheit hält, versteht, daß die Ungarn um Sonderrechte kämpfen. Die Liebe und das Verständnis für dieses Volk sind in ihr nicht mehr auszulöschen. Viel später wird dieser Gegensatz zwischen Sissy und Sophie zu vielen Streitgesprächen Anlaß geben.

Doch im Augenblick denkt das junge Mädchen gar nicht daran, daß sie einmal Einfluß auf die Regierungsgeschäfte in Österreich nehmen wird. Franz Joseph hat geschrieben, daß er ehebaldigst auf Besuch kommen will. Sissy ist außer sich vor Freude.

Mitte Oktober ist es soweit: Franz Joseph trifft in München ein. Wie es die Etikette vorschreibt, besucht er zuerst König Max I. von Bayern.

Sissy ist früh aufgestanden. Sie kann einfach nicht mehr schlafen und geistert schon in den ersten Morgenstunden durch die Räume. Schließlich hält sie es gar nicht mehr aus und weckt ihre Gouvernante.

„Rodi, was soll ich denn heute anziehen? Komm, steh auf und sei mir behilflich! Franz Joseph wird doch bald eintreffen."

Gottergeben erhebt sich Rodi und berät Sissy bei der Kleiderfrage. Das ist aber gar nicht so einfach. Das eine Kleid ist Sissy zu eng, das andere zu einfach, das dritte wiederum zu altmodisch. Nach langem Hin und Her entscheidet sich Sissy für ein einfaches hellblaues Kostüm, das noch aus den Beständen vor der Verlobung stammt.

„Rodi, wie willst du mich denn herrichten?" ärgert sich Sissy, als ihr die Gouvernante ein herrliches Geschmeide ins Haar flechten will. „Ich gehe doch nicht auf einen Ball! Wenn Franz Joseph kommt, möchte ich mit ihm spazierengehen."

Rodi schweigt mürrisch. Da bemüht sie sich, die Näherinnen und Stickerinnen die schönsten Roben anfertigen zu lassen, und nun streift sich Sissy ein altes Kleid über. Nicht einmal Schmuck will das Mädchen tragen. Sissy lehnt alle Geschmeide bis auf ihr Diamantarmband mit dem Bild des Kaisers ab. Dann postiert sie sich in der Eingangshalle, um dort auf Franz Joseph zu warten.

Eine Stunde verrinnt, langsam erwacht das Haus. Ludovika kommt herunter, um Sissy zum Frühstück zu holen.

„Nein, Mama, ich möchte hier warten. Franz kommt sicher gleich..."

Noch eine Stunde später wippt sie schon ungeduldig mit den Zehenspitzen auf und ab. Immer wieder wandert ihr Blick zu der mächtigen Standuhr in der Halle.

„Es ist schon fast Mittag. Wo Franz Joseph nur bleibt? Hoffentlich ist ihm auf der Reise nichts zugestoßen!"

Da — endlich hört Sissy den Lärm von Hufen vor dem Portal! Ihr Herz beginnt zu rasen. Gleich wird die Tür aufgehen und Franz Joseph vor ihr stehen.

„Sissy, wo steckst du denn?" Laut ruft Max nach seiner Tochter. Unwillig wendet Sissy ihren Blick von der Tür ab. Was will denn ihr Vater jetzt?

„Sissy, ich habe eine Botschaft für dich. Franz Joseph nimmt das Mittagmahl beim König ein. Er wird am Nachmittag eintreffen und entbietet dir jetzt schon die herzlichsten Grüße."

Sissy ist erstarrt. „Er ist schon in München? Ja, warum kommt er denn nicht?"

„Die Einladung des Königs von Bayern kann er nicht gut ausschlagen, das siehst du doch ein, Kind?" besänftigt Max seine Tochter, die den Tränen nahe ist.

„Nein, das sehe ich nicht ein! Er ist zu mir auf Besuch gekommen, was sucht er denn in der Residenz? Wen will er denn heiraten? Mich oder den König?"

„Sei doch nicht so eigensinnig! Wenn ein Kaiser ein fremdes Land besucht, dann muß er eben zuallererst dem dortigen Regenten seine Aufwartung machen."

„Immer dieses Protokoll! Jetzt habe ich aber wirklich genug! Franz Joseph braucht gar nicht mehr zu kommen. Sag ihm das!"

Mit diesen Worten stürmt sie die Treppen hinauf, knallt die Tür zu ihrem Zimmer zu und wirft sich weinend auf ihr Bett. „Da haben wir uns wochenlang nicht gesehen, und nun kommt er nach München und sitzt beim König! Da steckt sicher Tante Sophie dahinter. Wahrscheinlich hat sie ihm gesagt, er soll mich warten lassen. Na, er wird schon merken, was er davon hat, wenn er immer seiner Mutter nachgibt. Ich bewege mich heute nicht mehr vom Fleck!"

Ludovika und Max lächeln zwar über die temperamentvolle Reaktion ihrer Tochter, sind aber beide der Ansicht, daß dem Mädchen diese Flausen bald ausgetrieben werden müssen. „Stell dir vor, Sophie hätte das gehört!" Max sieht seine Gemahlin kopfschüttelnd an. „Wenn Sissy ihren Kopf nicht durchsetzen kann, dann benimmt sie sich manchmal wirklich unmöglich. Mir scheint, wir haben sie zusehr verwöhnt."

Es bleibt Ludovika überlassen, Franz Joseph über Sissys Unmut aufzuklären. Max versteht sich nicht so recht mit seinem Schwiegersohn. „Ach, das haben wir gleich. Ich wäre ja auch viel lieber ohne Umwege hergekommen. Sagen Sie ihr doch bitte, daß ich nun da bin, vielleicht ist sie schon wieder besänftigt!" bittet Franz Joseph die Herzogin.

Ludovika klopft also an Sissys Tür. „Sissy, der Kaiser ist hier. Er wartet schon ungeduldig auf dich. Darf ich ihm sage, daß du gleich erscheinst?"

„Nein", klingt es dumpf aus dem Zimmer. „Jetzt soll er auch mich warten. Wenn ihm die Zeit lang wird, kann er ja wieder zum König fahren."

Ärgerlich steigt Ludovika wieder die Treppe hinunter. „Es tut mir leid, Hoheit, aber Sissy trotzt. Sie müssen entschuldigen, ich weiß gar nicht, was in sie gefahren ist."

„Sissy schmollt also? Wenn Sie gestatten, werde ich wohl selber an ihre Tür klopfen müssen!"

Franz Joseph nimmt die Angelegenheit auf die leichte Schulter. Er läßt sich von Ludovika den Weg weisen und pocht zart an die Tür. „Sissy, willst du denn nicht herauskommen und mich begrüßen?"

Aber im Zimmer bleibt alles still. Atemlos kauert Sissy auf ihrem Sofa und horcht nach draußen. Noch einmal ruft Franz Joseph: „Sissy, nun sei nicht so hartherzig und komm doch aus deinem Versteck. Es tut mir wahrhaftig leid, daß ich mich verspätet habe!"

Am liebsten würde Sissy die Tür aufreißen und ihrem Bräutigam in die Arme fallen — aber der Eigensinn gewinnt die Oberhand. Trotzig preßt sie beide Hände vor den Mund, damit ihr nur ja kein unbedachtes Wort entschlüpft. Die Schritte entfernen sich wieder.

„Was machen wir nun?" Der junge Kaiser ist ratlos. „Ich kann Sissy ja verstehen, doch schließlich darf ich meine Pflichten nicht vernachlässigen!"

Generaladjutant Graf Grünne beschließt nun, die Sache in seine Hände zu nehmen. „Mein Kaiser, ich werde die junge Dame schon herunterbringen!"

Energisch verlangt er an Sissys Tür, eingelassen zu werden. „Graf Grünne steht vor Ihrer Tür. Darf ich eintreten?"

O weh, der hat mir noch gefehlt, denkt sich Sissy. Wenn ich ihn auch noch draußen stehenlasse, dann erzählt er Tante Sophie, wie ich mich benommen habe.

Kleinlaut öffnet Sissy.

„Wenn ich es recht verstehe, wollen Sie also den Kaiser von Österreich in der Halle stehenlassen?"

Mit spöttischem Lächeln betrachtet der Graf die puterrote Sissy von oben herab.

„Nein, so war das nicht gemeint", verteidigt sich Sissy. „Ich wollte nur..."

„Was wollten Sie? Was immer es auch gewesen sein mag, dehnen Sie es nicht zu lange aus. Der Kaiser wartet!"

Zackig dreht sich General Grünne um und verläßt ohne ein weiteres Wort den Raum.

„Dem werde ich es zeigen. Seine Ironie soll er woanders anbringen!"

In wenigen Minuten hat sich Sissy zurechtgemacht und steht bald darauf im Salon.

Freudig breitet Franz Joseph seine Arme aus. „Sissy, meine Liebste, ich wußte doch, daß du mir nicht lange böse sein kannst." Glücklich umfängt er seine Braut. „Nun, wollen wir nicht im Garten spazierengehen?" Sissy nickt.

Lange Zeit gehen die beiden Arm in Arm auf und ab. In gebührendem Abstand folgt Baronin Wulffen.

Mit großen Augen blickt Sissy zu Franz Joseph auf. „Wenn du nur ein Schneider wärest! Wie schön könnten wir es haben!"

„Ja, es ist nun einmal nicht zu ändern, daß ich Kaiser bin. Doch ich übe mein Amt gerne aus, auch wenn es ab und zu keine leichte Aufgabe ist. Weißt du, ich liebe mein

Volk. Da muß ich auch manche Opfer bringen. Das gleiche wird von dir verlangt, wenn du Kaiserin bist."

„Ich möchte keine Opfer bringen. Ich möchte nur mit dir glücklich werden, das ist mein einziger Wunsch. Verstehst du denn das nicht, Franz Joseph?" fragt Sissy, die schon wieder ärgerlich wird.

„Manchmal bist du noch wie ein kleines Kind. Du mußt ein wenig Verständnis für meine Lage aufbringen. Das Land ist nicht so einfach zu regieren."

„Du denkst ja nur an Politik und Protokoll und nie an mich. Auch deine Mutter macht mir nur Vorschriften. Gibt es denn gar kein Privatleben für uns? Sollen wir denn nie alleine sein?"

„Es wird schon nicht so schlimm werden, wie du es dir vorstellst", tröstet Franz Joseph seine Braut, aber bei sich denkt er: Sie ist wirklich recht eigenwillig. Wenn sie mit Mama auskommen will, dann hat sie Geduld zu haben.

Sissy ist schnell versöhnt. Fröhlich plaudernd wandern sie durch den weitläufigen Garten. Sissy zeigt Franz Joseph die Zirkuskuppel, in der schon lange niemand aufgetreten ist, und führt ihm dann in den Stallungen stolz ihre Pferde vor. „Morgen könnten wir ausreiten, wenn du möchtest. Für die Zeit deines Aufenthaltes bin ich nämlich von den schrecklichen Unterrichtsstunden beurlaubt."

„Wir kommen mit, wir kommen mit!" ertönt auf einmal wildes Geschrei. Sissys kleine Geschwister sind dem Paar heimlich gefolgt und stürzen unvermutet aus einer Wandnische hervor.

„He, was ist denn das?" Mit einemmal legt Franz Joseph seine zurückhaltende Haltung ab und tollt mit den Kindern durch den Stall. „Na wartet nur, ich kriege euch schon!" ruft er lachend und wirkt auf einmal gar nicht mehr so kaiserlich.

8.

Wunderschöne Tage folgen. Der Kaiser wirkt wie ein ausgelassenes Kind. Tagsüber tollt er mit Sissy und ihren Geschwistern umher, wird Irene von Paumgartten vorgestellt, unternimmt lange Ausflüge und Ritte mit Sissy. Abends ist er mit seiner Braut zu zahlreichen Bällen und Festen eingeladen. Stolz präsentiert sich Sissy in ihren neuen wunderschönen Kleidern, lächelt und grüßt freundlich nach allen Seiten, als wäre sie die Huldigungen von Kind an gewohnt. Sie läßt keine Gelegenheit aus, mit Franz Joseph zu tanzen. Einmal besuchen die beiden eine Festvorstellung des Münchner Hoftheaters. Dabei geschieht beinahe ein Irrtum. Die Theaterintendanz setzt, ohne nachzudenken, eine Vorführung der Oper „Wilhelm Tell" auf das Programm.

Erst König Max I. fällt auf, was der Direktor nicht bedacht hat — wird in der Oper doch der österreichische Fronvogt Geßler dem freien und stolzen Schweizer Tell gegenübergestellt. Schnell wird der Spielplan geändert. Doch auch bei der zweiten Wahl hat man keinen glücklichen Griff getan. Das Stück handelt vom Bruch eines feierlichen Verlöbnisses und endet mit dem qualvollen Tod eines Kaisers.

Aber Franz Joseph ist so fröhlich gestimmt, daß er den Fehler des Hoftheaters gnädig übersieht. Während der Vorstellung beugt er sich zu Sissy hinüber und flüstert ihr zu: „Das wird uns nie und nimmer passieren, nicht war, Liebste?"

Der junge Kaiser kann nicht lange in München verweilen. Am Abend vor seiner Abreise veranstaltet der König von Bayern ein großartiges Fest in der Residenz. Er hat es nur gut gemeint, aber Sissy ist wie früher völlig verstört, als sie die Menschenmenge sieht. Max I. hat alles eingeladen, was Rang und Namen hat. Die in München ansässigen Diplomaten aller Herren Länder sind gekommen, um die Braut des Kaisers von Österreich zu betrachten. Alle Menschen sind von Sissys bescheidenem und anmutsvollem Auftreten bezaubert. Sogar die Hofdamen, sonst schnell mit scharfem Urteil zur Stelle, können nichts Nachteiliges an der Braut finden.

Nur ein einziger, nämlich der Gesandte aus Brüssel, bemerkt, daß sich Sissy auf dem glatten Parkett höchst ungern bewegt. Er ist ein guter Bekannter von Herzog Max und weiß, daß Sissy eigentlich ein scheues Mädchen ist und es verabscheut, Aufmerksamkeit auf sich zu ziehen. Ein paar Tage später meint er zu Herzogin Ludovika und ihrem Gemahl: „Im Interesse Ihrer Tochter sollte die Hochzeit in den Juni verlegt werden. Zu diesem Zeitpunkt ist der Adel Wiens auf Sommerfrische, und Ihre Sissy müßte nicht all die Qualen durchstehen."

„Ja, das wird wohl nicht möglich sein, der Kaiser von Österreich kann doch nicht unter Ausschluß der Öffentlichkeit heiraten. Nein, nein, Sissy muß alles daransetzen, ihre Furcht vor großen Gesellschaften abzulegen."

Franz Joseph hat von München aus an seine Mutter in Wien geschrieben: „Sissy ist reizender als je zuvor. Ihre Sorge wegen des Reitsportes ist unbegründet. Sie hat seit Bad Ischl sogar ein wenig zugenommen, was ihr ausnehmend gut steht. Dank Ihrer Fürsorge, werte Mama, sind Sissys Zähne auch ganz weiß geworden. Sie erscheint mir nur etwas verschreckt, wenn wir uns in der Öffentlichkeit bewegen. Haben Sie Geduld mit meiner Braut, sie ist willig, alles von Ihnen zu lernen."

Franz Joseph hat ein wenig geschwindelt, denn vor der

Abfahrt hat ihm Sissy klargemacht, daß ihr Sophies Bevormundung gar nicht gefällt.

„Sie tut so, als wäre sie meine Mutter und schickt ständig Briefe, in denen sie alles an mir auszusetzen hat. Stell dir vor, ich darf sie nicht einmal mit „du" anreden. Dabei ist sie doch meine Tante und bald auch meine Schwiegermama. Franz Joseph, ich will mich ja nicht beklagen. Mir ist schon bewußt, daß ich vieles nicht weiß. Ich will mich auch bemühen, um dir keine Schande zu machen. Aber ich glaube nicht, daß ich mich mit deiner Mama gut verstehen kann."

„Sissy, du darfst keine Vergleiche zwischen deiner und meiner Mutter anstellen. Schau, Tante Ludovika hat sich nie um Politik kümmern müssen. Sie ist nie sosehr im Licht der Öffentlichkeit gestanden wie meine Familie. Da kann man leicht ein unbeschwertes Leben führen. Mama hat sich schon in jungen Jahren nach bestem Wissen und Gewissen um die Monarchie gekümmert. Stell dir vor, sie hat sogar für mich verzichtet, Kaiserin von Österreich zu werden. Nicht Papa, sondern ich bin Kaiser geworden. Und ich war jung, als ich den Thron bestiegen habe. Mama hat mich beraten. Wenn man das Geschick eines so großen Landes zu bestimmen hat, muß man sein Herz in anderen Dingen verhärten. Glaube mir, es ist ihr sicherlich nicht leichtgefallen, unserer Heirat zuzustimmen. In meiner Position schließt man selten eine Ehe aus Liebe. Da sind ganz andere Überlegungen im Spiel, meist politischer Natur. Aber Sissy, laß dein Köpfchen nicht hängen — eigentlich haben wir beide doch recht viel Glück gehabt, findest du nicht auch?"

So ernst hat Franz Joseph noch nie mit seiner Braut gesprochen. Sissy fühlt sich richtig selbstsüchtig, weil sie nur an sich denkt.

„Wie einsichtig du doch bist, Franz Joseph! Ich verspreche dir, dir zuliebe will ich mich von nun an bemühen, alles zu lernen, was notwendig ist, um deinem Volk eine gute Kaiserin zu sein."

„So ist es recht. Dafür gelobe ich dir, soviel Zeit wie möglich für dich zu haben."

Mit diesen Worten verabschieden sich die jungen Liebenden voneinander. Und schon während der Reise nach Wien setzt Franz Joseph einen zärtlichen Brief an seine über alles geliebte Sissy auf.

Mit Feuereifer stürzt sich das Mädchen auf den Unterricht. Sissy verblüfft Baronin Wulffen eines Morgens mit einer fehlerfreien Wiedergabe der Titel aller Hofdamen. Auch im Französischen verbessert sie sich zusehends. Aber tief drinnen im Herzen kann sie den Sinn der starren Rangordnung am Hof noch immer nicht einsehen.

„Die beste Staatsform wäre doch eine Republik", bemerkt sie einmal zu Herzog Max, der seine Tochter erschrocken ansieht.

„Sissy, das darfst du doch nicht sagen!"

„Warum, Papa, das ist doch auch deine Ansicht?"

„Ja natürlich, mein Kind, aber bedenke doch, daß du in wenigen Monaten Kaiserin wirst. Wenn dich Sophie gehört hätte — nicht auszudenken. Sie ist imstande und macht die Hochzeit rückgängig."

„Keine Angst, Papa, ich werden mich hüten, solche Bemerkungen vor der Tante fallenzulassen. Aber recht habe ich doch."

„Tja, wahrscheinlich hast du recht. Aber bedenke, auch wenn du deine Zunge vor Sophie hütest, wirst du dir durch solche Gedanken deine Lage sicher nicht erleichtern."

„Wenn dich Tante Sophie sehen könnte" — das wird nun zum geflügelten Wort in Sissys Familie. Jedesmal, wenn ihr ein Fehler unterläuft, muß sie sich diesen Satz anhören. Die Erzherzogin scheint allgegenwärtig zu sein...

Die Tage gleiten dahin, der Herbst kommt, bald ist auch der November vorbei, und das Weihnachtsfest rückt näher. Unzählige Briefchen sind zwischen München und Wien hin und her geflogen. Kurz vor dem Christfest äußert Sissy einen Herzenswunsch. Leise fragt sie an, ob sie ihren Bräutigam wohl zu den Feiertagen sehen werde. „Da ich am 24. Dezember auch Geburtstag habe, könntest du sogar zwei Fliegen mit einer Klappe schlagen. Du bräuchtest mir gar keine Geschenke zu schicken, mein größter Wunsch wäre, mit dir Hand in Hand zur Mitternachtsmette zu gehen."

Franz Joseph ist gerührt über die Anhänglichkeit seiner Verlobten und fragt sofort bei der Erzherzogin an, ob sie denn mit diesem Vorhaben einverstanden sei.

Und diplomatisch, wie er nun einmal ist, formuliert er die Einladung etwas anders: „Mama, der Herzog und die Herzogin würden Sie gerne zu den Weihnachtsfeiertagen in München begrüßen. Wollen Sie dies Anerbieten annehmen?"

Aber Sophie möchte die Kaiserstadt nicht verlassen. Sie fürchtet einen unangenehmen Zusammenstoß mit Sissy oder ihrem Vater Max. „In den letzten Wochen scheint sich das Mädel ja endlich auf ihre Pflichten besonnen zu haben. Ludovika berichtet mir von ernsthaften Fortschritten. Aber aus Sissys Briefen spricht nicht gerade Zuneigung zu mir. Vielleicht ist es besser, wenn ich mich aus München fernhalte. Wie schnell könnte es wegen einer Lappalie zu einem Streitgespräch kommen. Kurz vor der Hochzeit soll man alle Unstimmigkeiten vermeiden."

So sagt Sophie ab, erlaubt aber ihrem Sohn, das Fest in München zu verbringen. Um Sissy zu zeigen, daß sie keine gar so böse Schwiegermutter ist, kümmert sie sich fürsorglich um die Auswahl der Geschenke. Mitten im Winter treibt sie einen riesigen Strauß taufrischer roter Rosen auf. Eine kleine Anspielung kann sich Sophie aber dennoch nicht verkneifen: Sie gibt Franz Joseph einen Rosenkranz zum Beten für Sissy mit.

Beladen mit reichen Gaben trifft der Kaiser spätnachts in München ein. Nur zu genau erinnert er sich an Sissys Unmut bei seiner vorigen Ankunft. Und so fährt er wenige Minuten nach Mitternacht, ohne sich woanders aufzuhalten, vor dem Palais in der Ludwigstraße vor. Sissy, die erst am nächsten Tag mit Franz Joseph gerechnet hat, lacht und weint gleichzeitig vor Freude. Rasch kleidet sie sich noch einmal an und eilt die Treppen hinunter, um ihrem Bräutigam in die Arme zu fallen. Diesmal ist auch General Grünne in Wien geblieben, und so kann sie sich ganz frei bewegen, ohne auf Formalitäten achten zu müssen.

„Darf ich noch ein wenig aufbleiben?" fragt sie Ludovika, die gemeinsam mit Max im Salon den Schwiegersohn begrüßt. „Schließlich werde ich übermorgen schon 16 Jahre alt", trumpft sie lächelnd auf, und der alte Schalk blitzt aus ihren Augen.

Ludovika und Max nicken zustimmend. Ja, das ist wieder ihre Tochter! So lustig ist sie schon lange nicht gewesen. Stumm und bedrückt hat Sissy die letzten Wochen in ihrem Zimmer verbracht und Französischvokabeln gebüffelt.

„Sissy, deinen Geburtstagwunsch habe ich dir nun erfüllt, das Weihnachtsfest und deinen Geburtstag wollen wir zusammen verbringen. Aber Mama hat es sich natürlich nicht nehmen lassen, dir noch viele andere Geschenke zu schicken. Die bekommst du aber erst in zwei Tagen. Nur eines werde ich dir wohl nicht verheimlichen können. Warte einen Augenblick."

Nach wenigen Minuten kehrt Franz Joseph wieder. „Rate einmal, was ich hier habe." Er hält einen großen, rechteckigen Gegenstand in seinen Händen, der mit einem weißen Tuch verdeckt ist.

Sissy runzelt die Stirn. „Vielleicht ein Reisekoffer?"

„Nein, nein, ganz falsch!"

„Ein ganzes Paket voller Geschichtsbücher von Tante Sophie?" forscht sie nun mit einem schelmisch-bestürzten Gesichtsausdruck, so daß Franz Joseph hell auflacht.

„Wieder falsch! Schau her, ich werde es dir zeigen!"

Mit einer schnellen Bewegung zieht der Kaiser das Tuch herunter: Da enthüllt sich ein großer weißer Vogelkäfig, in dem ein bunt schiliernder Papagei sitzt. Verdutzt über die Störung schüttelt der Vogel sein Gefieder und beginnt laut zu krächzen.

„Ein Papagei! Den hab' ich mir immer schon gewünscht! Was für ein schönes Geschenk!"

„Ich weiß, wie gern du Tiere magst. Freust du dich ein wenig?"

„Ein wenig? Ich freue mich riesig! Da hast du wirklich eine gute Idee gehabt."

Behutsam nähert sich Sissy dem Papagei und steckt ganz vorsichtig den Finger in den Käfig.

„Sei vorsichtig. Er hat schon versucht, nach mir zu hacken!" warnt Franz Joseph. Aber Sissy läßt sich nicht beirren und lockt den Vogel mit gurrenden Tönen zu sich. „Komm ein wenig näher, du brauchst keine Angst zu haben, ich will dich nur kraulen." Mißtrauisch beäugt der Papagei mit schiefgelegtem Köpfchen Sissys Hand und rückt näher. „Sieh, er ist doch ganz zutraulich, ich kann gar nicht glauben, daß er dich in den Finger gezwickt hat."

Gerührt beobachten Ludovika, Max und Franz Joseph die reizende Szene. Der Papagei klettert aus seinem Käfig, über Sissys Arm und erklimmt ihre Schulter. Dort schmiegt er sich an ihre Wange.

„Da hast du deinen blutrünstigen Vogel!" lächelt Sissy und widmet sich ausschließlich ihrem neuen Freund.

„Er muß gefüttert werden", entscheidet sie dann und verschwindet einige Minuten.

„So, Franz Joseph ist versorgt", erklärt sie, als sie in den Salon zurückkommt.

„Wie bitte? Du hast den Papagei doch nicht etwa nach mir benannt?"

„Doch, doch, habe ich. Ist es dir etwa nicht recht?" erkundigt sich Sissy schmunzelnd.

„Das werde ich mir noch überlegen", meint Franz Joseph mit gespieltem Ernst. „Wer weiß, ob sich das mit meiner Kaiserwürde verträgt?"

Lachend setzt sich Sissy zum Kamin, in dem ein helles Feuer prasselt. „Aber überlege schnell, sonst nenne ich den Vogel vielleicht gar noch Sophie."

„Sissy, was fällt dir denn ein? Du benimmst dich heute abend wie ein Lausbub", rügt Ludovika mit einem erschrockenen Seitenblick auf den Kaiser.

„Ach, Schwiegermama, schimpfen Sie nicht, heute abend wollen wir eine Ausnahme machen. Sissy darf sagen, was ihr in den Sinn kommt, nicht wahr?" wehrt Franz Joseph den Tadel ab und räkelt sich behaglich in der Wärme. „Auch ich möchte in diesen Tagen alles vergessen und ausschließlich Sissys Gegenwart genießen."

Lange noch bleibt die Familie auf. Es wird besprochen, was man zu den Feiertagen unternehmen wird. Sissy ist inzwischen selig eingeschlafen.

Zärtlich betrachtet Franz Joseph seine Braut, die sich in dem großen Lehnstuhl wie ein Kätzchen zusammengerollt hat und tief schlummert.

„Wir sollten auch zu Bett gehen", meint er schließlich. „Sissy ist uns mit gutem Beispiel vorangegangen."

9.

Sissy und Franz Joseph können die Feiertag in aller Ruhe genießen. Am Weihnachtsabend sitzen die Brautleute wie unbeschwerte Kinder unter dem großen Christbaum und packen neugierig ihre Geschenke aus. Franz Joseph ist von dem ländlich aufgeputzten Baum begeistert. In Wien wird die Tanne immer mit silberner Lametta und glitzernden Kugeln geschmückt. Aber hier baumeln Lebkuchen von den Zweigen, rotwangige Äpfel und lustige kleine Zwerge aus Tannenzapfen, die Sissy und ihre Geschwister selber bemalt haben. Max hat einige Äste ins Feuer geworfen, und nun durchzieht ein köstlicher Geruch nach Reisig den Raum. Nené ist damit beschäftigt, Äpfel über dem Feuer zu braten, und Karl Theodor versucht heimlich, den Christbaum zu plündern.

„Was für ein friedliches Fest. Sissy wird diese Gemütlichkeit in Wien sicher sehr vermissen. Aber ich will mich bemühen, damit sie sich an meiner Seite wohlfühlen wird", nimmt sich der Kaiser im stillen vor.

„Oh, wie schön!" Eben hat Sissy ein zierliches Frühstücksservice aus Silber entdeckt, in dem ein großes E in der Kaiserkrone eingraviert ist. Dankbar fällt sie Franz Joseph um den Hals.

„Nun, ich dachte mir, daß du es vielleicht schon während der Hochzeitsreise einweihen könntest! Wir wollen doch bald nach den Feierlichkeiten Wien verlassen und eine lange Reise machen — wenn es die Amtsgeschäfte erlauben. Was hältst du davon, wenn wir nach Italien fahren? Venedig ist im Frühjahr recht reizvoll, und die Menschen im Lombardo-Venetianischen Königreich werden sich freuen, ihre Regentin willkommen zu heißen."

„Das wäre wunderschön, ich bin noch nie so weit gereist. Papa hat immer die interessantesten Geschichten von seinen Fahrten berichtet. Ich wäre so gerne einmal mit ihm auf große Reise gegangen."

„Nur Geduld, Sissy, wir werden viele Länder besuchen. Und du sollst mich immer begleiten, wenn mich meine Pflichten von Wien wegführen."

„Da muß ich dann wohl auch bei allen Empfängen dabei sein? Du weißt doch, wie ungern ich solche Zeremonien auf mich nehme!"

Herzogin Ludovika, die dem Gespräch aufmerksam gefolgt ist, schaltet sich ein: „Sissy, nun sei doch nicht gleich eingeschnappt! Schließlich weißt du ja, daß du dich als Kaiserin nicht vor dem Volk verstecken kannst. Und beginn doch am Weihnachtsabend keinen Streit!"

„Lassen Sie nur, Schwiegermama", lenkt Franz Joseph ein, „Sissy will ja nicht streiten. Ich kann schon verstehen, daß ihr die Repräsentationspflichten am Anfang ein wenig schwerfallen. Auch ich kann mich manchmal nur mühsam dazu aufraffen, meinen Aufgaben nachzugehen. Dabei bin ich es ja von Kindheit an schon gewöhnt. Was für eine Qual muß es da für Sissy bedeuten, die so frei und ungezwungen aufgewachsen ist. Ich werde schon darauf achten, daß wir miteinander glücklich werden, nicht wahr?" wendet er sich an seine Braut, deren Miene sich bei Franz Josephs Worten wieder aufgehellt hat.

Durch Ludovikas Eingreifen sind Sissy und Franz Joseph knapp an einer Auseinandersetzung vorbeigegangen. Aber der Kaiser hat wieder einmal bemerkt, daß seine Braut recht eigensinnig ist. Wenn sie ihren Willen nicht bekommt, dann schmollt sie einfach solange, bis ihre Wünsche erfüllt werden. Ludovika und Max können es nie lange mit ansehen, wie sich ihre Tochter in ihrem Zimmer verkriecht, und geben schließlich immer nach. Franz Joseph macht sich wirklich ernste Sorgen um die Zukunft — aber heute will er sich den Abend nicht mit düsteren Gedanken verderben. Außerdem kann er seiner Sissy nicht lange böse sein.

„Schau einmal, was ich für dich habe!" Sissy überreicht ihm ein großes, flaches Paket. Ungeduldig entfernt Franz Joseph die Verpackung und enthüllt ein wunderschönes Gemälde von Sissy hoch zu Roß.

„Die Maler, die Tante Sophie nach München geschickt hat, haben alle verlangt, daß ich ein ernstes Gesicht machen soll. Ich dachte, du hättest gerne ein Bildnis von mir, auf dem ich nicht gar so feierlich dreinblicke."

„Da hast du einen genialen Einfall gehabt. Das Gemälde bekommt einen Ehrenplatz in meinen Räumen. Was für eine gute Figur du machst! Mama glaubt allerdings immer noch, daß das Reiten deiner Gesundheit schaden könnte. Dies Bildnis wird sie vielleicht eines besseren belehren."

Nun ist der Hausfriede vollends wieder hergestellt. Herzog Max läßt sich die Zither bringen, stimmt ein Weihnachtslied an, und die Familie verbringt einen geruhsamen Abend.

Auch an den nächsten Tagen gibt es keine gesellschaftlichen Verpflichtungen. Der Bayernkönig hat Verständnis für das junge Glück und schickt lediglich einen Boten mit den besten Glückwünschen zum neuen Jahr. Max I. von Bayern hat bei dem Fest zu Ehren des Brautpaares genau bemerkt, daß sich Sissy recht scheu verhalten hat. Auch er fragt sich, wie das schüchterne junge Mädchen, das in wenigen Monaten Kaiserin werden wird, sich an seine Verpflichtungen gewöhnen soll. So verzichtet er darauf, einen Silvesterball zu geben, damit die jungen Leute den Beginn des Jahres 1854 in aller Stille begehen können.

Auch Herzog Max, der es gewohnt ist, ein neues Jahr mit einem ausgedehnten Gelage zu begrüßen, beschließt, nur wenige Freunde zu einem kleinen Familienfest einzuladen.

Schlag Mitternacht stehen Sissy und Franz Joseph auf dem Balkon und blicken einander tief in die Augen.

„Sissy, ich hoffe, daß in diesem Jahr alles in Erfüllung geht, was du dir wünscht. Uns beiden wünsche ich, daß wir noch viele Silvesternächte Seite an Seite verbringen können. Aber jetzt schnell hinein ins Warme. Du zitterst ja wie Espenlaub!"

Sorgsam führt Franz Joseph seine blaugefrorene Braut in den Salon. Max wartet schon ungeduldig. „Kann ich nun endlich das Feuerwerk loslassen?"

Fasziniert blicken die Gäste in den klare Winternacht. Max hat ein herrliches Feuerwerk aus England kommen lassen. Böllerschüsse krachen, und ein farbenprächtiger Funkenregen fällt vom Himmel.

Sissy ist überglücklich. In dieser Umgebung kann sie unbeschwert lachen und muß nicht auf jedes Wort achten. „Warum kann es nicht immer so sein?" flüstert sie Franz Joseph zu, der keinen Schritt von ihrer Seite weicht.

„Sissy, du mußt doch keine Angst haben. Ich habe dir doch versprochen, daß du ein wunderschönes Leben führen sollst. Nun glaube mir doch endlich! Mama ist ja auch nicht so streng, wie es manchmal den Anschein hat."

Vertrauensvoll legt Sissy ihre Hand auf Franz Josephs Arm. „Ich weiß, ich bin wahrscheinlich schon eine Plage für dich. Aber versteh doch, es ist alles so ungewohnt für mich. Ich habe noch nie so viele kostbare Geschenke bekommen; ich weiß gar nicht, wie ich mich bedanken soll. Die größte Freude aber hast du mir mit dem Papagei gemacht. Was werden wohl die Leute sagen, wenn sie hören, daß eine künftige Kaiserin sich mehr über einen bunten Vogel freut als über die wertvollen Juwelen?"

„Liebste Sissy, bleib nur so, wie du bist, mehr kann ich mir gar nicht wünschen. Und wegen der Dankesworte an Mama brauchst du dir auch keine grauen Haare wachsen zu lassen. Wir werden morgen gemeinsam einen Brief aufsetzen. Ich werde dir schon helfen, damit du auch den richtigen Ton triffst und nicht wieder eine Rüge von Mama bekommst."

Bis in die frühen Morgenstunden bleiben Sissy und Franz Joseph auf. Denn morgen schon soll der Kaiser wieder nach Wien zurückfahren. Die beiden wollen sich keine Minute entgehen lassen. Bis zum nächsten Wiedersehen werden noch viele Wochen vergehen. Franz Joseph kann sich erst wieder im März beurlauben lassen. Die gespannte Situation am Balkan erfordert seine ständige Anwesenheit.

Am Neujahrstag erscheint die gesamte Gesellschaft mit verschlafenen Gesichtern zu einem verspäteten Frühstück. Sissy und Franz Joseph blicken bekümmert drein. Viel zu früh ist die Stunde des Abschieds gekommen.

„Nun wollen wir aber noch geschwind den Brief fertigstellen, Sissy. Bist du bereit?" drängt der Kaiser.

„Also los, ich bin gespannt, was du mir diktieren willst. Schwungvoll setzt Sissy zu ihrer gewohnten Anrede an: „Liebe Tante Sophie, hab vielen Dank für die schönen Geschenke..."

„Nein, Sissy, so geht das nicht! Paß einmal auf: Empfangen Sie, verehrte Tante, den ehrerbietigsten Dank für die kostbaren Weihnachtsgaben. Erhalten Sie auch die demütigsten Grüße zum neuen Jahre, das mich in Ihre Nähe führen wird. Seien Sie versichert, daß ich mich der Liebe, die Sie mir beweisen, würdig zeigen werde..."

„Um Himmels willen, so einen gespreizten Brief könnte

ich nie schreiben. Bist du sicher, daß sich Tante Sophie über so ein herzloses Schreiben freuen kann?"

„Doch, doch. Wenn du diesen Brief so abschickst, dann wird Mama annehmen, daß du dich langsam an den Ton gewöhnst, der bei uns am Hof herrscht. Du wirst es schon noch lernen. Mit mir kannst du dich dann unterhalten, wie dir gerade zumute ist. Das ist eine Abmachung zwischen uns, von der niemand etwas zu wissen braucht!"

„Ganz wie Sie wünschen, mein Kaiser. Seien Sie versichert, daß ich Ihre Anweisungen aufs getreulichste befolgen werde", spöttelt Sissy, während sie den Brief zu Ende bringt.

Mit einem Kuß auf beide Wangen verabschiedet sich Franz Joseph noch einmal von Sissy, die ihn bis zur Kutsche begleitet, dann steigt er ein und entschwindet in der Ferne.

Traurig geht Sissy zurück ins Palais. Auf der Treppe kommt ihr Nené entgegen, die herzhaft gähnt. Sissy hängt sich bei ihrer Schwester ein. „Ach Helene, hilf mir doch, ich weiß wirklich nicht, was ich denken soll. Wenn Franz Joseph zu Besuch ist und mir gut zuredet, dann habe ich gar keine Angst vor der Zukunft. Aber kaum ist er weggefahren, dann plagen mich die größten Zweifel. Gerade hat er mir einen Brief an die Tante diktiert. Ich kann mir einfach nicht vorstellen, daß ich mich je an diese Umgangsformen gewöhnen kann."

„Sissy, ich glaube, du machst dir wirklich zuviele Gedanken. Schau, du hast doch in den letzten Wochen recht viel gelernt. Mir scheint, daß du dich auf Gesellschaften, die dir früher verhaßt waren, schon viel besser zurechtfindest. Was du dabei denkst, geht doch niemanden etwas an. Du darfst auch nicht vergessen, daß Franz Joseph in Wien ja immer bei dir ist und dir sicherlich helfen wird, wenn du dich einmal nicht mehr auskennst. Und nun hör endlich auf, die Stirn in Falten zu legen, das steht dir überhaupt nicht. Komm lieber mit mir! Ich habe beschlossen, deinem Papagei das Sprechen beizubringen. Du hast den armen Vogel ganz vernachlässigt, während Franz Joseph hier war."

Einträchtig wandern die Schwestern in das obere Stockwerk. So schnell Sissy manchmal betrübt ist, so schnell kann sie auch wieder vergessen.

Die folgenden Tage sind wieder angefüllt mit Hochzeitsvorbereitungen. Die Näherinnen haben ihre liebe Sorge mit der ungeduldigen Sissy. Es ist keine leichte Aufgabe, sie einmal zu einer Anprobe zu überreden. Nur widerwillig streift sie die prächtigen Kleider über, die aus den herrlichsten Stoffen angefertigt werden und reich bestickt sind. Störrisch läßt Sissy diese Prozeduren über sich ergehen und interessiert sich keinen Augenblick für ihre Ausstattung.

Wenige Tage nach Franz Josephs Abreise bringt ein Kurier einen wunderschönen Pelzmantel mit einem Begleitbrief des Kaisers. „Kannst du dich noch erinnern, liebste Sissy, wie sehr du in der Silvesternacht auf dem Balkon vor Kälte gezittert hast? Damit ich dich auch ein wenig wärmen kann, wenn ich fern von dir weile, sollst du diesen Mantel tragen."

Schnell wirft sich Sissy den Pelz um und eilt in den Garten, wo Herzog Max im tiefen Schnee auf und ab stapft, um nachzusehen, ob die Rosensträucher auch genügend verpackt sind. Dieser Winter ist wirklich bitter kalt geworden.

„Schau mal, Papa!" ruft sie fröhlich.

„Sissy, du siehst ja aus wie eine russische Prinzessin. Geh doch ein wenig spazieren mit mir!"

Gerne hakt sich Sissy bei ihrem Vater ein.

„Eine richtige junge Dame ist aus dir geworden. Soll ich

vielleicht schon Kaiserliche Hoheit zu dir sagen?"

„Aber Papa, zwischen uns wird sich doch nichts ändern! Im Gegenteil, du mußt mich recht oft in Wien besuchen."

„Sissy, ich fürchte, ich muß dir eine Enttäuschung bereiten. Weißt du, ich stehe schon seit geraumer Zeit wegen deiner Aussteuer im Briefwechsel mit Tante Sophie. Und sie läßt es sich in keinem ihrer Schreiben nehmen, mich auf meine Verantwortung als Brautvater aufmerksam zu machen. Ich glaube, daß ich am Wiener Hof kein gern gesehener Gast bin. Ich will dir keine Schande machen oder dich in Verlegenheit bringen. Deswegen finde ich, daß es klüger ist, wenn ich dich in Wien nicht besuche. Wenn du nach deinem alten, unwürdigen Vater Sehnsucht hast, kannst du mich ja hier besuchen. Meine Reisen werde ich wahrscheinlich auch einschränken müssen. Sie finden keinen Gefallen vor Sophies Augen."

Sissy hört ihrem Vater erschrocken zu. „Aber Papa, sie kann mir doch nicht verbieten, dich zu sehen?"

„Nun, verbieten wird sie es nicht gerade, dazu ist sie viel zu klug. Aber Sophie wird schon andere Mittel und Wege finden, dich an Wien zu fesseln. Und sobald du einmal eine glückliche Ehefrau geworden bist, hast du gewiß andere Interessen, als dich an dein Elternhaus zu klammern."

„Nie, nein nie, werde ich auf euch vergessen! Da kann geschehen, was will!"

Max hält es für klüger, dieses Thema nicht weiterzuverfolgen, um Sissy nicht noch mehr gegen ihre Schwiegermutter aufzubringen. Und so lenkt er das Gespräch geschickt auf ein anderes Thema.

Inzwischen verbringt Sophie ihre Zeit damit, dem Brautpaar in der Hofburg eine Wohnung einzurichten. Obwohl sie alles mit Liebe und Sorgfalt aussucht, kommt sich Sissy wieder einmal bevormundet vor. Als Franz Joseph in einem Brief die Einrichtungen beschreibt, bemerkt Sissy, daß es in ihrem Haushalt keine Küche gäbe. Arglos erkundigt sie sich also bei ihrem Bräutigam, wo denn die Speisen zubereitet werden sollen. Und als Franz Joseph schließlich antwortet, daß die Mahlzeiten in den kaiserlichen Räumen gemeinsam mit Sophie eingenommen werden, verfaßt Sissy ein kühles Schreiben.

„Ich dachte, du hättest mir am Silvesterabend versprochen, daß wir untereinander wie ein ganz normales Ehepaar leben wollten. Wie soll dies denn möglich sein, wenn wir gezwungen sind, uns ständig unter Tante Sophies Aufsicht zu bewegen?"

Auch diesmal kann Franz Joseph seine Sissy wieder beruhigen. Doch je näher der Hochzeitstermin rückt, desto ängstlicher wird Sissy zumute. Immer öfter sucht sie Trost und Rat bei ihrer Mutter. „Nun sei doch nicht so verzagt, mein Kind. Du weißt doch, wie sehr dich Franz Joseph liebt. Du kannst dein Schicksal vertrauensvoll in seine Hände legen."

Sissy bleibt ja auch recht wenig Zeit, vor sich hinzugrübeln. Viele Dinge müssen noch erledigt werden. Noch bevor Franz Joseph das letzte Mal vor der Hochzeit nach München auf Besuch kommt, muß sie eine feierliche Verzichtserklärung auf die Erbfolge im Königreich Bayern unterschreiben.

Sissy findet, daß der sogenannte „Renunziationsakt" eine lächerliche Formsache ist. Die Prinzessinnen aus der Nebenlinie kommen ja erst dann für die Thronfolge in Betracht, wenn der königliche und der herzögliche Zweig in Bayern keinen einzigen männlichen Nachfolger mehr vorweisen können. Dabei hat Sissy doch drei Brüder. Aber sie fügt sich und läßt die langweilige Zeremonie über sich ergehen.

Im königlichen Thronsaal versammeln sich alle Mitglieder des Hofstaates, alle Würdenträger und Minister. Nachdem die Verzichtserklärung verlesen ist, wird Sissy vom Erzbischof vereidigt und unterschreibt das Dokument.

Zu Hause aber macht sie ihrem Herzen Luft: „Kein Mensch hat sich bis jetzt um mich gekümmert. Wer wäre je auf die Idee gekommen, mir dieses Dokument vorzulegen? Nur weil ich nun zufälligerweise den Kaiser von Österreich heirate, muß ich eine Formalität nach der anderen in Kauf nehmen. Und dann diese entsetzlich peinliche Aufstellung meiner Ausstattung. Jedes Stück Leibwäsche wird gezählt. Soll das etwa meiner neuen Würde als Kaiserin entsprechen, wenn ganz Wien weiß, wieviele Strümpfe ich in die Ehe mitbringe?"

Max und Ludovika haben ihre liebe Not mit der rebellischen Tochter. War sie vor wenigen Wochen verschreckt, so hat sich jetzt ihre Gesinnung gewandelt. Sissy ist richtig aufsässig und wehrt sich gegen jede Anweisung, die aus Wien kommt. Aber auch Max muß sich beherrschen. Als er im März den Ehepakt unterzeichnet, hat er einen Moment lang das Gefühl, den Vertrag über einen unpersönlichen Warenhandel zu unterschreiben. Doch er schluckt brav alles hinunter, was ihm auf der Zunge liegt. Er gibt seiner „durchlauchtigsten Frau Tochter", wie es in dem Pakt heißt, 50.000 Gulden mit. Die bescheidene Summe wird von Franz Joseph um 100.000 Gulden erhöht. Meine Tochter wird eine reiche Dame, denkt sich Max, als er weiterliest. Denn Sissy sollen jährlich noch weitere 100.000 Gulden zustehen, die sie für Kleider und andere Bedürfnisse ausgeben darf. Für andere Kosten, wie etwa die Besoldung der Dienstboten oder Einrichtungsgegenstände, wird der Kaiser aufkommen.

Ludovika wiederum kümmert sich um die Aufstellung

der Kleiderlisten. Da muß aber auch alles angeführt werden. Neben Kleidern und Hüten und Schuhwerk quält sich die Herzogin mit einer Zusammenstellung aller Nachthauben, Taschentücher, Regenschirme, Frisierumhänge und Zahnbürsten. Ja sogar die Anzahl der Haarnadeln muß festgestellt werden.

Immerhin, Sissys Schmuck stellt einen beträchtlichen Wert dar. Aber bei näherer Betrachtung zeigt sich, daß sie den Großteil ihrer Juwelen von Franz Joseph und dessen Mutter während der Verlobungszeit bekommen hat.

„Mama, ich bin ja unwahrscheinlich reich!" staunt Sissy, als sie eines Abends die Listen mit ihrer Mutter kontrolliert.

„Ach Kind, das kommt dir nur so vor, weil du gar so bescheiden bist. Für Wiener Verhältnisse ist deine Mitgift wahrlich nicht standesgemäß."

„Mama, du hast mit meiner Ausstattung 25 Koffer angefüllt. Wann soll ich denn all die Kleider anziehen?"

„Sissy, du wirst dich wahrscheinlich an häufiges Umkleiden gewöhnen müssen. Die Damen in Wien pflegen drei- bis viermal täglich ihre Kleider zu wechseln. Bei festlichen Anlässen mußt du dich wahrscheinlich noch öfter umziehen. Und Sophie hat mir erst gestern geschrieben, daß auch sie nach deinen Maßen etliche Ballkleider hat anfertigen lassen."

Sissy schüttelt verwundert den Kopf. Diesen Aufwand ist sie ja nun wirklich nicht gewöhnt. Wie schön war es doch in Possenhofen, als sie vor dem Frühstück ein Kleidchen übergestreift hat und damit den lieben langen Tag ohne Aufsicht durch die Wälder gestreift ist! Aber Ludovika ist noch nicht fertig mit ihrer Erzählung. „Offenbar entspricht dein Schuhwerk auch nicht Sophies Vorstellungen. Sie hat dir ein Dutzend neue Stiefelchen machen lassen. Es scheint

Sitte zu sein, daß die Kaiserin von Österreich ihre Schuhe nur einen Tag lang trägt. Dann werden sie verschenkt."

Sissy kann sich gar nicht fassen. „Was für eine Verschwendung! Mama, weißt du denn noch, wenn ich mich einmal beim Spielen etwas schmutzig gemacht habe, dann habe ich das Kleid am nächsten Tag noch einmal angezogen und einfach eine Schürze darüber getragen?"

Ludovika nickt versonnen. Ein knappes Jahr ist es nun her — und nun soll aus dem Wildfang Sissy die Kaiserin Elisabeth von Österreich werden...

Einen Monat vor der Hochzeit — der Termin ist nun endgültig für den 24. April festgesetzt — trifft Franz Joseph noch einmal in München ein.

Aufgeregt wartet Sissy wieder einmal in der Eingangshalle des Palais in der Ludwigstraße. Doch dieser Besuch verläuft gar nicht zu ihrer Zufriedenheit. Erstens wird der Kaiser schon in drei Tagen in Wien zurückerwartet, und zum anderen müssen die beiden eine ganze Reihe von Bällen und Empfängen wahrnehmen. Sissy findet kaum Gelegenheit, einmal mit Franz Joseph allein zu sein und ein vertrautes Gespräch zu führen. Aber um ihren Bräutigam so kurz vor der Hochzeit nicht zu verstimmen, murrt sie kein einziges Mal und macht Franz Joseph wirklich alle Ehre.

„Sissy, ich muß dich loben", flüstert Franz Joseph während einer recht langweiligen Opernvorführung in ihr Ohr. „Heute abend hätte sogar ich die Geduld verloren."

Zaghaft lächelt sie ihm zu. „Das mache ich alles nur dir zuliebe. Ich hoffe, du wirst mich dafür in Wien von manchen unangenehmen Pflichten befreien."

An diesem Abend trägt Sissy das bisher wertvollste Geschenk Franz Josephs. Auf Wunsch von Erzherzogin Sophie hat er ihr jenes wundervolle Diadem mit Kollier und Ohrringen aus Opalen und Diamanten mitgebracht, das

Sophie an ihrem Hochzeitstag getragen hat. Stolz blickt der Kaiser seine Braut immer wieder von der Seite an. Sissy ist die Schönste weit und breit, denkt er, in ihren Anblick versunken. Wenn Mama sie heute sehen könnte! Sissy hält sich so anmutsvoll; ich glaube, sie wird die Wiener im Sturm erobern. Wer könnte sie nicht auf den ersten Blick liebgewinnen!

Auch ihm ist schon zu Ohren gekommen, daß manche eifersüchtige Komtessen, die durch Franz Josephs Heirat einen charmanten Kavalier verloren haben, recht abfällige Bemerkungen über Sissys Aussteuer verbreitet haben.

Die Zeit vergeht wie im Flug. Wieder muß Franz Joseph Abschied nehmen. „Sei nicht traurig, wenn wir einander das nächste Mal wiedersehen, gibt es keinen Abschied mehr. Dann können wir für immer zusammenbleiben", tröstet er Sissy, der die Tränen in den Augen schimmern.

In den letzten Tagen vor Sissys Reise nach Wien drückt Ludovika beide Augen zu, wenn Sissy sich manchmal aus dem Haus schleicht und Baronin Wulffen alleine mit den Französischbüchern sitzen läßt.

Unruhig streift Sissy durch Haus und Garten. Bald wird sie ihr Heim verlassen und lange nicht mehr wiederkommen. Ihre unbeschwerten Kindheitstage sind nun endgültig vorbei.

Stunden um Stunden verbringt Sissy bei ihren Tieren, läßt es sich nicht nehmen, die Pferde selber zu füttern und zu striegeln. Oft kauert sie vor ihren Kaninchenkäfigen und spricht liebevoll auf die Tiere ein, die sie zurücklassen muß. „Wenn ich euch nur mitnehmen könnte, dann wäre mein Herz nicht gar so schwer. Aber alles, was ich liebgewonnen habe, muß hierbleiben. Kaninchen haben in einer kaiserlichen Familie nichts zu suchen", murmelt sie vor sich hin.

Näher und näher rückt der wichtigste Tag in Sissys Leben. Schön langsam beginnt man, die Koffer mit ihrer Ausstattung nach Wien zu schicken.

Am Ostersonntag findet ein Galakonzert am königlichen Hof statt. Natürlich muß Sissy da erscheinen. Sie hat ihr prächtigstes Kleid angelegt, auf der Stirn schimmert das kostbare Diadem. Jedermann ist tief bewegt von der jugendlichen Schönheit der zarten Braut. Doch jedem fällt auf, wie bleich und ernst die lustige Tochter von Max wirkt. Aber die Würdenträger haben Verständnis für Sissys Gefühle. Alle Gesandten kommen auf das Mädchen zu. Im Namen ihrer Länder wünschen sie Sissy eine glückliche Zukunft an der Seite des Kaisers.

Ein letztes Mal möchte Sissy hinaus nach Possenhofen. Den ganzen Tag wandert sie, Hand in Hand mit ihrem Vater, durch die große Parkanlage und betrachtet still die Plätze, an denen sie so glücklich gewesen ist. Dann, am 20. April, ist es soweit. Tränenüberströmt besteigt sie die sechsspännige Kutsche, die sie zur Donau bringen soll, wo das kaiserliche Schiff wartet. Tausende Menschen säumen die Straßen, als sich das Gefährt in Bewegung setzt. Mit beiden Händen winkt sie den Menschen zu. Dann endlich läßt sie sich auf den Sitz sinken und weist den Kutscher an, schneller zu fahren — ihrem ungewissen Schicksal als Kaiserin von Österreich entgegen.

Zweiter Teil

1.

Es ist ein strahlender Frühlingsmorgen im Jahr 1854. Weiße Schäfchenwolken ziehen am Himmel dahin, die Donau fließt ruhig durch ihr breites Flußbett, und die Luft ist voll von dem süßen Duft, den die ersten Kirschblüten verströmen.

Hunderte von Menschen haben sich links und rechts vom Ufer versammelt und blicken angestrengt in die Ferne. Ein junger Bauernbub klettert flink über die Felsbrocken an der steilen Böschung und legt die Hand über die Augen.

„Sie kommen! Sie kommen!" ruft er plötzlich freudig aus. „Ich kann das Schiff sehen!"

Ein Murmeln geht durch die Menge. Tatsächlich, jetzt kann man den mächtigen Raddampfer schon erkennen, der sich ein ganzes Stück weiter majestätisch seinen Weg durch die Wassermassen bahnt. Langsam kommt das prächtig geschmückte Schiff näher. Rosengirlanden, die bis zum Wasserspiegel reichen, verzieren die Außenwände, das Deck ist ein einziges Blumenmeer, und am Schornstein flattern drei Fahnen, die blauweiße aus Bayern, die rotweißrote von Österreich und die schwarzgelbe, habsburgische, lustig im Wind.

Neugierig steckt Sissy, die auf dem Deck mit geschlossenen Augen vor sich hingeträumt hat, ihr Köpfchen aus der Rosenlaube. Als sie das winkende Volk am Ufer erblickt, erhebt sie sich und tritt an die Reling. Mit der einen Hand hält sie ihr Hütchen fest, mit der anderen grüßt sie freundlich nach allen Seiten und lächelt den Menschen zu.

„Vivat!" ruft der junge Bursch an der Böschung laut aus und schleudert seine Mütze vor Begeisterung hoch in die Luft.

„Vivat!" fällt die Menge ein. „Hoch lebe Elisabeth! Hoch lebe unsere Kaiserin!"

Dankbar über den herzlichen Empfang in Österreich winkt Sissy mit ihrem Spitzentüchlein eifrig zum Ufer hinüber, bis ein mahnender Ruf ihrer Mutter, der Herzogin Ludovika, ertönt.

„Sissy, du wirst dich noch im Fahrtwind erkälten. Geh doch lieber wieder für eine Weilchen in die Laube zurück."

Gehorsam setzt sich Sissy wieder und gibt sich im Schutz der stark duftenden Rosen ihren Gedanken hin. „Ein paar Stunden noch, dann bin ich in Wien", flüstert sie mit klopfenden Herzen. Versonnen lächelnd erinnert sie sich an die letzten Monate. Kaum ein Jahr ist es her, da hat sie mit Mama und ihrer Schwester Helene den Kaiser von Österreich in Bad Ischl besucht. Franz Joseph und Nené sind von den Eltern füreinander bestimmt gewesen. Doch das Schicksal hat es anders gewollt. Vom ersten Moment an hat Franz Joseph nur für Sissy Augen gehabt. Erzherzogin Sophie, die Mutter des Kaisers, hat sich dem Herzenswunsch ihres Sohnes fügen müssen. Und nun ist Sissy, gerade wenige Monate älter als 16 Jahre, auf dem Weg nach Wien, um mit Franz Joseph vor den Traualtar zu treten.

Wie jede junge Braut schwankt Sissy ständig zwischen Lachen und Weinen. Sie hat Franz Joseph von Herzen gern, doch die schwere Bürde, die sie als zukünftige Kaiserin erwartet, flößt ihr manches Mal große Furcht ein. Sissy ist von ihren Eltern recht liberal erzogen worden und frei und ungebunden aufgewachsen. Nun soll sie sich in das starre Zeremoniell am Wiener Hof einfügen. Erst in ihrer kurzen Verlobungszeit hat man sie auf das Protokoll vorbereitet, hat man ihr höfische Sitten beigebracht und sie wie eine Prinzessin ausgestattet. Da hat es manchen Streit mit Erzherzogin Sophie gegeben, der Sissys unverdorbenes, natürliches Benehmen ein Dorn im Auge ist. Aus Liebe zu Franz Joseph hat Sissy all diese Mühen auf sich genommen, doch Zuneigung zu ihrer Schwiegermama kann sie nicht fassen. Immer wieder muß der Kaiser seiner Braut Mut zusprechen und ihr erklären, daß es Sophie ja nur gut meint.

Alle halben Stunden muß Sissy ihre Tagträume unterbrechen und die Menschen grüßen, die das Ufer säumen. Man hat schon viel über Sissys Liebreiz gehört, im ganzen Land hat man ihr anmutiges Bildnis bewundert, und nun will man die künftige Kaiserin endlich aus der Nähe betrachten.

Näher und näher rückt das Ziel. Der Dampfer zieht an Stift Melk vorbei, an Burg Dürnstein, an der Stadt Krems. Fasziniert betrachtet Sissy die Wachaulandschaft. Ach, wenn Franz Joseph doch nicht Kaiser wäre, denkt sie schon zum tausendsten Mal. Wie schön wäre es, mit ihm unerkannt durch Wälder und Wiesen zu streifen. Aber schon in Bad Ischl sind wir auf Schritt und Tritt beobachtet worden, überall haben sich neugierige Menschen gedrängt. Immer wieder kommen Abgesandte herbei, halten langweilige Reden und laden zu noch langweiligeren Empfängen ein, auf denen ich am liebsten einschlafen würde...

Da ertönt ein Gong — das Signal für Sissy, daß sie sich jetzt zum Umziehen in ihre Kabine begeben muß. Ludovika wartet schon ungeduldig. „Eil dich, wir legen bald in Nußdorf an!" Zwei Zofen helfen Sissy. Murrend läßt sie sich eine weitausladende Krinoline anlegen. „Muß das sein?" fragt sie mit verzweifeltem Gesichtsausdruck. „Mama, du kannst dir gar nicht vorstellen, wie sie mich drückt."

„Keine Widerrede, du willst Franz Joseph doch nicht etwa in deinem Reisekleid begrüßen? Ganz Wien wird kommen, um dich zu sehen. Du mußt Eindruck machen!"

Seufzend schlüpft Sissy in ein rosafarbenes Seidenkleid, das mit Silberfäden durchzogen ist. Die Zofe legt ihr sorgsam einen Frisierumhang um die Schultern, kämmt das lange Haar aus und flicht es zu dicken Zöpfen, die sorgsam aufgesteckt werden. Die Prozedur dauert lange, und Sissy kann nicht mehr stillhalten. Endlich sitzt auch das weiße Hütchen richtig, und Sissy legt sich die weiße Spitzenmantille um.

„Hiergeblieben, wohin willst du denn?" Ludovika kann ihre Tochter gerade noch festhalten.

„Ich möchte wieder an Deck gehen. Hier ist es so stickig."

„Was fällt dir ein? Wozu lasse ich dir denn das Haar kämmen? Der Wind bringt deine Frisur doch ganz durcheinander. Ich habe Anweisung von Sophie, dich erst kurz vor der Landung wieder an Deck gehen zu lassen."

Seufzend läßt sich Sissy in einen Lehnsessel fallen.

„Steh sofort wieder auf, du zerdrückst dir doch dein Kleid!" Gereizt schüttelt Ludovika ihren Kopf. „Wo bist du denn nur mit deinen Gedanken? Ich kleide mich jetzt auch um. Wehe, du rührst dich vom Fleck!"

In Sissys Augen schimmern Tränen. „Aber Mama, ich kann doch nicht eine geschlagene Stunde hier stehenbleiben! Es ist heiß, die Krinoline drückt, ich falle in Ohnmacht!"

„Sissy, ich kann dir nicht helfen. Stell dir doch vor, was die Leute sagen, wenn sie auch nur eine einzige Falte auf deinem Kleid sehen. Und hör auf zu weinen. Wien erwartet eine strahlende Braut. Willst du Sophie schon bei der Ankunft verärgern? Versteh doch, alle Augen sind auf dich gerichtet. Du darfst dir keine Blöße geben."

Bekümmert betrachten die Zofen ihre Herrin. Es ist ein Jammer mit dem Mädchen, denkt sich Rodi, Sissys Gouvernante. Da geht sie nun hin, um Kaiserin zu werden, und macht eine Miene, als ginge sie zu ihrem eigenen Begräbnis...

Inzwischen hat Ludovika die Kabine verlassen, sie vertauscht ihr Reisegewand mit einem festlichen Kleid. Ihre Finger zittern, als sie sich das Haar selber richtet. Ich hätte mit Sissy nicht so schimpfen sollen, überlegt sie sich. Das arme Ding hat es ja wirklich nicht leicht. Aber ich kann auch nicht zulassen, daß sie Sophies Mißfallen erregt. Na, in einigen Tagen sind die Hochzeitsfeierlichkeiten vorbei, dann kann sie sich ein wenig erholen.

Endlich wird Sissy von ihrer Pein erlöst.

„Komm, wir legen gleich an!" Ludovika hilft ihrer Tochter, den steilen Niedergang hinaufzugehen, und achtet darauf, daß das ausladende Kleid nirgendwo hängenbleibt.

Am Deck atmet Sissy tief durch — und erstarrt vor Schreck. An der Anlegestelle in Nußdorf wartet eine unüberschaubare Menschenmenge. Unter einem riesigen Triumphbogen stehen die Würdenträger des Reiches, Böllerschüsse krachen, alle Glocken läuten, und ein „Hoch Elisabeth!" tönt aus allen Kehlen. Jedermann ist gekommen, um die Braut zu empfangen.

Sissys suchende Augen gleiten über Minister, Aristokraten, über alle Mitglieder des Hauses Habsburg-Lothringen.

„Da, Mama! Da steht Franz Joseph!"

Sissy will nach vorne an die Reling eilen und ihrem Bräutigam eine Kußhand zuwerfen, aber Ludovika hält sie gerade noch zurück.

„Nicht Sissy, bleib stehen, um Himmels willen. Du bist doch nicht zu Hause! Das Protokoll schreibt vor, daß Franz Joseph auf dich zukommt?"

„Ja ja, ich warte", murrt Sissy.

„Hör sofort auf, zu murren. Lächle!"

Fügsam verzieht Sissy ihre Mundwinkel.

Vom Ufer aus hat Franz Joseph das gequälte Mienenspiel seiner Braut beobachtet. Er kennt Sissys Abneigung vor Menschenmengen und beschließt, die Zeremonie ein wenig zu verändern, um ihr zu Hilfe zu kommen. Noch hat das Schiff nicht angelegt, da springt Franz Joseph schon mit einem Satz an Bord und eilt auf seine Braut zu. Verblüfft sieht die ganze Gesellschaft zu, wie der Kaiser Sissy umfängt, sie auf beide Wangen küßt und so willkommen heißt.

„Keine Angst, Sissy, der Empfang wird nicht so lange dauern. Außerdem bin ich jetzt bei dir!" flüstert er ihr noch rasch zu, bevor er sich tief vor Ludovika verbeugt und ihr galant die Hand küßt. Nun strahlt Sissy wirklich über das ganze Gesicht. Mit diesem Lächeln erobert sie sich die Herzen der Wiener. Nun sehen alle, daß der Kaiser nicht eine Ehe eingeht, die seine Mutter gestiftet hat, sondern ein Mädchen zur Frau bekommt, das ihn wirklich liebt.

Ein schönes Paar, denkt auch Sophie stolz, die nun würdevoll über die schwankende Planke schreitet. Franz Joseph sieht in seiner Marschallsuniform mit dem breiten Band des bayrischen Hubertus-Ordens wahrlich schmuck aus. Nachdem Erzherzogin Sophie und ihr Sohn die Hochzeitsgesellschaft auf dem Schiff begrüßt haben, setzt sich der Zug in Bewegung. Jubelrufe ertönen, als Sissy anmutig ihren Fuß auf österreichischen Boden setzt. Gerührt bleibt die zukünftige Kaiserin einen Augenblick stehen und winkt den Wienern zu. Sanft drängt Franz Joseph seine Braut weiter. „Nun beginnt der offizielle Teil, hab ein wenig Geduld."

Das Innere des Triumphbogens mutet wie ein Zaubergarten an. Überall hängen funkelnde Spiegel, kostbare weiche Teppiche bedecken den Boden, Blumen hängen von der Decke herab. Nun kann sich Sissy auch ein wenig ausruhen. Während sie an Franz Josephs Seite Platz nimmt, nehmen die hohen Militärs, die geistlichen Würdenträger, die Statthalter aus den Provinzen, alle Vertreter der ausländischen Staaten, der Adel und der Wiener Gemeinderat Aufstellung — selbstverständlich alle ihrem Rang gemäß. Nun ergreift Fürsterzbischof Kardinal Rauscher auf ein Nicken von Sophie das Wort. In seiner Begrüßungsrede heißt er Elisabeth und deren Eltern in Wien willkommen und wünscht dem Brautpaar Glück für die zukünftige Ehe.

Dann erhebt sich Kaiser Franz Joseph und bittet alle Anwesenden einzeln zu sich, um sie seiner Braut vorzustellen. Sissy stöhnt innerlich auf, als sie nach fast einer Stunde unzählige Male huldvoll genickt hat.

„Bin ich froh, daß diese Parade zu Ende ist", erklärt sie Franz Joseph unverblümt. „Was kommt als nächstes?"

„Arme Sissy, du mußt heute noch einige Leute kennenlernen. In Schönbrunn wartet der Hofstaat auf dich."

Höflich hilft der Kaiser Sissy in die Kutsche, die von prächtigen Lipizzanern gezogen wird.

Der Zug setzt sich in Bewegung. Allen voran Franz Joseph mit Sissys Vater Herzog Max, im zweiten Wagen Sissy mit Erzherzogin Sophie und in der dritten Kutsche Ludovika, die sich mit Franz Josephs Vater, Erzherzog Franz Karl, lebhaft über den weiteren Tagesplan unterhält.

Die Fahrt geht durch ganz Wien. Kopf an Kopf stehen die Menschen an den Straßen, schwenken blauweiße und rotweißrote Fähnchen und lassen Sissy hochleben. Auch im Schloßgarten von Schönbrunn, der Sommerresidenz des Kaisers, drängt sich das Volk.

Man merkt Sissy schon an, daß sie das Grüßen, Nicken und Lächeln recht anstrengt. Aber es hilft alles nichts — noch einmal muß sie auf den Balkon treten, sich nach allen Seiten drehen und winken.

Im großen Salon geht der Festakt nun weiter. Erzherzogin Sophie stellt Sissy allen weiblichen Mitglieder des Hauses Habsburg vor. Sissy dröhnt der Kopf. Sie kann die Namen nicht behalten, ein Gesicht sieht aus wie das andere, aber sie hält tapfer durch. Endlich hat sie die letzte Erzherzogin begrüßt und atmet schon erleichtert auf. Aber da tritt nun Franz Joseph zu ihr, und die Zeremonie beginnt von neuem. Der Kaiser macht sie nun mit den Herren am Hof bekannt.

„Ich kann nicht mehr", wispert ihm Sissy zu. „Außerdem habe ich Hunger."

Sophie erstarrt, als sie die leise Beschwerde hört, aber Franz Joseph muß schmunzeln. „Geduld, Geduld", erwidert er ebenso leise. „Bald bist du erlöst."

Man hat Sissy auf der Fahrt nach Wien schon darauf vorbereitet, daß die Tage bis zur Hochzeit recht strapaziös sein werden, aber dermaßen mühsam hat sie sich den Empfang doch nicht vorgestellt.

Weiter geht es im Protokoll. Nun überreicht Franz Joseph das prächtige Hochzeitsgeschenk. Es ist eine gleißende Diamantenkrone mit funkelnden Smaragden.

Sissy vergißt vor lauter Freude, ihre Würde zu bewahren. „Wie schön sie funkelt!" ruft sie halblaut aus.

Da ist schon Sophie zur Stelle. „Du darfst dich nicht so stürmisch bedanken, Elisabeth!" murmelt die Erzherzogin. „Und sprich nicht so laut!"

Beschämt senkt Sissy den Blick. Während sie sich schuldbewußt neben die Erzherzogin setzt, belohnt der Kaiser Sissys Gouvernante Rodi und die Erzieherin Baronin Wulffen für deren Dienste. Die beiden Damen werden nicht mehr gebraucht, an ihre Stelle sollen Hofdamen treten, die Sophie ausgesucht hat.

Die Gäste verlassen den Salon, für einen Moment ist Sissy mit ihrer Familie, Franz Joseph und dessen Mutter alleine. „Ich bin schon ganz schwach", klagt sie. „Wieviele Menschen soll ich heute noch kennenlernen?"

„Kind, du hast doch wohl nicht geglaubt, daß du dich über die Hintertreppe einschleichen kannst?" fragt Sophie mit schneidender Stimme.

Sissy errötet heftig, aber da springt schon Franz Joseph begütigend ein. „Mama, gehen Sie doch nicht so streng mit meiner Sissy um. Ich finde, sie macht mir alle Ehre. Und bedenken Sie, die lange Reise hat Sissy doch schon sehr angestrengt."

„Da ist sie selber schuld. Elisabeth, willst du mir bitte erklären, warum dein Magen so laut knurrt?"

„Ich habe auf dem Schiff nicht zu Mittag gegessen", gesteht Sissy zerknirscht. „Ich war so aufgeregt."

„Ja, Kind, hat man dir denn nicht gesagt, daß du am Abend erst sehr spät zu Tisch geführt wirst? Ich muß mich sehr über dich wundern. Nun, jedenfalls werde ich veranlassen, daß man dir einen Imbiß reicht. Sonst stopfst du dich am Abend noch wie ein Bauernmädel vor allen Gästen voll."

„Mama, nun ist es aber genug! Sehen Sie denn nicht, daß Sie Sissy zum Weinen bringen?"

Wirklich: Über und über rot geworden, kämpft Sissy mit den Tränen. Was hat sie denn angestellt, daß sie so heruntergeputzt wird? Aber sie schluckt und beißt die Zähne zusammen. Sophie soll sie nicht weinen sehen.

„Komm mit mir!" Behutsam faßt Franz Joseph seine Braut am Ellbogen und führt sie etwas weiter weg. „Meine Liebste, das hast du wirklich nicht verdient. Aber kränke dich bitte nicht, Mama ist heute sehr nervös, da rutscht ihr manches unbedachte Wort heraus. Also sei nicht traurig, sie meint es sicher nicht so."

Sissy antwortet mit zittriger Stimme: „Ich will mich bemühen, Franz Joseph, aber sie ist gar zu ungerecht. Laß mich doch bitte nicht alleine!"

„Das geht nicht, du wirst jetzt in deine Räume geführt. Mama überläßt dich dort deinen neuen Hofdamen und deinem Personal. Und dann mußt du dich für das Diner herrichten. Du sollst heute abend die Schönste sein."

„Wann haben wir denn endlich Zeit füreinander?" klagt Sissy. „Ich habe dich doch gar nicht richtig begrüßt!"

„Ich kann dich nur noch einmal um Geduld bitten. Aber übermorgen feiern wir Hochzeit. Dann fahren wir nach Laxenburg und lassen alle hier zurück."

„Ich kann es kaum erwarten", lächelt Sissy, die sich wieder gefaßt hat. „Also, auf zu den Hofdamen!"

Willig folgt sie Sophie. An der hohen Tür zu Sissys Räumen steht das Personal, das ab nun in ihre Dienste eintritt. Ein Sekretär, eine Kammerfrau, zwei Kammerdienerinnen, zwei Kammermädchen, ein Kammerdiener, ein Kammertürhüter, vier Leiblakaien, ein Hausknecht und ein Kammerweib sollen für das Wohl der künftigen Kaiserin zuständig sein.

„Schwiegermama, darf ich etwas fragen?"

„Ja, bitte?"

„Warum habe ich soviel Personal? Die Hälfte wäre doch schon genug für mich. Und wer ist wofür zuständig?"

„Elisabeth, ich bitte dich! Will es denn nicht und nicht in deinen Kopf hinein, daß du Kaiserin von Österreich wirst? Möchtest du denn wie ein Bettelweib deine Schuhe selber putzen? Soll ganz Wien über seine Kaiserin spötteln? Den Aufgabenbereich der Bediensteten werden dir die Hofdamen erklären. Und nun tritt ein."

Die drei Hofdamen und der Obersthofmeister haben schon eine geraume Weile gewartet. Sophie macht bekannt:

„Deine Obersthofmeisterin ist Gräfin Sophie Esterhazy. Sie wird dich mit den Gebräuchen am Hof bekanntmachen. Ihr zur Seite stehen Gräfing Paula Bellegarde und Gräfin Karoline Lamberg. Und hier — dein Oberhofmeister Fürst Lobkowitz."

Beim Anblick von Gräfin Esterhazy plumpst Sissys Herz bis in den Magen. Die Obersthofmeisterin, sechsundfünfzig Jahre alt, macht wahrlich keinen vertrauenserweckenden Eindruck. Erzherzogin Sophie hat die sittenstrenge Gräfin deshalb ausgewählt, weil sie weiß, daß sie Sissys weitere Erziehung getrost in ihre Hände legen kann. Und Sissy ahnt bereits, daß ihre Obersthofmeisterin wahrscheinlich noch strenger und unnachgiebiger sein wird als Baronin Wulffen, der man nur selten ein Lächeln entlockt hat.

Dafür aber scheinen die jungen Gräfinnen Bellegarde und Lamberg viel netter zu sein, und Sissy lächelt sie freundlich an. Erzherzogin Sophie macht ihrer Schwiegertochter aber ziemlich unmißverständlich klar, daß sie mit den beiden Hofdamen keinen persönlichen Kontakt zu knüpfen hat.

„Nun werde ich dich alleine lassen. Wir sehen uns beim Diner wieder."

Auch Oberhofmeister Lobkowitz verläßt den Raum, und Sissy weiß nicht, wie sie sich den Hofdamen gegenüber verhalten soll. Peinliches Schweigen breitet sich im Raum aus. Da rettet ein Klopfen an der Tür die Situation. Sissys Imbiß wird serviert.

Während sie artig mit Messer und Gabel hantiert und versucht, möglichst winzige Bissen zu sich zu nehmen, verharren die drei Damen in ehrerbietigem Schweigen.

Warum sagen sie denn nichts? überlegt Sissy. Vielleicht müßte ich sie etwas fragen? Aber was denn? Ob ich sie wegschicken soll? Aber sie müssen mir ja zur Verfügung stehen. Eigentlich mag ich es überhaupt nicht, wenn man mich beim Essen beobachtet. Ich muß Franz Joseph fragen, was ich mit Hofdamen anfangen soll...

Nachdem die Speisen abgetragen werden, kommen die Kammerfrau und die Kammerdienerinnen herein, um Sissy für die abendliche Gala aufzuputzen.

„Was für ein Getue! Ich kann mich doch selber anziehen! Und wenn ich damit nicht fertig werde, so brauche ich doch nur ein einziges Mädchen, das mir zur Hand geht."

Sissy versteht noch immer nicht, warum soviel Aufhebens um sie gemacht wird. Und natürlich paßt es ihr überhaupt nicht, daß sie keine Minute allein sein kann. Immer hält sich jemand in ihrem Zimmer auf. Keine Sekunde lang kann sie sich einmal richtig gehen lassen. Ich hätte mich gerne ein paar Augenblicke hingelegt und ausgeruht, denkt sie sich. Aber wenn diese Hofdamen um mich herumstehen, schickt es sich wohl nicht für eine angehende Kaiserin, Müdigkeit zu zeigen. Außerdem weiß ich nicht einmal, hinter welcher Tür mein Schlafzimmer ist. Ach, wenn dieser Tag schon vorbei wäre...

Gräfin Esterhazy geleitet Sissy schließlich in Sophies Empfangsräume. Kritisch mustert die Erzherzogin das Mädchen von oben bis unten. Aber sie findet nichts zu bemängeln. Sissy ist zwar ein wenig blaß, sieht in ihrem Spitzenkleid aber hinreißend aus. Auch jedes Haar ist an seinem Platz.

Bei dem Gala-Diner sieht Sissy wieder unzählige neue Gesichter. Die Damen sind aufs Prächtigste gekleidet, die Herren haben ihre Orden angelegt, und Sissy findet die ganze Gesellschaft zum Fürchten.

„Niemand im Saal zeigt ein wenig Fröhlichkeit. Wie anders war es doch, als Papa Gäste eingeladen hat. Wo ist er denn eigentlich?"

Sophie hat den ungeliebten Brautvater ziemlich am Ende der Tafel plaziert. Am liebsten hätte sie Herzog Max, der immer voll ungewöhnlicher Ideen steckt, gar nicht eingeladen. Max hat nie einen Hehl aus seiner Abneigung gegen höfische Sitten gemacht.

Auch Ludovika sitzt nicht in Sissys Reichweite. So muß die verängstigte Braut den ganzen Abend lang Konversation mit Menschen machen, die sie nie zuvor in ihrem Leben gesehen hat. Eher einsilbig antwortet sie auf alle Fragen und paßt höllisch auf, damit sie ja nicht in ihren bayrischen Dialekt fällt, den sie sich auf Sophies Wunsch abgewöhnt hat.

Gott sei Dank wird die Tafel recht bald aufgehoben, und Sissy kann sich endlich zurückziehen. Doch bevor sie sich in das große Bett kuscheln darf, überreicht ihr Gräfin Esterhazy noch ein umfangreiches Schriftstück zum Durchlesen. „Zeremoniell bei dem öffentlichen Einzug Ihrer Hoheit der durchlauchtigsten Prinzessin Elisabeth" steht darauf. Es ist das Protokoll für den morgigen Tagesablauf.

Stirnrunzelnd blättert das völlig übermüdete Mädchen in den Papieren. „Wie verwirrend das alles ist. Ich werde wohl nie eine gute Kaiserin werden. Wer denkt sich eigentlich all diese Zeremonien aus?"

Und bei diesem Gedanken fällt ihr das Schriftstück aus der Hand. Sissy ist von einer Minute auf die andere eingeschlafen.

Etwas später pocht die Obersthofmeisterin an die Tür und tritt, als sie keine Antwort erhält, leise ein. Mißbilligend schüttelt sie den Kopf, hebt die Papiere auf und löscht das Licht. „Wie soll denn der Ablauf morgen ohne Pannen vor sich gehen, wenn sich Elisabeth nicht dafür interessiert? Ich werde wohl den ganzen Tag hinter ihr stehen und soufflieren müssen!"

2.

Am nächsten Tag ist ganz Wien auf den Beinen. Sissy wird ihren offiziellen Einzug in die Stadt halten. Schaulustige aus allen Teilen des Reiches drängeln sich auf den Tribünen. Aus allen Fenstern hängen Blumengirlanden, die Österreicher haben ihr Feiertagsgewand angelegt. Ja, die Wiener verstehen es, Feste zu feiern. Heute haben sie aber auch doppelten Grund zur Freude.

Der Kaiser hat verkünden lassen, daß er nach seiner Hochzeit eine Amnestie für zweihundert politische Gefangene erläßt. Weiteren hundert Häftlingen wird die Strafe auf die Hälfte verkürzt. Auch allen Brautpaaren, die morgen Hochzeit feiern, soll ein Geschenk gemacht werden: Sie bekommen eine Aussteuer von fünfhundert Gulden, das ist fast soviel wie das doppelte Jahreseinkommen eines Arbeiters.

Damit nicht genug, öffnet Franz Joseph auch seine Schatzkammern. Zweihunderttausend Gulden werden verwendet, um die ärgsten Nöte im Land zu lindern. So fließen fünfzigtausend Gulden nach Tirol, damit die Kranken ein wenig unterstützt werden können. Auch in Wien werden fünfzigtausend Gulden verteilt, da die ganz armen Leute unter der gegenwärtigen Teuerungswelle besonders zu leiden haben. Am Hochzeitstag sollen die bedürftigsten Kinder neu eingekleidet und ihren Eltern Brennholz und Brot überreicht werden.

Natürlich wollen nun alle Menschen die Frau sehen, der sie Franz Josephs Großzügigkeit zu verdanken haben.

Für Sissy aber bedeutet der traditionelle Umzug nur eine weitere Qual. Schon früh wird sie geweckt, denn die Toilette für den heutigen Tag nimmt Stunden in Anspruch. Bis zu Mittag herrscht eifrige Geschäftigkeit in ihren Zimmern.

Dienstboten huschen hin und her, die Kammerfrau prüft mit strengem Blick, ob das Haar richtig sitzt, die Stiefelchen ordentlich geschnürt sind und der Faltenwurf des Kleides millimetergenau angeordnet ist.

Sissy hat nichts anderes zu tun, als sich hin und her zu drehen, aufzustehen, sich hinzusetzen und die Prozedur geduldig über sich ergehen zu lassen. In der Zwischenzeit liest Gräfin Esterhazy den Ablauf der Zeremonie mit monotoner Stimme vor, und Sissy hat Mühe, ein Gähnen zu unterdrücken.

Endlich ist es soweit. Erzherzogin Sophie erscheint, um ihre Schwiegertochter abzuholen. Sissy ist noch hübscher als gestern. Wieder hat sie ein silbern besticktes, duftiges Kleid an, im dichten Haar funkelt das diamantene Diadem, die Schleppe aus schwerer Seide knistert und raschelt.

In einem sechsspännigen Wagen fährt die Gesellschaft zum Theresianum, dem ehemaligen Stadtschloß der Kaiserin Maria Theresia. Dort hat der Festzug schon Aufstellung genommen. An der Spitze steht die gläserne Prunkkarosse, die von acht herrlichen Lipizzanern gezogen wird.

Beim Anblick der feurigen Tiere hebt sich Sissys Laune ein wenig. Rote und goldene Quasten sind in die Mähnen geflochten, auf den Köpfen der Schimmel zittern weiße Federbuschen im Wind, und das goldbestickte Geschirr glänzt in der Sonne.

Als Sissy mit ihrer Mutter Ludovika in der Kutsche Platz genommen hat, setzt sich der Zug in Bewegung. Vor dem Wagen reiten sechs kaiserlich-königliche Hoftrompeter, neben der Kutsche stolzieren die Leiblakaien mit ihren schneeweißen Perücken, dahinter folgen die Garde-Gendarmen in ihrer Galauniform. Hochrufe ertönen, Böllerschüsse krachen, und das Volk jubelt Sissy zu.

Aber die verschreckte Braut hat für all die Pracht und Herrlichkeit keine Augen. Vor Aufregung und Erschöpfung rinnen ihr die Tränen unaufhaltsam über die Wangen.

„Aber Sissy, warum weinst du denn? Schau doch, ganz Wien steht dir zu Ehren Spalier! Nun hör doch auf, wovor hast du denn Angst?" Ludovika weiß nicht, wie sie ihre Tochter beruhigen soll.

„Ach, Mama, ich komme mir so verlassen vor. Kein Mensch hat ein liebes Wort für mich, jedermann macht mir Vorschriften. Der einzige, der zu mir hält, ist Franz Joseph, aber ich bekomme ihn ja überhaupt nicht zu Gesicht."

„Nur ruhig, in ein paar Tagen ist alles vorbei. Verstehst du denn nicht, daß die Wiener ihre Kaiserin sehen wollen? Schau doch, wie sich die Stadt herausgeputzt hat. Das Volk will dir doch nur seine Zuneigung beweisen, da mußt du doch keine Angst haben."

Unter Tränen blickt Sissy auf. Kleine Mädchen laufen vor dem Wagen her und streuen Blumen, alle Menschen winken ihr zu. Sissy gibt sich einen Ruck, hebt die Hand zum Gruß, und da geht ein einstimmiges „Hoch!" durch die Menge.

Vor den Stadttoren hält das Gespann einen Moment lang an. Die Böllerschüsse verstummen, und alle Glocken in der Innenstadt beginnen zu läuten. Die Fahrt geht langsam durch die Kärntnerstraße über den Graben, über den Kohlmarkt bis zur Michaelerkirche. Selten hat Wien einen so pompösen Festakt erlebt.

Endlich hält die Karosse vor der Hofburg, Sissys neuem Heim. Der Wagenschlag wird geöffnet, und sie erhebt sich, um auszusteigen. Aber da passiert ihr ein Mißgeschick. Sie bleibt mit ihrem Diadem an der Türfassung hängen, stolpert und fällt beinahe hin. Im letzten Moment kann sie sich noch festhalten, es ist nichts geschehen. Aber aus den Mienen der Versammelten spricht deutlich leise Verachtung über die Ungeschicklichkeit. Erzherzogin Sophie schüttelt mißbilligend den Kopf.

Hilfesuchend blickt sich Sissy um, da eilt auch schon Franz Joseph auf sie zu.

„Na, das ist ja noch einmal gutgegangen", lächelt er ihr zu. „Aber was hast du denn, du siehst ja ganz verweint aus?"

„Ich kann nicht mehr, verzeih mir!"

„Halt noch ein halbes Stündchen durch, dann ist für heute alles vorbei!"

Tatsächlich, die Anwesenden verabschieden sich ehrerbietig, und für diesen Tag ist Sissy von allen weiteren Pflichten enthoben.

Franz Joseph führt Sissy ins Innere der Hofburg.

„Nun erzähle einmal, was dich bedrückt. Gestern hast du dich so wacker gehalten, und heute, einen Tag vor unserem schönsten Augenblick, bist du in Tränen aufgelöst!"

„Ach, Franz Joseph, ich sehe nur unfreundliche, fremde Gesichter um mich herum. Gestern warst du ja bei mir, da habe ich mich nicht so gefürchtet. Aber heute? Stundenlang habe ich mich ankleiden müssen, nur um dann wie ein Ausstellungsstück durch Wien kutschiert zu werden. Warum läßt man Mama oder meine Schwester Helene nicht zu mir? Mit keinem Menschen kann ich sprechen. Wird das denn immer so weitergehen?"

„Aber wovor fürchtest du dich denn? Niemand wird dir ein Leid zufügen, im Gegenteil. Ganz Wien ist stolz auf seine schöne Kaiserin. Außerdem ist es ja bald vorbei mit allen Feierlichkeiten. Nach der Hochzeit bleiben wir noch eine Woche in Wien, um dich auch wirklich jedermann vorzustellen, und dann hast du es hinter dich gebracht."

Sissy seufzt tief auf. „Ich nehme mich doch zusammen.

Aber wenn mich deine Mutter gar so verächtlich behandelt, möchte ich mich am liebsten in ein Eck verkriechen. Und die Gräfin Esterhazy sieht mich auch immer von oben herab an."

„Das bildest du dir nur ein. Am Hof hat jeder den allergrößten Respekt vor dir. Niemand kann der Kaiserin Vorschriften machen, glaubst du mir? An dem Protokoll kannst aber auch du nicht rütteln. Doch wenn du möchtest, werden wir deine Obersthofmeisterin wegschicken und die Zeremonie für die Hochzeit alleine studieren."

Mit einemmal ist Sissys Kummer verschwunden.

„Oh, das wäre eine feine Sache. Glaubst du, daß ich mich jetzt wieder umziehen darf?"

„Ja, ja geh nur", lächelt Franz Joseph, „heute erwarten wir keine Besucher mehr."

So schnell wie daheim in München geht das Umkleiden in der Hofburg allerdings nicht vor sich. Sissy muß sich gefallen lassen, daß sie auf Schritt und Tritt begleitet wird. Sie kann nicht einfach durch die Räume laufen, wie sie es gewohnt ist. Erst muß ein Bediensteter gerufen werden, der Sissy den Weg weist. Der wiederum denkt nicht im Traum daran, eine Tür selber zu öffnen, sondern überträgt dieses Amt einem Kammertürhüter. Es vergeht eine Weile, bis Sissy in ihren Räumen steht. Verwundert sieht sie sich um. So also hat Sophie die kaiserliche Wohnung eingerichtet.

Gespart hat sie sicher nicht, denkt Sissy, während sie sich ihre Stiefelchen aufschnürt. Aber gemütlich ist es hier nicht gerade. Na, vielleicht können Franz Joseph und ich einige Änderungen vornehmen.

Da öffnet sich eine Tapetentür, und die Kammerfrau tritt ein. Bestürzt blickt sie auf Sissy, die sich bemüht, ihre Krinoline abzustreifen.

„Aber, Sie können doch nicht selber..."

„O weh, schon wieder etwas falsch gemacht", murmelt Sissy. „Als Kaiserin darf man wohl kaum etwas selber tun. Also gut, sollen sie mich eben bedienen. Aber ich wette, alleine wäre ich schneller fertig geworden. Wahrscheinlich beraten sie jetzt mindestens eine Viertelstunde lang, welches Kleid ich nun anziehen darf."

Sissy hat sich nicht geirrt. Es dauert recht lange, bis sie zu Franz Joseph zurückkehrt. Im Salon haben sich nun auch Erzherzogin Sophie, Ludovika und Helene versammelt. Franz Joseph hat inzwischen zwei Schriftstücke vorbereitet.

Mit Schaudern hört Sissy zu, was morgen auf sie zukommt. Jeder Schritt ist festgelegt.

„Du hast doch gesagt, daß niemand dem Kaiser widersprechen darf", unterbricht sie Franz Joseph mitten im Lesen. „Warum änderst du nicht einfach die Hochzeitszeremonie?"

Ludovika hält bei den Worten ihrer Tochter erschrocken den Atem an. Sophie will schon scharf antworten, aber der Kaiser kommt ihr zuvor: „Das Leben am Hof richtet sich nach dem spanischen Zeremoniell. Dagegen bin sogar ich machtlos. Weißt du, ein Kaiser muß sich eben anders benehmen als ein Graf. Und damit da keine Verwirrung entsteht, sind alle Handlungen ein für allemal festgelegt."

„Schon gut, ich füge mich." Sissy gibt sich allerdings nur deswegen so friedlich, weil sie Sophies Blick bemerkt. Bei sich aber denkt sie: Was für ein Unsinn. Da heißt es, ich wäre die erste Frau im Lande, alle hätten meinen Anweisungen zu folgen. Aber im Grunde ist meine Kammerfrau viel freier als ich...

Schweigend liest Sissy das andere Papier durch. „Was, bitte, sind appartementmäßige Damen?" fragt sie neugierig.

Nun ergreift Sophie das Wort: „Ich hoffe, du hast endlich begriffen, daß wir feine Unterschiede zwischen den anwesenden Damen am Hof treffen. Je nach Rangordnung haben diese die Erlaubnis, dir zu bestimmten Stunden ihre Aufwartung zu machen. Appartementmäßige Damen stehen auf gesellschaftlich niedriger Stufe und werden nur nach erhaltener Ansage vorgelassen."

Sissys Augen werden bei diesem Vortrag immer größer. „Heißt das etwa, daß ich die sogenannten Allerhöchsten und Höchsten Frauen zu festgelegten Terminen empfangen muß? Ganz gleichgültig, ob ich sie nun sehen will oder nicht?"

„Genau das heißt es. Im übrigen bitte ich doch, dich zu erinnern, daß es die Aufgabe der Obersthofmeisterin ist, dich in unsere Gepflogenheiten einzuweihen. Oder willst du die Mutter der Kaiserin zur Gouvernante degradieren?"

„Nein, entschuldigen Sie", stottert Sissy. Sie ist von dem eisigen Ton tief gekränkt. „Alles mache ich falsch. Aber Sie weiß doch, daß alles noch so neu ist. Wieso hilft Sie mir denn nicht? Immer muß Sie mich vor Franz Joseph blamieren!"

Um das Thema zu wechseln, bittet sie Franz Joseph noch einmal das Protokoll durchzugehen. „Hoffentlich kann ich mir alles bis morgen merken, was meinst du?"

„Aber ja, so schlimm ist es ja nicht. Außerdem bin ich morgen an deiner Seite. Du brauchst dich nur an mich zu halten und mich zu beobachten, dann wird schon alles gutgehen."

Nach dem Abendmahl, bei dem nur die Familienmitglieder anwesend sind, wird Sissy bald ins Bett geschickt.

Wie im Flug vergeht der nächste Tag. Sissy ist ungewöhnlich fügsam, spricht kaum ein Wort und bemerkt fast nicht, wie die Dienerschaft um sie herumschwirrt. Das Ankleiden dauert noch länger als gestern, aber Sissy murrt kein einziges Mal. Sie ist mit ihren Gedanken weit weg. Heute heißt es nun endgültig Abschied nehmen von meinen Jugendjahren. Wie schön war es doch, als ich noch mit Papa jeden Tag ausreiten durfte. Wenn ich nur endlich mit Franz Joseph allein sein könnte. Ich kann ihm doch nicht sagen, was mich bedrückt, wenn Sophie immer in der Nähe ist. Aber ich denke schon, daß er mich versteht und beschützen wird. Wenn wir erst einmal verheiratet sind, wird sich seine Mutter wohl nicht mehr so oft in unsere Angelegenheiten einmischen...

Um sechs Uhr abend fährt die Gesellschaft von der Hofburg in die Augustinerkirche, wo die Trauung stattfindet.

Im Inneren der Kirche haben sich die Hochzeitsgäste bereits versammelt. Juwelen und Orden glitzern im Widerschein der Kerzen um die Wette, die Wände sind mit rotem Samt drapiert, und vor dem Altar stehen die farbenprächtigsten Blumenarrangements. Alles, was im Kaiserreich Rang und Namen hat, wartet auf das Eintreffen des Brautpaares.

Da wird das Portal geöffnet. Totenstille tritt ein, als der Zug sich durch den Mittelgang bewegt.

An der Spitze geht Franz Joseph, stolz und aufrecht in seiner Feldmarschalluniform. Dahinter folgen Sophie und Ludovika, die Sissy in die Mitte genommen haben. die junge Braut ist in ihrem herrlichen weißen, über und über mit Myrten geschmückten Kleid wunderschön anzusehen. Ernst richtet sie ihre Augen auf den weißen Rosenstrauß, den sie mit beiden Händen festhält. Ohne Zögern geht sie zu ihrem Betschemel, kniet nieder und hält das Haupt tief gesenkt. Wie im Traum hört Sissy, daß Orgelmusik einsetzt und Kardinal Rauscher die Trauringe weiht. Dann erhebt sie sich und tritt mit Franz Joseph vor den Altar. Wie aus weiter Ferne hört sie die Frage des Geistlichen, kaum hörbar gibt sie ihr Jawort. Nun nimmt Franz Joseph ihre Hand und streift ihr den schmalen Ring über. Lächelnd sieht sie zu ihm auf. Während ihre schmalen Finger noch in Franz Josephs Hand ruhen, donnern die Geschütze von den Stadtwällen. Erschrocken fährt die junge Ehefrau zusammen. Aber da tritt auch schon wieder Stille ein. Kardinal Rauscher kommt wieder nach vorne und spricht zu dem frischgebackenen Paar. Sein Redefluß ist nicht zu bremsen, und Sissy denkt plötzlich ganz ehrfurchtslos: Man müßte ihn Kardinal Plauscher nennen.

Unter Trompeten- und Paukenschall verläßt das junge Herrscherpaar die Augustinerkirche.

Nun geht es wieder zurück in die Hofburg, und Sissy muß bis spät in die Nacht die Gratulationen der geladenen Gäste entgegennehmen.

Im Audienzzimmer warten schon die Botschafter und Gesandten. Sissy bleibt keine Minute, um sich ihren Gefühlen hinzugeben. Außenminister Buol stellt die Herren einzeln vor, und Sissy nimmt huldvoll lächelnd die Glückwünsche entgegen. Dann geht es hinüber ins Spiegelzimmer, denn auch die Frauen der Gesandten müssen mit Sissy bekannt gemacht werden. Danach wird das Paar in den Zeremoniensaal geleitet. Nun ist die Reihe an den „palast- und appartementmäßigen Damen", den kaiserlich-königlichen ersten Oberhofmeistern und den Kavalieren des Hofstaates.

Bis jetzt hat sich Sissy noch beherrscht, hat sich von einem Saal in den anderen führen lassen — aber nun, als sie wieder eine unüberschaubare Menge von fremden neugierigen Gesichtern erblickt, ist es aus. Mit einmmal reißt sie sich von Franz Josephs Hand los und läuft in ein Nebenzimmer. Aufschluchzend verbirgt sie ihr Gesicht in den Händen.

Es dauert keine halbe Minute, da ist auch schon die Mutter des Kaisers eingetreten. „Was fällt dir ein, du unvernünftiges Ding! Kannst du dich nicht einmal wie ein wohlerzogenes Mädchen benehmen?"

Aber Sissy hat sich schon wieder gefaßt und tritt zu einem Spiegel, um die Tränenspuren zu verwischen.

„Möchtest du mir keine Antwort geben?"

Doch die frischgebackene junge Kaiserin schweigt trotzig und eilt an der ärgerlichen Sophie vorbei in den Zeremoniensaal. Gräfin Esterhazy ist zur Stelle und zählt die Namen und Titel der Damen auf. Danach herrscht peinliches Schweigen. Wie es das Protokoll vorschreibt, warten die adeligen Fräulein darauf, von Sissy angesprochen zu werden, denn von sich aus dürfen sie das Wort unter keinen Umständen an die Kaiserin richten. Aber Sissy fällt beim besten Willen kein passendes Gesprächsthema ein. Gräfin Esterhazy rettet die Situation, indem sie den Damen gestattet, einige Worte an Sissy zu richten. Nun treten die Aristokratinnen vor, bringen ihre Wünsche dar und küssen Sissy die Hand. Erzherzogin Sophie hat sich etwas abgewandt, beobachtet ihre Schwiegertochter aber mißtrauisch aus den Augenwinkeln. „Um Himmels willen, was macht sie denn jetzt?"

Sissy hat unter den Mädchen ihre Cousine Adelgunde aus Bayern entdeckt und umarmt sie herzlich. Schon ist Sophie zur Stelle, packt Sissy hart am Arm und führt sie beiseite. „Hast du denn nicht gehört, daß dir die Hofdamen die Hand küssen sollen?"

„Aber das ist doch meine Cousine gewesen. Sie hat mich öfter in Possenhofen am Starnberger See besucht", protestiert Sissy aufgeregt und befreit ihren Arm aus dem harten Griff.

„Das ist jetzt völlig unwichtig, mit wem du als Kind gespielt hast. Du bist Kaiserin von Österreich. Und nun geh zurück und laß dir von deiner Cousine die Hand küssen."

Widerwillig gehorcht Sissy. Alle Anwesenden haben bemerkt, was da vorgegangen ist, und Getuschel macht sich im Saal breit. Bei manchen Aristokratinnen erregt Sissy Mitleid, aber die meisten Damen sparen nicht mit halblaut gemurmelten hämischen Bemerkungen über die neue Kaiserin, die sich so gar nicht zu benehmen weiß.

Aber nun ist auch Franz Joseph wieder bei seiner Frau. „Wir müssen noch einmal ausfahren, Sissy. Laß dir ein Schultertuch bringen, es ist kühl draußen."

Die kurze Ausfahrt verschafft dem Paar die notwendige Verschnaufpause. Am Kohlmarkt und auf dem Michaelerplatz brennen Tausende von Lichtern. Sissy und Franz Joseph drehen eine kurze Runde in einem offenen zweispännigen Wagen, nehmen freundlich nickend die Ovationen ihrer Untertanen entgegen und kehren in die Hofburg zurück.

Dort hat man schon alles für das abschließende Gala-Diner vorbereitet. Sissy hat sich wieder gefangen und nimmt interessiert an den Tischgesprächen teil. Endlich, endlich verabschieden sich die Gäste.

Nun folgt der letzte Akt des Zeremoniells, den man der scheuen Sissy zuliebe etwas verändert hat. Üblicherweise ist der gesamte Hofstaat Zeuge, wenn ein kaiserliches Paar zu Bett gebracht wird. Zunächst begleiten alle verheirateten Prinzessinen in Anwesenheit ihrer eigenen Oberhofmeisterinnen die Braut ins Schlafgemach, wohnen ihrer Toilette bei und sprechen gemeinsam ein Gebet. Erst dann wird der Gemahl von den verheirateten Prinzen zur Bettstatt gebracht. Aber diesen Programmpunkt hat man Sissy denn doch nicht zumuten wollen.

So sind nur Ludovika und Sophie dabei, während Sissy

von der Kammerfrau für die Nacht zurechtgemacht wird. Doch auch die Anwesenheit von ihrer Schwiegermutter ist Sissy recht peinlich. Sie verkriecht sich tief in ihren Bettdecken, während sie den Gutenachtgruß scheu erwidert.

Nun wird Franz Joseph in das Zimmer gelassen. Mit einem letzten Blick auf ihre Tochter schließt Ludovika die Tür hinter sich. „Arme Sissy, sie sieht aus wie ein erschreckter Vogel, der sich in seinem Nest versteckt."

Sissy und Franz Joseph sitzen am nächsten Morgen eben beim Frühstück in ihrem Räumen und halten einander an der Hand, als es an der Tür klopft.

„Wer kann das sein?" Die junge Frau möchte jetzt nicht gestört werden, aber Franz Joseph lächelt ihr aufmunternd zu. „Es wird wohl Mama sein, die sich nach unserem Befinden erkundigen will."

„Ach, sag ihr doch, daß wir nicht gestört werden wollen."

„Da wird sie wohl gekränkt sein. Wir haben ja noch soviel Zeit für uns."

Sophie und Ludovika, die beiden Mütter, begrüßen ihre Kinder herzlich, setzen sich zu ihnen an den Tisch und denken gar nicht daran, daß Paar zu verlassen.

Sissys Gesicht wird lang und länger. Da wird mir vorgeworfen, ich wüßte mich nicht anständig zu benehmen, und dann hat Sophie nicht einmal soviel Takt, ein junges Ehepaar bei seinem ersten gemeinsamen Frühstück alleine zu lassen. Gleich muß ich gehen und mich umziehen, weil ich die Deputierten aus Kärnten und der Steiermark empfangen soll. Vor dem Mittagessen muß ich wieder das Kleid wechseln, und am Nachmittag, bevor die Ungarn kommen, soll ich deren Nationaltracht anlegen. Ja glaubt sie denn, ich gebe mich meine ganze Ehe lang damit zufrieden, meine Kleider zu wechseln und Franz Joseph nur bei offiziellen

Empfängen zu sehen?

Doch mit keinem Wort verrät sie ihre Gedanken. Sie hat sich nach einem langen nächtlichen Gespräch mit Franz Joseph vorgenommen, ihren Kontakt mit Sophie auf das Allernotwendigste zu beschränken. Im übrigen will sie sich ihre gute Laune nicht verderben und freut sich schon auf die Flitterwochen mit Franz Joseph, die sie in der kommenden Woche in Laxenburg verbringen wollen. Bis dahin sind allerdings noch etliche Bälle zu absolvieren, Audienzen zu halten, eine Galavorstellung des Zirkus Renz im Prater zu besuchen und tausend andere kleine Verpflichtungen wahrzunehmen.

Aber auch diese Woche geht vorüber. Langsam gewöhnt sich Sissy an ihr hohes Amt, das sie scherzhaft als recht „anstrengenden Beruf" bezeichnet und gewinnt immer mehr Selbstsicherheit.

Und dann ist es soweit. Die Reisekutsche fährt vor, Sissy umarmt ihre Mutter und die Schwester Helene, die nach Bayern zurückkehren, springt fröhlich zu Franz Joseph in den Wagen, und los geht die Fahrt nach Laxenburg.

3.

Im Wagen schmiegt sich Sissy vertrauensvoll an ihren Gemahl. „Endlich allein!" ruft sie begeistert aus. „Was für eine schöne Zeit liegt vor uns! Wir können stundenlang spazierengehen, müssen uns nicht zu jeder Mahlzeit umziehen und haben unsere Ruhe! Vielleicht können wir sogar nach Venedig fahren, wie du es vorgeschlagen hast."

Kaiser Franz Joseph schweigt. Wie soll er Sissy erklären, daß die Flitterwochen wohl ganz anders aussehen werden, als sie es sich vorstellt?

„Was hast du denn, Franz Joseph? Hast du mir etwa verschwiegen, daß uns der gesamte Hofstaat nach Laxenburg nachreist?"

Noch ist Sissy guter Laune. Aber das wird sich rasch ändern.

„Sissy, hör mir einmal zu, ohne gleich böse zu werden. Ich muß auch in den nächsten Tagen nach Wien in die Hofburg fahren. Meinen Schreibtisch kann ich leider nicht alleine lassen. Tagsüber mußt du dich selber beschäftigen, aber am Abend eile ich so schnell wie möglich zu dir zurück."

Die junge Ehefrau ist den Tränen nahe. „Aber, aber ... du hast doch versprochen, daß wir wie jedes andere Ehepaar Flitterwochen machen werden. Und nun soll ich dich schon wieder entbehren müssen!"

„Keine Tränen, Sissy, ich bitte dich. Es geht nun einmal nicht anders. Ich kann mein Amt nicht zwei Wochen lang vernachlässigen. Für einen Kaiser gibt es keinen Urlaub."

„Als wir noch nicht verheiratet waren, hast du mich sehr wohl in München besuchen können. Da hast du dir gar keine Gedanken gemacht, was in Wien während deiner Abwesenheit geschieht."

„Doch Sissy, natürlich habe ich mir Gedanken gemacht, ich habe dir nur nichts davon gesagt. Und wenn du dich erinnerst, wird dir auffallen, daß die Besuche ja recht kurz waren. Aber nun weine doch nicht. Du wirst ja nicht ganz alleine sein. Baron Weckbecker, mein Flügeladjutant, wird nach Laxenburg kommen, und auch Mama wird sich um dich kümmern. Und im übrigen sind deine Hofdamen zur Stelle, wenn du etwas brauchst. Also mach nicht solche Kummerfalten."

Aber Sissy denkt nicht daran, sich zu beruhigen. „Warum haben wir denn geheiratet, wenn wir einander nie sehen können? Ich kann auf Mama und auf Baron Weckbecker und die Hofdamen gerne verzichten, wenn du dich um mich kümmerst. Worüber soll ich denn mit den Hofdamen sprechen? Ich kenne sie ja gar nicht, und Gräfin Esterhazy ist mir außerdem nicht wohlgesonnen, das habe ich vom ersten Augenblick an bemerkt. Deine Mutter kommt ja auch nur nach Laxenburg, um an mir herumzumäkeln. Ach, Franz Joseph, ich bin unglücklich!"

Nun fließen die Tränen unaufhaltsam, aber auch der Kaiser kann Sissy nicht besäftigen. Er liebt seine Frau von ganzem Herzen, aber die Staatsgeschäfte darf er bei aller Liebe nie und nimmer außer acht lassen.

„Hör einmal, ich muß im Juni nach Böhmen und Mähren reisen. Willst du mich denn nicht begleiten?"

„Ach warum denn, glaubst du vielleicht, daß ich dort mehr von dir zu sehen bekomme? Da jagt dann eine Verpflichtung die andere, und ich muß mich wieder mit allen möglichen Menschen abgeben, die mich ganz und gar nicht interessieren!"

Nun weiß sich Franz Joseph wirklich keinen Rat mehr. Aber geduldig, wie er ist, denkt er im stillen: Sie wird sich mit der Zeit schon daran gewöhnen, daß es bei uns anders zugeht, als bei anderen Eheleuten. Bald wird sie Verständnis für mein hohes Amt aufbringen und selber eine gute Landesmutter werden. Jetzt ist sie wahrscheinlich noch recht verschreckt, weil soviel neue Eindrücke über sie hereinbrechen.

Schweigend setzt das Paar seine Fahrt fort. Auch Sissy ist mit ihren Gedanken beschäftigt: Hätte ich doch nie meine Freiheit aufgegeben. Ich glaube ja schon, daß Franz Joseph mich sehr lieb hat, aber ich kann all die Pflichten als Kaiserin nicht ertragen. Nun ist nicht einmal Papa mehr hier, der mich trösten würde.

Wirklich scheint sich alles gegen Sissy verschworen zu haben. Sogar das Wetter hat sich verschlechtert, es regnet unaufhörlich. Traurig sitzt sie am Fenster und blickt in den Nebel hinaus. Franz Joseph hat sie in aller Früh verlassen, und die Erzherzogin Sophie hat ihren Besuch für den Nachmittag angekündigt. Nicht einmal spazierengehen kann ich, überlegt Sissy, ständig ist die Gräfin Esterhazy hinter mir her. Wenn ich ein Fenster öffne, macht sie es zu, wenn ich sie um einen Schirm bitte, erklärt sie mir, daß Kaiserliche Hoheiten nicht in den Regen kommen dürfen. Ja, bin ich denn aus Zucker? Was soll ich denn den ganzen Tag machen?"

Erzherzogin Sophie löst das Problem, als sie am Nachmittag ankommt. „Liebe Sissy", beginnt sie förmlich, „ich habe bemerkt, daß du dich in unseren Sitten noch nicht ganz zurechtfindest. Deine Obersthofmeisterin hat mir außerdem berichtet, daß du ihr überhaupt nicht zuhörst, wenn sie dir etwas erklären möchte. Ich sehe mich also gezwungen, selber dafür zu sorgen, dich über deine verantwortungsvolle Position zu unterrichten: Von nun an werden wir jeden Nachmittag ein wenig über die Gebräuche am Hof sprechen."

Sissy schaudert, als sie diese Ankündigung entgegennimmt. Nichts ist ihr verhaßter als lange Vorträge über die Etikette.

Als Franz Joseph am Abend in Laxenburg eintrifft, eilt sie ihm entgegen. Der Streit vom Vortag ist vergessen, sie ist hocherfreut über seine Anwesenheit. Beim Abendessen will sie ihm wieder ihr Herz ausschütten, doch Baron Weckbecker macht ihr einen Strich durch die Rechnung. Sophie hat dem Flügeladjutanten aufgetragen, bei allen Mahlzeiten des Paares anwesend zu sein. Es ist ihr nicht entgangen, daß Sissy noch recht unbeholfen Konversation macht, und so soll er mit ihr gepflegte Tischgespräche üben.

Sissy ahnt nichts von der Abmachung und ist höchst verwundert, als sie Weckbecker im Speisesaal bemerkt. Aber langsam dämmert ihr, wer hinter seiner Anwesenheit steckt. Ihr hübsches Gesichtchen verhärtet sich, einsilbig beantwortet sie seine Versuche, das Gespräch in Gang zu halten, ißt nur wenige Bissen und entschuldigt sich mit Kopfschmerzen.

Bedrückt bleiben der Kaiser und sein Flügeladjutant zurück. Franz Joseph ist der Appetit vergangen, er stochert lustlos in seinen Speisen. Der Baron faßt sich ein Herz: „Kaiserliche Hoheit, entschuldigen Sie, wenn ich das Wort an Sie richte..."

Franz Joseph blickt von seinem Teller auf. „Nun?"

„Ich möchte, daß Sie meine Anwesenheit nicht als Aufdringlichkeit mißverstehen, Kaiserliche Hoheit. Doch ich habe mich den Wünschen Ihrer ehrwürdigen Mutter gefügt."

„Baron, ich bitte Sie, sprechen Sie frei von der Leber weg!"

„Ihre Frau Mutter, die Erzherzogin, besteht darauf, daß ich bei den Mahlzeiten anwesend bin, um mit Ihrer durchlauchtigsten Gemahlin Konversation zu machen!"

So, nun ist es heraußen. Wie wird der Kaiser reagieren?

Aber der Baron braucht den Zorn Franz Josephs nicht zu fürchten. Der Kaiser lacht kurz auf, wenn auch etwas gequält.

„So, das ist es also. Ich hatte mich schon etwas gewundert, daß Sie zum Diner bleiben sollen. Aber ich dachte, Sissy hätte Sie eingeladen. Mama hat mir ja auch nur erzählt, daß Sie Sissy tagsüber die Zeit vertreiben sollen. Nun, Weckbecker, da werden Sie also in den nächsten zwei Wochen unser ständiger Gast sein."

„Hoheit, es ist mir selber recht unangenehm. Wenn Sie befehlen, werde ich mich natürlich sofort zurückziehen."

„Nein, lassen Sie nur, wir wollen uns ja nicht den Zorn der gestrengen Erzherzogin zuziehen! Aber nun einmal ehrlich, Baron, was halten Sie denn von meiner Elisabeth?"

„Wenn Hoheit erlauben, die junge Kaiserin ist überaus anmutig und bezaubernd. Wenn sich Hoheit erinnern, ich hatte schon in Bad Ischl das Vergnügen, mit der durchlauchtigsten Prinzessin zu tanzen."

„Gut, gut, Weckbecker, ich habe selber bemerkt, daß meine Elisabeth ein entzückendes Geschöpf ist. Aber was sagt man denn am Hofe? Ich kenne doch meine Wiener. Wenn man ihnen ein neues Gesicht zeigt, dann haben sie immer gleich etwas zu flüstern und zu tuscheln."

„Ach Hoheit, ersparen Sie mir doch die Aufgabe, Ihnen böses Gerede zu hinterbringen!"

„Nein, nein, Weckbecker, ich vertraue Ihnen. Sie sind ein ehrlicher junger Mann, der mir die Wahrheit sagen wird. Ich habe genug Menschen um mich herum, die mir ins Gesicht lügen. Meinen Sie denn nicht, daß der Kaiser wissen soll, was man über seine Hochzeit denkt?"

Weckbecker ist die Situation ziemlich peinlich. Es stimmt, was der Kaiser sagt, darüber kann es keinen Zweifel geben. Ihm sind die zahlreichen Heuchler am Hof selber ein Greuel. Aber wie soll man dem Kaiser mitteilen, daß über seine Frau mitunter recht hämisch gesprochen wird, ohne ihn zu beleidigen? Krampfhaft sucht er nach Worten.

„Nun, man meint, daß die Kaiserin vielleicht überfordert wird..."

„Baron, es ist sehr freundlich von Ihnen, daß Sie mir die Wahrheit so schonend mitteilen wollen. Mit anderen Worten, die Erzherzogin tut recht daran, wenn sie meine Sissy Ihren Konversationsübungen unterzieht. Nun, es ist sicher schwer, sich an unsere Etikette zu gewöhnen, wenn man ein so freies Leben geführt hat, wie es meiner Gemahlin bisher vergönnt war. Jedenfalls danke ich Ihnen für Ihre Aufrichtigkeit. Sie werden es sicher nicht zu bereuen haben."

Mit diesen Worten erhebt sich Franz Joseph und sucht Sissy auf, die schon ungeduldig wartet.

„Franz Joseph, wie soll denn das weitergehen? Ich bin sicher, daß deine Mutter dem Baron befohlen hat, uns nun jeden Abend zu beobachten. Ist es denn nicht genug, daß du tagsüber in Wien bist? Jetzt können wir nicht einmal bei Tisch offen miteinander sprechen!"

„Ja, Sissy, deine Ahnung trügt dich nicht. Ich habe mit dem Baron gerade darüber gesprochen. Aber du darfst ihm nicht gram sein, er muß eben tun, was ihm Mama befiehlt."

„Aber warum will sie uns denn keine Minute unbeaufsichtigt lassen? Was hat sie denn davon?"

„Sissy, wenn du versprichst, nicht gleich wieder zu weinen, werde ich dir erzählen, was mir der Baron anvertraut hat. Schau, du hast doch bis jetzt ein ganz ungebundenes Leben geführt und dich nie darum kümmern müssen, was man über dich spricht. Nun ist es aber leider am Hof in Wien so, daß jeder jeden argwöhnisch betrachtet. Und wenn nun einmal jemand auf unserem glatten Parkett stolpert, verbreitet sich die Nachricht von dem Mißgeschick in Windeseile. Wenn einmal die Allerhöchste Frau im Lande einen Fehler macht, kannst du dir vorstellen, was da für ein Gerede entsteht. Tja, und nun hat unser Hofstaat mit seinen scharfen Augen bemerkt, daß du recht unsicher bist. Mama meint es wirklich nur gut mit dir, wenn sie dir Unterricht in höfischen Sitten erteilt. Sie hat Baron Weckbecker dazu auserkoren, dich mit allen Raffinessen eines wohlgefälligen Tischgesprächs vertraut zu machen."

Sissy, die den Worten Franz Josephs aufmerksam gelauscht hat, ist recht still geworden. Nachdenklich knabbert sie an ihrer Unterlippe. „Das heißt wohl, daß ich dir eigentlich eine rechte Schande mache? Aber ich bemühe mich doch wirklich so sehr. Weißt du, auf der einen Seite verstehe ich ja, daß ich mich als Kaiserin nicht mehr so frei bewegen kann. Doch dieses aufgesetzte Verhalten, daß bei euch offenbar üblich ist und zum guten Ton gehören soll, ist mir in der Seele verhaßt. Kannst du dich noch erinnern, als ich am Hochzeitstag meine Cousine umarmen wollte? Ich war so froh, unter all den fremden Menschen ein vertrautes Gesicht zu sehen. Doch nur, weil ich mit einemmal Kaiserin geworden bin, soll mir das Mädchen, mit dem ich in der Sandkiste gespielt habe, ehrfürchtig die Hand küssen? Ist denn das nicht reichlich eigenartig?"

„Ich weiß, mein Armes. Du hast mir von Anfang an so gut gefallen, weil du ein so natürliches, unbefangenes Wesen hast. Und du sollst dich auch nie ändern. Doch wenn du dich nicht nach den vorgeschriebenen Sitten richtest, dann wirst du dir nicht viele Freunde machen. Leider bewertet unser Hofstaat die Menschen nicht nach ihren inneren Qualitäten, sondern daran, wie sie sich zu benehmen wissen."

„Auf solche Freundschaften kann ich verzichten!" braust Sissy erbost auf. „Ich weiß, wie deine Mutter über meinen Papa denkt. Er kümmert sich überhaupt nicht darum, was die Leute denken. Durch ihn habe ich aber erfahren, was wahre Freundschaft bedeutet. Die Menschen, die ihm am liebsten sind, das sind Bürger, ja sogar Bauern. Aber sie achten ihn, weil sie ihn lieben, und nicht nur deswegen, weil er Herzog ist."

„Ach, mein Liebes, ich bin gerne Kaiser und ich liebe mein Volk. Aber seitdem wir verheiratet sind, wünsche ich mir manchmal, ich hätte einen anderen Beruf. Nur Schneider, wie du es einmal im Scherz gesagt hast, möchte ich nicht sein. Da hätte ich ja ganz zerstochene Finger und einen krummen Rücken. Siehst du, jetzt lachst du wieder!"

Liebevoll nimmt Franz Joseph seine junge Frau in die Arme und murmelt in ihr dichtes Haar: „Vielleicht schaffst du es, doch mit diesen komplizierten Sitten und Gebräuchen zurechtzukommen und bleibst trotzdem meine natürliche, herzensgute Sissy."

„Was machst du eigentlich den lieben langen Tag an deinem Schreibtisch?" erkundigt sich Sissy neugierig. „Warum nimmst du mich nicht morgen ganz einfach in die Hofburg und läßt mich zuschauen, wie der Kaiser arbeitet? Ich verspreche dir, still und brav in einem Winkel zu sitzen und mich nicht zu rühren. Dann weiß ich wenigstens am nächsten Tag genau, wo du bist und was du machst. Nimm mich doch morgen mit, ja?"

Flehend sieht sie Franz Joseph an. „Ich weiß eigentlich gar nicht, ob sich das schickt?"

„Oh, mach mir doch diesen einen Gefallen. Vielleicht habe ich dann auch eine bessere Vorstellung von Kaiserpflichten. Ich werde mich am Abend auch bemühen, mit diesem Baron ein sogenanntes gepflegtes Tischgespräch zu führen."

Warum soll ich ihr diesen Wunsch eigentlich nicht erfüllen? Es muß ja wirklich recht langweilig für sie sein, den ganzen Tag nur mit der Obersthofdame zu verbringen, überlegt Franz Joseph und gibt seine Zustimmung.

„Ich bitte dich nur eines, sei dem Baron nicht allzu böse. Ich glaube nämlich, daß wir in ihm einen Vertrauten gefunden haben. Er hat sehr offen und ehrlich mit mir gesprochen, und das schätze ich besonders an den Menschen. Du siehst hoffentlich ein, daß er sich nicht über einen Befehl der Erzherzogin hinwegsetzen kann. Aber wenn es dir gar zu unangenehm ist, dann werde ich ihn eben bitten, die Mahlzeiten gesondert von uns einzunehmen."

„Nein, nein, Franz Joseph, ich habe schon begriffen. Das können wir ihm ja nicht antun. Und wenn er so ein aufrechter Mann ist, wie du sagst, dann können wir uns gemeinsam ein paar nette Abende machen. Er wird uns sicher nicht bei deiner Mutter verraten. Und bedenke doch, wie schnell es sich herumsprechen würde, wenn er in einem anderen Zimmer äße. Ich glaube nämlich, daß die Gräfin Esterhazy alles berichtet, was hier im Schloß vor sich geht."

„Aha, ich sehe, die Kaiserin lernt rasch."

Lachend umarmt sich das Paar. Für den Moment hat Sissy Zuversicht gefaßt.

4.

Sissy und Franz Joseph stehen am nächsten Morgen sehr zeitig auf. Die Hofdamen schlafen noch, denn sie haben natürlich keine Ahnung, daß ihr Schützling aus seinem goldenen Käfig ausbrechen will. Sissy kleidet sich rasch an und betrachtet das Ergebnis stolz im Spiegel. „Na bitte, wer will jetzt noch sagen, daß ich mich nicht alleine anziehen kann? Und schneller geht es überdies auch noch."

Der Tag vergeht wie im Flug. Franz Joseph hat einen bequemen Sessel in seinen Arbeitsraum bringen lassen, der in der Nähe des Fensters aufgestellt wird. Von dort aus betrachtet Sissy neugierig und wißbegierig alles, was vor sich geht. Die Minister staunen zwar über den ungewohnten Besuch, sind aber viel zu höflich, um sich etwas anmerken zu lassen. Eine tiefe Verbeugung ist ihre einzige Reaktion auf die Anwesenheit der Kaiserin. Aber in den Vorzimmern wird eifrig getuschelt und gemunkelt. Was hat die Kaiserin vor? Will sie sich in die Amtsgeschäfte einmischen?

Auf der Rückfahrt ist Sissys Redefluß nicht mehr zu bremsen. Den ganzen Tag hat sie, getreu ihren Versprechungen, kein Wort gesagt, um Franz Joseph nicht zu stören. Aber nun will sie alles genau wissen und stellt tausend Fragen. Warum ist die Situation am Balkan so prekär? Warum wollen sich die Ungarn vom Kaiserhaus lösen? Warum sind die Italiener so aufsässig? Der Kaiser bemüht sich, alle Fragen zu klären, und so lernt Sissy in diesen wenigen Stunden mehr, als ihr der Unterricht in München über die österreichische Geschichte vermittelt hat. Tief ins Gespräch vertieft, geht das Paar Hand in Hand durch die Halle des Laxenburger Schlosses. Da eilt auf einmal Gräfin Esterhazy mit bestürzter Miene herbei. „Kaiserliche Hoheit, wo waren Sie denn? Wir haben uns die größten Sorgen gemacht!"

Der heutige Tag und auch das gestrige Gespräch haben Sissys Selbstbewußtsein gehoben. Statt schuldbewußt zusammenzuzucken, hebt sie stolz ihr Köpfchen und erwidert von oben herab: „Ich war dort, wo mein Platz ist. An der Seite des Kaisers!"

Franz Joseph schmunzelt. Das hat sie gut gemacht! Ja, seine kleine Frau kann schon energisch sein, man muß ihr nur anfangs den nötigen Rückhalt geben.

Die Obersthofmeisterin ist über die schroffe Abfuhr tief beleidigt. Nicht ganz ohne Befriedigung verkündet sie: „Die Erzherzogin erwartet die Majestäten im Kleinen Salon."

Nun zuckt der Kaiser doch etwas zusammen. Dieser Ton verheißt nichts Gutes. Aber noch denkt Sissy nicht daran, sich einschüchtern zu lassen. „Ich werde kommen, wenn ich mich frischgemacht habe. Ich brauche Ihre Hilfe nicht, danke." Hoheitsvoll rauscht sie ab.

Franz Joseph aber weiß, daß es nicht gut ist, seine Mutter nun noch mehr zu erzürnen und begibt sich gleich in den Salon, um das ärgste Donnerwetter abzufangen.

„Was habt ihr euch dabei eigentlich gedacht?" Ohne jede Begrüßung herrscht Sophie ihren Sohn an. „Daß sich Sissy nicht zu benehmen weiß, ist mir ja klar geworden nach den letzten Ereignissen. Aber von dir hätte ich doch etwas mehr Taktgefühl erwartet."

„Mama, haben Sie doch Einsicht. Sissy langweilt sich hier zu Tode. Nun sind wir schon über eine Woche verheiratet und führen kaum ein Privatleben. Außerdem war die Idee gar nicht einmal so schlecht. Sie hätten hören sollen, wie interessiert sie sich an meinen Agenden zeigt. Und ich versichere Ihnen, Mama, sie hat sich äußerst würdevoll verhalten. Sie wären wirklich stolz gewesen."

Aber Sophie schneidet ihm kurz angebunden das Wort ab. „So, läßt du dich also schon von ihren revolutionären Einfällen anstecken? Mein Sohn, ich sage dir, Elisabeth hat sich in deine Geschäfte nicht einzumischen. Wie will denn dieses unerfahrene Ding etwas von Politik verstehen? Du hast dich nur von einem einzigen Menschen beraten zu lassen, und das bin ich!"

Da tritt Sissy ein. Möglichst unbefangen will sie Sophie begrüßen, aber auch ihr wird die gleiche Abfuhr zuteil.

„Daß mir so etwas nicht wieder vorkommt! Hast du denn noch immer nicht begriffen, daß du dich nicht aufführen kannst wie auf dem Bauernhof in Possenhofen?"

Aber Sissy hat sich gewappnet und ist bereit, die Machtprobe durchzustehen, ohne in Tränen auszubrechen. „Mama, Possenhofen ist kein Bauernhof, sondern unser Sommerschlößchen. Und ich weiß wirklich nicht, was ich heute falsch gemacht haben könnte."

„Du hast hinter deinem Mann nicht nachzulaufen wie ein Fähnrich, ist das klar? Seine Geschäfte haben dich außerdem nicht zu interessieren. Während Franz Joseph seinem Amt in der Hofburg nachgeht, hast du andere Aufgaben wahrzunehmen. Des Kaisers Platz ist in der Hofburg. Wenn du ihm wirklich helfen willst, dann solltest du endlich lernen, dich deiner Würde gemäß zu verhalten. Und wenn du das dann begriffen hast, kannst du die Ministersgattinnen empfangen und dich um andere Repräsentationspflichten kümmern. Wenn du dich nicht an meine Anweisungen hältst, wirst du uns noch vor aller Welt blamieren."

Und damit verläßt Sophie den Raum.

„Warum hast du mich denn nicht in Schutz genommen?" will Sissy wissen, bleich vor Zorn. „Wieviele Demütigungen soll ich mir noch von deiner Mutter gefallen lassen?"

„Ich habe dich doch verteidigt. Aber sie hat mir einfach nicht zugehört."

Da klopft es, und Baron Weckbecker tritt ein. Er hat von der Auseinandersetzung gehört und macht ein dementsprechend bekümmertes Gesicht. Franz Josephs Flügeladjutant hat die Gemahlin seines Herrn liebgewonnen und hegt Mitleid mit ihr. Er verbeugt sich tief vor dem Paar und küßt Sissy die Hand.

„Ach Baron, ich bin verzweifelt. Alles, was ich mache, scheint falsch zu sein. Sie haben gestern offen zum Kaiser gesprochen, nun seien Sie auch ehrlich zu mir. Benehme ich mich denn wirklich so unmöglich?"

„Kaiserliche Hoheit, mir hat Ihr Besuch in der Hofburg sehr imponiert. Ich finde auch, daß eine Kaiserin über die Vorgänge in den Kronländern informiert sein sollte. Aber leider hat die Mehrheit unserer Staatsmänner offenbar eine andere Meinung über Ihre Pflichten. Sie meinen, daß die Kaiserin Waisenhäuser besuchen und sich nicht um Politik kümmern sollte."

„Das verstehe ich nun wirklich nicht. Ich kann doch nie und nimmer eine gute Landesmutter sein, wenn ich nicht weiß, was alles vor sich geht. Aber kommen Sie nun zu Tisch, ich bin schon ganz verhungert. Und dann können Sie auch gleich mit mir die Hohe Schule der Konversation üben. Das ist doch Ihre Aufgabe, nicht?"

Der Baron errötet tief, aber als er merkt, daß es Sissy nicht böse gemeint hat, geht ein Lächeln über sein Gesicht. Die junge Kaiserin nimmt mehr und mehr sein Herz ein. Wenn es nur mehr Frauen wie sie gäbe, grübelt er während des Diners, als Sissy frei und unverblümt über ihre Ansichten spricht. „Wenn ich etwas bemerken darf, Hoheit?" fragt er, zum Kaiser gebeugt.

„Nur zu!" ermuntert ihn Sissy. „Sie sollen unser Verbündeter sein und frei Ihre Meinung äußern. Ich werde mich auf Ihr Urteil verlassen."

„Ich glaube, den Grund für Erzherzogin Sophies Strenge zu kennen. Die Erzherzogin hat ihrem Sohn zuliebe", Weckbecker verneigt sich in Franz Josephs Richtung, „auf alle Würden verzichtet."

Der Kaiser springt hilfreich ein. „Sissy, das habe ich dir doch erzählt. Mama hat dafür gesorgt, daß ich zum Kaiser gekrönt wurde. Denn eigentlich ist Papa an der Reihe gewesen, und so wäre Mama jetzt Kaiserin von Österreich. Dieser Verzicht ist ihr sicher nicht leichtgefallen. Und nun weiter, Baron, was wollen Sie sagen?"

„Ich bitte Sie, mich zu entschuldigen, wenn ich Ihre Gefühle verletzten sollte, aber ich muß ganz offen sein. Alles, was der Erzherzogin wert und teuer ist, scheint Ihnen, durchlauchtigste Kaiserin, nichts zu bedeuten. Die Erzherzogin, die die erste Frau im Lande sein könnte, muß zusehen, wie Sie diese Ehre als Bürde betrachten."

„Baron, ich sehe, Sie haben mich durchschaut. Aber ich glaube, ich kann verstehen, was Sie meinen. Es bedeutet tatsächlich eine gewisse Last. Doch bin ich aber auch stolz, an Franz Josephs Seite stehen zu dürfen. Nur eines sehe ich nicht ein. Und das sind diese nahezu unmenschlichen Sitten, die mir aufgezwungen werden sollen. Ich möchte die Menschen nicht nach ihrem Schein, sondern nach ihrem Sein beurteilen."

Franz Joseph nickt beifällig zu Sissys ernster Rede. „Da hast du mir aus dem Herzen gesprochen. Doch in diesem Punkt wirst du mit Mama wohl nie Einigung erzielen. Aber für heute haben wir genug ernste Worte gewechselt."

Sissy und Franz Joseph ziehen sich zurück. Die Kaiserin runzelt nachdenklich die Stirn. „Ich muß dich schon wieder um einen Gefallen bitten, Franz Joseph."

„O weh, was hast du nun im Sinn? Willst du mich wieder in Verlegenheit bringen?"

„Keine Angst, ich mache dir keine Unannehmlichkeiten. Aber da es mit den Besuchen in der Hofburg wohl ein für alle Mal vorbei ist, wollte ich fragen, ob ich nicht meinen Bruder einladen dürfte? Dann würde ich mich nicht gar so einsam fühlen. Da kann auch Mama nichts dagegen haben."

„Das wird sich schon machen lassen. Ich glaube, du wirst immer diplomatischer, Sissy."

„Ja, und dann hätte ich noch eine Bitte. Aber die wirst du vielleicht gar nicht so diplomatisch finden. Der gute Gackel, also, ich meine Karl Theodor, wird sicher nichts dagegen haben, mir mein Lieblingspferd aus Possenhofen nach Laxenburg mitzubringen. Dann könnte ich ab und zu ausreiten. Ich muß sagen, meine Pferde vermisse ich schrecklich."

„Das wird Mama gar nicht recht sein. Du weißt doch, daß sie um deine Gesundheit besorgt ist. Als wir noch verlobt waren, hat sie mich gebeten, darauf zu achten, daß du dich zu Pferde nicht überanstrengst."

„Und wenn ich auf der Stelle feierlich verspreche, nicht gar zu unmäßig auszureiten?" Franz Joseph kann Sissys Charme nicht widerstehen und nickt ergeben. „Wir müssen aber vorsichtig vorgehen. Bruder Karl Theodor muß so tun, als wäre es sein Einfall gewesen, dir ein Geschenk mitzubringen."

Sissy strahlt über das ganze Gesicht. „Wie klug von dir!" ruft sie begeistert aus. „Ich glaube, mit ein wenig Fingerspitzengefühl und einigen Listen können wir die Anweisungen deiner Mutter schon so umgehen, daß auch sie nichts mehr sagen kann. Ich werde mich auch bemühen, alles zu vermeiden, was sie gegen mich aufbringen könnte. Mit der Zeit werde ich schon alles lernen, du wirst noch deine helle Freude an mir haben."

Wenige Tage später trifft Karl Theodor in Laxenburg ein. Sophie ist an diesem Nachmittag anwesend, und so sagt Gackel nach der Begrüßung wie verabredet: „Sissy, ich wollte dir so gerne ein verspätetes Hochzeitsgeschenk machen. Ich dachte, du würdest dich freuen, wenn ich dir dein Lieblingspferd, die Liesl, mitbringe. Sie muß in ein paar Stunden eintreffen."

Um sich nicht zu verraten, zeigt Sissy nicht allzu übermäßige Freude, obwohl sie innerlich natürlich hellauf jubelt. Bevor sie mit Karl Theodor in den Garten geht, mahnt die Erzherzogin noch: „Sissy, du weißt ja, daß du dich nicht überanstrengen sollst. Also sei so gut und reite nicht zu oft aus."

„Jawohl, Mama", murmelt Sissy und zieht ihren Bruder ungeduldig an der Hand in den großen Park. „Das hat ja bestens geklappt", lächelt sie vergnügt. „Wir werden morgen gleich miteinander ausreiten. Aber nun erzähle! Wie geht es Mama? Ist Papa schon wieder auf Reisen? Bist du heuer schon auf Possenhofen gewesen?"

Die Geschwister haben einander viel zu erzählen. Als Franz Joseph am Abend erscheint, muß er sich gemeinsam mit Baron Weckbecker auf die Suche nach den beiden machen, die völlig auf die Zeit vergessen haben.

In der folgenden Woche ist Sissy rundherum glücklich. Sie tollt mit ihrem geliebten Gackel durch das Haus, unternimmt ausgedehnte Ritte und kümmert sich überhaupt nicht um das frostige Gesicht ihrer Oberhofdamen. Meistens begleitet Baron Weckbecker Sissy und Karl Theodor auf ihren Ausflügen. So ausgelassen und fröhlich hat er die Kaiserin noch nie gesehen. Wie es scheint, wird sie in ihrem Auftreten auch immer energischer und läßt sich die Bevormundung durch die Erzherzogin oder die Oberhofdamen nicht mehr widerspruchslos gefallen. Gräfin Esterhazy versucht freilich, Sissy dazu zu bewegen, die Ministersgattinnen zu empfangen, die schon lange darauf warten, bei der Kaiserin vorgelassen zu werden. Aber Sissy denkt nicht im Traum daran, sich zu solchen Aufgaben zwingen zu lassen. Immer mehr nimmt ein Gedanke in ihrem Kopf Form an: „Ich bin die Kaiserin von Österreich. Ich bin die erste Frau im Lande. Wer will mir da Befehle erteilen?" Unbekümmert setzt sie sich über alle Vorschriften hinweg. Wenn Baron Weckbecker einmal nicht zur Stelle sein kann, begleitet Gräfin Esterhazy die Kaiserin und deren Bruder auf den Ausflügen. Sissy legt dann sofort ein derartiges Tempo vor, daß die Gräfin nicht mehr Schritt halten kann. Manchmal unterhält sie sich auch mit Gackel auf Englisch, einer Sprache, die die Gräfin nicht beherrscht, denn sie hat — wie es Sitte ist — das hoffähige Französisch gelernt. Zu ihrem großen Entsetzen besteht Sissy sogar darauf, den Zirkusreiter Renz in Laxenburg zu empfangen. Der Mann, den sie während der Hochzeitsfeierlichkeiten einmal im Prater gesehen hat, ist ihr nicht und nicht aus dem Kopf gegangen. Der Zirkuskönig strengt sich bei seiner Darbietung gewaltig an. Er kleidet alle seine Angestellten in mittelalterliche Kostüme und läßt sie zu Pferd die schwierigsten Kunststücke vorführen. Zwölf Schimmel und zwölf Rappen bilden eine Quadrille und formieren sich zum Abschluß in einem Halbkreis, während bunte Luftballons aufsteigen. Renz selbst besteigt einen herrlichen Araberhengst und zeigt die kompliziertesten Figuren der Hohen Schule. Sissy ist hingerissen. Die Parade erinnert sie an München, wo ihr Vater, Herzog Max, im Münchner Palais einen kleinen Zirkus erbaut hat. Nach der Vorstellung läßt sie es sich nicht nehmen, Renz und seinem Personal selbst zu danken. Interessiert läßt sie sich die Pferde zeigen, gibt den Tieren Brotstücke und streichelt manchem prächtigen Roß über die Nüstern. „Wie schön!" ruft sie begeistert aus. „Was für ein glücklicher Mensch Sie sein müssen! Immer können Sie sich mit den edlen Tieren beschäftigen!"

Renz weiß gar nicht, wie ihm geschieht. Bis jetzt hat sich keine von den Hoheiten um seine Pferde bemüht. Ab und zu hat man einen Kämmerer geschickt, um ihm ein paar Goldstücke zu überreichen. Und nun geht die Kaiserin höchstpersönlich zwischen den Tieren hin und her. Der Zirkusreiter verneigt sich tief. „Wenn Hoheit erlauben — es wäre mir eine Ehre, wenn Sie meinen Araberschimmel als Zeichen der tiefsten Demut annehmen wollten."

„Aber lieber Renz", wehrt Sissy ab, „ich kann Ihnen doch nicht das Wertvollste rauben."

Renz wundert sich immer mehr. Wer von den verschwenderischen Aristokraten hat sich je Gedanken über Geldfragen gemacht? Es ist ihm auch richtig unheimlich, das Wort an die Hohe Frau zu richten. Sissy hilft ihm aus seiner Verlegenheit. „Wenn Sie mir wirklich ein Geschenk machen wollen, so überlassen Sie mir doch eine Stute, die nicht allzu feurig ist. Aber die größte Freude würden Sie mir machen, wenn ich recht bald wieder einer Vorführung beiwohnen könnte."

„Hoheit, ich werde ab nun immer einen Platz in der schönsten Loge für Sie freihalten. Ihre Anwesenheit bedeutet die größte Ehre für mich."

Und schon am nächsten Tag steht eine tiefschwarze Stute in den Stallungen von Laxenburg. Die Kunde von Sissys merkwürdiger Liebhaberei verbreitet sich mit Windeseile in der Hauptstadt. Hinter vorgehaltener Hand tuschelt ganz Wien über seine Kaiserin. Im Volk wird Sissys freie Art mit Wohlwollen betrachtet. Die Monarchen haben es immer peinlich vermieden, mit ihren Untertanen in nähere Berührung zu kommen. Kaiserin Sissy hingegen zeigt, daß sie ein Herz für die einfachen Leute hat. Man flüstert sich sogar zu, daß sie dem Zirkusreiter freundlich die Hand gegeben habe. Dieses Gerücht macht auch im Adel die Runde. Doch da wird Sissys Benehmen keineswegs freundlich beredet. Der Hofstaat, vor allem die Damen, sparen nicht mit spitzen Bemerkungen. Manche Mutter denkt bei sich, daß ihre Tochter wohl eine würdigere Kaiserin gewesen wäre. Erzherzogin Sophie, der diese Gespräche nicht verborgen bleiben, ist außer sich vor Zorn. Warte nur, wenn du nach Wien zurückkommst, liebe Sissy, denkt sie ingrimmig. Keinen Schritt wirst du mehr ohne meine Zustimmung unternehmen. Dir werde ich die Launen schon austreiben. Nur gut, daß Gräfin Esterhazy auf meiner Seite steht.

Bevor es allerdings soweit ist, spielt Sissy ungewollt ihrer Schwiegermama noch einen bösen Streich. Durch Zufall hat sie die Baupläne der Hofburg entdeckt und Gackel gezeigt, damit er sich ein Bild von ihren neuen Wohnräumen machen könne. Karl Theodor hat bemerkt, daß man von der Hofburg aus durch eine Reihe von verwinkelten Gängen bis in das Burgtheater gelangen kann. Sofort beschließen die beiden, diesen Weg auszuprobieren. Auch Franz Joseph läßt sich von den beiden Pfadfindern dazu überreden, mitzukommen. Er schmunzelt bei dem Gedanken, ohne Vorankündigung im Theater zu erscheinen. Wenn er den Wunsch äußert, eine Aufführung zu besuchen, wird fast immer ihm zu Ehren der Spielplan geändert. Es gibt sogar ganz bestimmte Hofbeamte, die den Kaiser zu seiner Theaterloge führen...

Niemand wird in den Plan eingeweiht. Sissy schickt ihre Hofdame unter einem Vorwand nach Wien, läßt sich ausnahmsweise von Franz Joseph bei der Wahl des Abendkleides beraten, und los geht die heimliche Fahrt. Es ist schon recht finster, als der Wagen vor der Hofburg hält. Auf Zehenspitzen schleichen die drei Verschwörer durch Korridore und Säle, bis sie durch eine Tapetentür in das Theaterfoyer treten. Dort hält sich niemand mehr auf, die Vorstellung soll in wenigen Minuten beginnen. Auch vor der kaiserlichen Loge steht kein Posten. Flugs öffnet Franz Joseph die Tür und rückt Sissys Sitz zurecht. Zunächst bemerkt niemand die Anwesenheit des Kaiserpaares, aber bald geht ein Raunen durch das Publikum. Alles erhebt sich von den Sitzen, um dem Herrscher zu huldigen. Der Theaterdirektor, der schnell herbeigeeilt ist, als er die Kunde vernommen hat, weist das Orchester an, die Kaiserhymne zu spielen. Franz Joseph lächelt Sissy zu. „Da hast du eine gute Idee gehabt. Vielleicht sollte ich öfter unerkannt an manchen

Plätzen erscheinen. So kann ich möglicherweise erfahren, welche Meinungen ausgetauscht werden, wenn man mich nicht in der Nähe weiß."

Aber auch dieses harmlose Vergnügen findet keine Billigung vor Sophies Augen. Beharrlich drängt sie auf Karl Theodors Abreise. Gackel muß also zurück nach Bayern, und Sissy übersiedelt von Laxenburg nach Wien. Sophie läßt ihre Schwiegertochter kaum eine Minute mehr aus den Augen. Sissys erste Reise nach Böhmen und Mähren steht bevor. Die Kaiserin erhält nun wieder täglich Unterricht in Französisch, lernt die wichtigsten böhmischen Phrasen und wird weiter mit der Etikette vertraut gemacht. Als Sophie bemerkt, daß sich Sissy ausnehmend gut mit Baron Weckbecker versteht, weiß sie den jungen Mann von ihrer Schwiegertochter fernzuhalten. An seine Stelle tritt General Graf Carl Günne, Franz Josephs väterlicher Freund und Generaladjutant. Zunächst flößt der welterfahrene Mann Sissy Angst ein, doch nach und nach faßt sie Vertrauen zu ihm. Grünne macht seinen Einfluß geltend, und so darf Sissy wieder Ausflüge zu Pferd unternehmen. Erzherzogin Sophie stellt allerdings die Bedingung, daß sie nur in Begleitung Grünnes ausreiten darf. Aber damit tut sie ihr nur einen Gefallen, der Generaladjutant, Chef der kaiserlichen Stallungen, ist der beste Pferdekenner im ganzen Land. Sissy kann sich stundenlang mit ihm unterhalten. Es herrscht zwar nicht der gleiche vertraute Ton wie in den Gesprächen mit Baron Weckbecker, aber Grünne vermag Sissys Übermut in manchen Belangen mit seiner besonnenen Art zu zügeln. Was Gräfin Esterhazy nun schon wochenlang vergeblich versucht, schafft er innerhalb weniger Tage. Sissy besinnt sich auf ihre Verantwortung und beginnt langsam, überlegter und reifer zu handeln.

5.

Mit zahlreichem Gefolge kommt das Kaiserpaar in Olmütz an, wo Franz Joseph den Thron bestiegen hat. Flügeladjutanten, Militärs, Leibgarden, Geistliche, der Leibarzt Dr. Seeburger und Generaladjutant Grünne begleiten Sissy und Franz Joseph. Dazu kommt noch Sissys engste Umgebung: Obersthofmeister und Obersthofmeisterin, zwei Hofdamen und ein Sekretär. Eine stattliche Anzahl von Lakaien, Dienern, Friseusen und Badefrauen sollen für ihr leibliches Wohl sorgen. Die Stadt hat sich herausgeputzt. Weißgekleidete Mädchen säumen die Wege und streuen Blumen, Honoratioren halten lange Reden auf deutsch und tschechisch, und die Stadtväter bringen kostbare Geschenke dar. Sissy findet die offiziellen Empfänge zwar recht beschwerlich, ist aber sehr daran interessiert, mehr über die Länder und deren Sitten zu erfahren. Aus den Gesprächen hält sie sich etwas heraus, weil sie sich in Franz Josephs Politik nicht einmischen will, sperrt aber Augen und Ohren auf, um sich ihr eigenes Bild zu machen. Während der Kaiser Audienz hält, wird die Kaiserin durch Armenhäuser geführt, besucht Krankenhäuser, Schulen und Waisenasyle. Tief betroffen von der Armut nimmt sie sich vor, Franz Joseph zu fragen, wie die ärgste Not gelindert werden könne. In Olmütz, in Brünn und in Prag bemerken die Untertanen mit hoffnungsfroher Miene, wie natürlich sich Sissy mit den Leuten aus unteren Schichten unterhält und Anteil an ihren Sorgen nimmt.

Das dicht gedrängte Programm sieht keine Minute der Erholung vor. Sissy und Franz Joseph legen den Grundstein für eine Kirche, empfangen den böhmischen Adel, eröffnen ein Festschießen, besuchen eine landwirtschaftliche

Ausstellung und lassen sich einen hochmodernen Backofen vorführen. Es hat sich auch bis nach Böhmen und Mähren herumgesprochen, daß die Kaiserin eine ausgesprochene Pferdeliebhaberin ist, und so wird ein prunkvolles Spektakel inszeniert: In der Reitschule des Prager Palais Waldstein findet ein spätmittelalterliches Reitturnier statt. Sissy bewundert die feurigen Reiter in ihren prächtigen Kostümen, fühlt sich aber angesichts des versammelten Adels ein wenig unbehaglich.

Während das Volk ihr immer und überall begeistert zujubelt, spürt sie genau, daß sie von der Aristokratie eher kühl empfangen wird. Der böhmische Adel gibt ja auch in Wien den höfischen Ton an, und die Verwandten stehen untereinander in regem Briefwechsel. Man hat keine sonderlich hohe Meinung von der Kaiserin, die nicht einmal die einfachsten Regeln des Protokolls beherrscht. Franz Joseph trachtet bei offiziellen Anlässen stets in der Nähe seiner Gemahlin zu bleiben, um ihr zu soufflieren. Das wird natürlich bemerkt, und so behandelt man Sissy zwar mit ausgesuchter Höflichkeit, aber eben auch sehr herablassend. Sissy ist manchmal geradezu froh, daß Gräfin Esterhazy immer zur Stelle ist. Vor Aufregung vergißt sie auf ihr Französisch und hat Mühe, sich mit den hoffähigen Damen zu unterhalten. Die Obersthofmeisterin hilft Sissy geschickt über alle gesellschaftlichen Klippen hinweg, doch der Adel hat ein feines Gefühl für Unsicherheiten. Aber schon nach zwei Wochen wird sie von den Torturen erlöst und kehrt nach Wien zurück, während der Kaiser noch eine Weile in Böhmen bleibt.

Als Franz Joseph endlich nach Wien kommt, kann ihm Sissy eine erfreuliche Mitteilung machen: Sie erwartet ihr erstes Kind. Der Kaiser kann sich vor Glück gar nicht fassen:

„Sissy, ist das wirklich wahr? Was für eine schöne Überraschung!" Er umfängt sie mit beiden Armen und will sie im Kreis herumwirbeln, aber da hält er erschrocken inne. „Oh, entschuldige! Du mußt dich jetzt unbedingt schonen. Nun ist es aber mit dem Reiten vorbei, versprichst du mir das? Was hältst du denn davon, wenn du mir nach Bad Ischl vorausfährst? Dort kannst du dich erholen, und ich komme bald nachgereist."

Sissy ist mit allem einverstanden, nur um aus Sophies Machtbereich zu verschwinden.

Freilich ist die Schwangerschaft beschwerlich, schließlich wird Sissy zu Weihnachten erst 17 Jahre alt. Oft klagt sie über Übelkeit und Kopfschmerzen, ermüdet schnell und ist, wie früher, immer den Tränen nahe. Aber Sophie übertreibt ihre Fürsorge. Sie hält sogar noch an dem alten Aberglauben fest, wonach die Babys jenen Dingen gleichen könnten, die man während der Schwangerschaft betrachtet. Energisch entfernt sie den Papagei, ein Geschenk von Franz Joseph. „Du sollst dich nun recht häufig im Spiegel betrachten, damit dein Kindlein so lieblich wird wie du..." Sissy hat von derlei Unsinn noch nie gehört. Aber sie muckt nicht auf und erwähnt auch vor Franz Joseph nicht, was sie sich denkt. Sissy merkt, daß die Orientpolitik in diesen Tagen den Kaiser ganz und gar in Anspruch nimmt, und will ihn nicht auch noch mit solchen Kleinigkeiten belasten.

Die Erzherzogin und der Kaiser sind voll und ganz mit ihrem Amt beschäftigt, und so wird Ludovika gebeten, nach Ischl zu kommen, um die werdende Mutter zu behüten. Eines Morgens erhält Sissy in Bad Ischl ein Telegramm aus Bayern: „Eintreffe mit Spatz und Gackel. Mimi."

„Das ist aber eine Überraschung! Mama bringt Karl Theodor und mein kleines Schwesterchen Mathilde mit!" Sie überreicht das Telegramm einem Lakaien. „Sorgen Sie dafür, daß die Reisegesellschaft abgeholt wird!" trägt sie ihm auf. Der arme Mann, nicht bewandert mit den Kosenamen in Sissys Familie, glaubt, daß eine Zofe namens Mimi mit zwei Vögeln ankommen wird. Die Gefolgschaft der Familie soll im Hotel Elisabeth untergebracht werden, und so schickt er einen Diener mit zwei Käfigen zum Bahnhof. Der Hotelbote versinkt vor Schreck in den Erdboden, als sich herausstellt, daß Spatz und Gackel die Geschwister seiner Kaiserin sind. Und die Zofe Mimi entpuppt sich gar als Mutter der Hoheit. Der verzweifelte Diener stammelt Entschuldigungen über Entschuldigungen.

„Lassen Sie nur", wehrt Ludovika ab, „es ist ja nichts Schlimmes geschehen. Es ist meine Schuld, ich hätte das Telegramm verständlicher abfassen sollen. Wenn Sie uns einen Wagen herbeirufen, wäre uns schon geholfen."

Sissy will nicht aufhören zu lachen, als ihr die Geschwister erzählen, welche Szene sich da am Bahnhof abgespielt hat. „Mama, du Arme! Hoffentlich bist du in der engen Kutsche nicht zu arg durcheinandergeschüttelt worden. Aber wir müssen Stillschweigen über diesen Vorfall bewahren. Sophie darf davon nichts erfahren, sonst gibt es wieder Zank und Hader."

Doch leider wird die Erzherzogin nur allzuschnell von der schmählichen Ankunft benachrichtigt. Sophie ist über alles im Bilde, was während ihrer Abwesenheit in Bad Ischl geschieht. Denn inzwischen haben sich Franz Josephs Vater und der jüngste Bruder, Ludwig Viktor, in der Sommervilla eingefunden. Der erst zwölfjährige Schwager der Kaiserin schreibt seiner Mutter fast täglich und beklagt sich über die lockeren Sitten unter Sissys Regiment. So hat sie zum Beispiel angeordnet, daß das Frühstück nicht zu einer festgesetzten Stunde stattfinden soll. Jeder darf nach Lust und Laune aufstehen und soll sich am Buffet selber bedienen. Ludwig Viktor, der wie seine anderen Brüder strengstens erzogen worden ist und die höfische Etikette schon mit der Muttermilch eingesogen hat, findet jeden Bruch mit den Regeln empörend. Nun ist auch alles, was Rang und Namen hat, in Bad Ischl versammelt. Zur Teestunde finden sich erlauchte Gäste in der Kaiservilla ein — aber wer fehlt, ist Sissy. Sie zieht es vor, sich an der frischen Luft zu bewegen, mit ihrer Mutter zu plaudern oder lesend im Garten zu sitzen.

Franz Joseph kommt oft zu Besuch, kann aber nie lange bleiben. Daher gewöhnt sich Sissy daran, in Gedanken Selbstgespräche zu führen und zieht sich immer mehr in sich zurück. Am liebsten hält sie sich in der freien Natur auf. Ihr Teint bekommt eine zarte Bräune, die ihr viel besser zu Gesicht steht als die vornehme Blässe. Aber die anderen Fräulein, die sich unter Sonnenschirmen verstecken, kichern boshaft. „Sie sieht ja aus wie eine Bauernmagd! Ob der Kaiser weiß, daß seine Gemahlin mit einem schwarzen Gesicht nach Wien zurückkehren wird?"

Im September muß sich Sissy wieder von ihrer Mutter verabschieden. Sie ist nach Wien gerufen worden. Sophie findet, nun sei es an der Zeit, daß sich Sissy in ihrem Zustand dem Volk präsentiert. Tatsächlich hat Sissy ein kleines rundes Bäuchlein bekommen. Sophie zwingt Sissy geradezu zu Ausfahrten und öffentlichen Auftritten, damit jeder sehen kann, daß kaiserlicher Nachwuchs erwartet wird. Höchst ungern nimmt die werdende Mutter diese Pflicht auf sich. Noch kann man die Rundung nicht so genau bemerken, und Sissy muß sich gefallen lassen, lange und neugierig angestarrt zu werden. Nur ein einziges Mal erwähnt sie ihr Unbehagen vor ihrem Gemahl. Doch Franz Joseph wischt alle Bedenken lachend beiseite: „Aber Liebstes, es darf dir doch nicht peinlich sein. Alle Menschen freuen sich mit uns. Es ist ganz natürlich, daß man wissen will, wann das freudige Ereignis stattfinden wird!"

Es wird kalt und kälter. Sissy fröstelt ständig, denn die Heizungsanlagen in der Hofburg können die hohen, großen Räume nicht richtig wärmen. Sie, die ein Schnupfen nie bekümmert hat, hustet nun ständig und hüllt sich in warme Decken. Gräfin Esterhazy versucht, Sissy die Zeit zu vertreiben und wird nicht müde, den neuesten Tratsch zu berichten. Sissy langweilt sich schrecklich. Sophie hat ihr auch einen neuen Obersthofmeister zugewiesen. Fürst Lobkowitz, der die Kaiserin mit Informationen über Kunst und Geschichte versorgt hat, wird durch den Fürsten Thurn und Taxis ersetzt. Der hat überhaupt keinen Sinn für Kultur. Wenn Sissy mit ihm ein Gespräch über Literatur beginnen möchte, kann er nicht mithalten und lenkt die Rede geschickt auf höfische Belange, mit denen wiederum Sissy nichts anzufangen weiß.

Und Sissys angeheiratete Verwandte, die ihr in den Monaten vor der Niederkunft einen Höflichkeitsbesuch abstatten, bemerken ungeniert, daß die Kaiserin keine Meisterin der Konversation ist. So nimmt sich zum Beispiel Prinz Alexander von Hessen in einem Brief an seine Mutter kein Blatt vor den Mund: „Elisabeth ist trotz der fortgeschrittenen Schwangerschaft noch immer wunderschön, doch macht sich der Mangel ihrer unstandesgemäßen Erziehung deutlich bemerkbar. Nach einleitenden Fragen über die Dauer meines Aufenthaltes hat sie der esprit offenbar gänzlich verlassen, und das Gespräch ist arg ins Stocken geraten. Mein Mitleid gehört Sophie und Franz Joseph, die mit diesem Bayernmädel wohl vor aller Welt blamiert sind."

Zu den wenigen Menschen in gehobenen Positionen, die Sissy schätzen, gehört der amerikanische Gesandte John Motley. Im Gegensatz zu vielen anderen hält er Sissy keineswegs für ungebildet, freut sich über den frischen Wind, den sie in das Kaiserhaus bringt, und hat seine eigene Meinung von der sogenannten guten Gesellschaft:

„Wien ist meines Wissens die einzige Stadt auf der Welt, in der am wenigsten gelesen und am meisten getanzt wird. Der einzige Paß für den Eintritt in die Gesellschaft ist der Stammbaum. Ohne diesen Nachweis kann ein Eingeborener ebensowenig auf den Mond gelangen wie in die erlauchten Kreise. Deshalb ist die Gesellschaft auch so klein an Zahl, vielleicht dreihundert, aber alle unter sich verwandt und verheiratet. Jeder kennt jeden, ein Hinzudrängen ist unmöglich. Selbst wenn ein Österreicher Shakespeare, Galilei und Admiral Nelson in einer Person wäre, so könnte er nicht zugelassen werden, wenn er nicht die berühmten sechzehn Ahnen aufzuweisen hätte. Der Gradmesser für Intelligenz ist das Beherrschen des Protokolls, die Fertigkeit zu tanzen und die Herrlichkeit der Roben. Kaiserin Elisabeth, eine belesene, gebildete und interessierte Person, hat keinen leichten Stand am Hofe."

Aber was nützen Sissy diese freundlichen Worte, wenn ihr die eigene Familie in den Rücken fällt? Am Weihnachtsabend bekommt sie diese Kälte besonders zu spüren. Wehmütig denkt sie an ihre Eltern, die ein fröhliches Fest mit den Kindern feiern, wo das Palais nach Nüssen und Tannenzweigen duftet und Geschenke ausgetauscht werden, die von Herzen kommen. In der Hofburg schlägt Sissy eine Welle der Abneigung entgegen. Förmlich überreichen die Verwandten ihre Päckchen, ein eigens bestellter Chor singt ein Weihnachtslied, und dann wird das Diner im Salon aufgetragen. Das starre Protokoll läßt selbst unter den Familienmitgliedern keine Stimmung aufkommen. Recht bald entschuldigt sich die werdende Mutter mit dem Hinweis auf ihren Zustand. Traurig läßt sich Sissy auf ihr Bett sinken und schluchzt leise vor sich hin. Auch von Franz Joseph ist keine Hilfe zu erwarten. Sosehr er seine Frau liebt und sich bemüht, ihr jeden Wunsch von den Augen abzulesen, bemerkt er kaum, wie unglücklich sie sich fühlt. Schließlich ist er ja am Hof groß geworden und empfindet die herrschenden Sitten keineswegs als unnatürlich. Und Sissy, die ihren Franzl nicht unnötig bekümmern möchte, hat sich abgewöhnt, zu jammern und zu klagen. Schließlich ist der Kaiser in politischen Dingen vom Rat seiner Mutter abhängig, und so will sie ihm ersparen, an zwei Fronten zu kämpfen. Langsam sieht Sissy auch ein, daß Sophie es wirklich gut meint, wenn es Vorschriften und Verbote hagelt. Sissy begreift, daß sie nur dann als Kaiserin akzeptiert wird, wenn sie sich der Etikette unterwirft und ihre eigenwillige Persönlichkeit zurückstellt.

Nach Weihnachten ist Sissy von allen Repräsentationspflichten befreit. Sie soll ihre Gesundheit schonen und sich auf die bevorstehende Geburt vorbereiten. Sissy hat die Bitte geäußert, ihre Mutter nach Wien einladen zu dürfen, aber Sophie überhört diesen Wunsch geflissentlich. Obwohl Ludovika ihre eigene Schwester ist, versucht sie, Sissys Eltern und Geschwister nach Tunlichkeit von der Reichshaupt- und Residenzstadt fernzuhalten.

Am 5. März, ein knappes Jahr nach der Hochzeit, ist es soweit. Zeitig in der Früh stürzt Franz Joseph aufgeregt in Sophies Schlafzimmer. „Mama, kommen Sie schnell! Ich glaube, die Wehen haben eingesetzt." Sophie lächelt ihren zappeligen Sohn an. „Nur keine Panik. So schnell geht das nicht. Aber wenn es dich beruhigt, werde ich zu euch hinüberkommen."

Franz Joseph läuft wieder in Sissys Schlafgemach, kniet sich vor das Bett und hält die Hände seiner Frau fest. Sissy stöhnt leicht und erwidert den Druck. „Wenn nur alles gutgeht, hast du denn schlimme Schmerzen, mein Kleines?" Sissy nickt leicht, und der Kaiser springt auf, um nachzusehen, wo seine Mutter bleibt. Da kommt Sophie auch schon, mit einer Strickerei in der Hand. „Mama, wollen Sie jetzt etwa zu stricken beginnen?" Erstaunt sieht Franz Joseph seine Mutter an, aber die lächelt nur. „Mein Sohn, ich habe genug Erfahrung, um zu wissen, daß es noch eine Weile dauert, bis dein Kind seinen ersten Schrei tut. Nun lauf doch nicht wie ein Tiger auf und ab." — „Aber Mama, wie können Sie nur so ruhig bleiben? Ich werde gehen und die Hebamme holen."

Trotz der Schmerzen muß Sissy über Franz Joseph schmunzeln. „Bleib nur bei mir, deine Mutter hat recht, es ist noch lange nicht soweit. Außerdem wartet die Hebamme schon im Vorzimmer." Gerührt beobachtet Sophie, die sich wirklich seelenruhig mit ihrer Arbeit ans Fenster gesetzt hat, wie sich Franz Joseph um seine Gemahlin bemüht. Ständig läßt er Tee kommen, fordert frische Tücher, um Sissys heiße Stirn abzukühlen, und hält ihren Kopf. Am frühen Nachmittag aber schickt ihn Sophie hinaus. Die Wehen werden stärker und setzen in kürzer werdenden Abständen ein. Doch Franz Joseph kann nicht still sitzen. Immer wieder klopft er an die Zimmertür, um sich über den Fortgang zu erkundigen. Die Hebamme hat ihre liebe Mühe mit dem werdenden Vater und muß sich zusammenreißen, um nicht die Geduld zu verlieren. Gegen drei Uhr will Franz Joseph wieder seinen Kopf zur Zimmertür hereinstrecken. Er hat schon die Türklinke in der Hand — da hört er auf einmal ein leises Krähen, das immer stärker wird.

„Jetzt ist es da! Endlich hat das Warten ein Ende. Warum holt man mich denn noch nicht?"

Es dauert eine Weile, bis der Kaiser erlöst wird. Aber

dann stürmt er ins Zimmer. Ermattet, aber glücklich hält Sissy ein Mädchen im Arm. Selig atmet sie auf: „Jetzt ist alles gut, jetzt ist mir auch einerlei, was ich gelitten habe."

Vorsichtig streicht Franz Joseph über das kleine Köpfchen. „Ist es nicht entzückend?" fragt er voller Stolz seine Mutter. „Ich finde, es hat eine gewisse Ähnlichkeit mit mir."

Sophie, die in dem winzigen Gesichtchen absolut keine erkennbaren Gesichtszüge bemerken kann, gibt ihrem Sohn dennoch recht: „Es ist ein kräftiges Mädchen. Und es hat eine Stimme wie ein Kind von sechs Wochen."

„Na bitte, die hat sie auch von mir!" Franz Joseph bleibt noch bei Sissy, bis sie eingeschlafen ist, und setzt sich dann mit seinem Bruder auf die Terrasse, wo er zufrieden in die Welt blickt. Während im ganzen Land Dankgottesdienste abgehalten werden, muß sich Karl Ludwig eine nicht endenwollende Lobeshymne auf die Eigenschaften des Neugeborenen anhören.

Am nächsten Morgen besucht Franz Joseph schon früh seine Sissy. Mutter und Kind sind wohlauf. „Wie wollen wir die Kleine denn nennen?" will Sissy wissen. „Und wer soll denn bei der Taufe Pate stehen?"

„Ich glaube, Mama hat sich schon entschieden. Sie wird auch die Patenschaft übernehmen."

„Aber es ist doch unser Kind! Ich wollte es nach meiner Schwester Mathilde nennen. Und Gackel hat sich schon als Pate angemeldet. Sollen wir ihn denn vor den Kopf stoßen?"

„Wenn du möchtest, werde ich mit Mama darüber sprechen, aber sei nicht allzu traurig, wenn sie Patin sein will. Schließlich wird sie ja jetzt zum allerersten mal Großmutter."

Selbstverständlich geschieht alles nach dem Willen der

Erzherzogin. Das Mädchen erhält den Namen Sophie, und die Großmutter ist auch Taufpatin. Nicht genug damit, bestimmt sie auch, wo das Kinderzimmer eingerichtet wird: Nicht in der Nähe des Kaiserpaares, sondern neben ihren Räumen. Sophie ist fest entschlossen, die Erziehung der Enkelin von der ersten Stunde an in die Hand zu nehmen. Sissy wird geradezu verbittert, als sie bemerkt, daß sie von ihrem eigenen Kind getrennt werden soll. Sophies Räume sind nur über enge Stiegen und zugige Gänge zu erreichen und außerdem so gelegen, daß die Erzherzogin sofort erfährt, wann Sissy ihre Tochter besucht. Auch bei der Wahl der Kinderfrau hat man die Kaiserin nicht gefragt. Sophie hat dieses Amt der Baronin Welden übertragen. Die kinderlose Witwe hat auf diesem Gebiet keinerlei Erfahrung und ist auch nur wegen der Verdienste ihres verstorbenen Gatten ausgewählt worden. Baron Welden hat sich bei der Niederwerfung der aufständischen Ungarn einen Namen gemacht. Nicht einmal die Geburt des ersten Kindes hat Sissys Stellung bei Hof verbessern können. Sophie ist auch etwas enttäuscht, daß Sissy keinen Thronerben zur Welt gebracht hat, und gibt ihr deutlich zu verstehen, daß sie auf ein männliches Enkelkind wartet.

In den ersten Wochen versucht Sissy noch, um ihre Tochter zu kämpfen. Sie wartet solange, bis sich Sophie mit Franz Joseph zurückgezogen hat, um ihn bei seinen Amtsgeschäften zu beraten, und schleicht heimlich in die Kindskammer. Doch Baronin Welden wacht mit Argusaugen über ihren Schützling. Höflich, aber bestimmt drängt sie die Kaiserin nach wenigen Minuten aus dem Zimmer. „Das Kind muß jetzt schlafen", heißt es einmal, dann wieder: „Sophie bekommt ihre ersten Zähne und ist sehr nervös." Sissy will ihre Kleine an die frische Luft bringen und mit ihr spazierengehen, doch die Baronin erhebt wiederum

Einspruch: „Sophie ist noch zu zart. Sie könnte sich in dem frischen Wind erkälten."

Schließlich gibt Sissy auf und begnügt sich damit, ihre Tochter zu festgesetzten Stunden und unter Sophies Aufsicht im Arm zu halten. Kein Wort des Widerspruchs kommt über ihre Lippen, aber in ihrem Inneren kocht es. Täglich sinnt Sissy darauf, wie sie ihre Schwiegermutter umgehen könnte. Manchesmal ist sie sogar selbst erstaunt, wieviel Haß sich in ihr angestaut hat. Sie, die früher jedem Menschen Gutes getan hat, niemandem lange böse gewesen ist, nutzt nun jede Gelegenheit, um Sophie zu zeigen, daß sie sich nicht unterkriegen läßt.

Und bald hat Sissy auch einen Punkt gefunden, wo sie Sophie den Kampf ansagt. Die Erzherzogin ist noch eine Anhängerin harter Strafen für ihre Untertanen, und so macht Sissy ihren Einfluß beim Kaiser geltend, verschiedene Strafgesetze zu mildern. Franz Joseph läßt sich nur allzuleicht von Sissys Mildtätigkeit anstecken. Denn viele Maßnahmen, die er getroffen hat, um Verbrecher zu bestrafen, sind nicht in seinem, sondern in Sophies Namen getroffen worden. Er hat seiner Mutter zwar nie widersprochen, ist aber immer der Meinung gewesen, daß sie viel zu hart durchgreift. Nun wird nach und nach das Spießrutenlaufen abgeschafft, die Kettenstrafen aufgehoben und auch das Strafausmaß in manchen Fällen herabgesenkt. Im Volk weiß man, wem diese Liberalisierung zu verdanken ist. Was früher nie möglich gewesen wäre, wird nun langsam zu einer regelrechten Institution. Zuerst gelegentlich, dann aber immer häufiger treffen Bittbriefe bei der Kaiserin ein. Und Sissy, der man die Mißstände im Land verschwiegen hat, ist bestürzt über all die Not und Armut. Nun hat sie ein neues Aufgabengebiet entdeckt. Es vergeht kaum ein Tag, an dem sie nicht ein Waisenhaus besucht, die Kranken in den

Spitälern aufmuntert und Franz Joseph dazu bringt, großzügige finanzielle Spenden zu machen. Mißtrauisch betrachtet die Erzherzogin Sissys Aktivitäten. Doch wann immer sie die Sprache auf Sissys Ausflüge ins Volk bringt, spielt ihre Schwiegertochter die Ahnungslose: „Aber mama, ich verstehe Sie nicht. Wollten Sie nicht eine gute Landesmutter aus mir machen? Wenn ich mich um unser Volk kümmere, so geschieht es doch nur, um Ihnen zu Willen zu sein. Aber korrigieren Sie mich doch bitte. Dann will ich Franz Joseph gerne fragen, ob er mir nicht andere Aufgaben zuweisen kann."

Auf diese Art und Weise sind Sophie die Hände gebunden. Denn mit ihrem feinen Gespür hat sie bemerkt, daß sich auch Franz Joseph zunehmend dafür interessiert, seine Untertanen zufrieden zu sehen. Will sie ihren Einfluß auf ihn bewahren, so darf sie ihn in der sozialen Frage nicht gegen sich aufbringen.

Der Konflikt zwischen Sophie und Sissy ist nun nicht mehr zu übersehen, und so wenden sich nach und nach auch die Gegner von Sophies Politik an die Kaiserin. Doch da fehlt Sissy noch die nötige Erfahrung, und so legt man sich in ihrem Sekretariat einen Spruch zu, mit dem alle Bittbriefe politischer Natur beantwortet werden: „Ihre Majestät nimmt darauf keinen Einfluß."

6.

Im Juli erringt Sissy einen kleinen Sieg über Sophie. So lange hat sie Franz Joseph bestürmt, einmal auszuspannen, daß der Kaiser endlich nachgibt und einen zweiwöchigen Urlaub plant. Aber statt wie alle Angehörigen des Hofstaates nach Bad Ischl zu fahren, geht die Reise in die Steiermark und nach Kärnten. Sissy hat die Flucht geschickt in die Wege geleitet. Sie hat Franz Joseph darauf hingewiesen, daß sie vom Kaiserreich eigentlich nur Wien und Bad Ischl kennengelernt hat, und nun ist Franz Joseph bereit, seiner Frau das Land zu zeigen. Sophie wird erst in letzter Minute von dem Vorhaben informiert und kann nicht mehr eingreifen.

Nur Baron Weckbecker und eine Kammerdienerin sollen auf der Reise dabei sein. Das Paar ist kaum wiederzuerkennen. Sissy und Franz Joseph übernachten in einfachen Gasthöfen, lassen die Bürgermeister schon im vorhinein wissen, daß sie keine Empfänge wünschen, und denken nicht daran, etwas anderes anzuziehen, als einfache Lodenkostüme. Ungestört unternehmen sie lange Bergtouren, kehren auf Almhütten ein, entwickeln eine erstaunliche Vorliebe für dicke Butterbrote, liegen im weichen Moos und führen vertraute Gespräche. Eines Abends hört Sissy, als sie sich in ihrem Zimmer für das Abendessen frisch macht, feurige Geigenmusik. Neugierig beugt sie sich zum Fenster hinaus und beobachtet eine kleine Gruppe von Zigeunern, die hinter dem Gasthof ein Lagerfeuer entzündet haben und aus purer Lebensfreude singen und tanzen. Es sind Ungarn auf ihrer Wanderung durch Österreich, die ihre Kaiserin noch nie gesehen haben. Ein junger Mann erblickt das schöne Fräulein am Fenster und winkt freundlich lächelnd hinauf. Sissy grüßt zurück, und nun ruft ihr der junge Bursch etwas in einer fremdländischen Sprache zu. Sissy schüttelt den Kopf. Der Zigeuner mit dem schwarzen Haar beugt sich zu einer jungen Frau in einem bunten Rock. Die beiden flüstern eine Weile, und dann fordert das Mädchen in gebrochenem Deutsch Sissy auf, herunterzukommen: „Wir feiern Fest. Wir laden ein!"

„Mit wem unterhältst du dich denn?" will Franz Joseph wissen, der eben in das Zimmer hereinkommt.

„Wir haben eine Einladung zum Abendessen bekommen. Schau nur, wie lustig es da unten zugeht."

„Aber Sissy, das sind ja Zigeuner! Die Wirtsleute haben mir eben erzählt, daß sie ihr Hab und Gut einsperren, damit es nicht gestohlen wird."

„Ach, das ist doch ein dummes Vorurteil! Wir haben in Possenhofen schon oft solche Gäste auf unseren Wiesen gehabt und sind nicht ausgeraubt worden. Es sind nette Leute. Hör doch einmal, was für eine schöne Musik sie machen! Laß uns wenigstens für einen Moment hinuntergehen. Was soll denn schon dabei sein?"

„Na gut, wenn du unbedingt willst. Aber vergiß nicht, daß das Abendessen wartet. Mir knurrt schon der Magen."

Sissy und Franz Joseph werden von dem lustigen Völkchen mit freudigen Rufen empfangen. Die Verständigung ist etwas schwierig, da das Kaiserpaar kein Wort ungarisch spricht. Was für eine Schande, denkt sich Sissy. Wenn Ungarn schon zu den Kronländern gehört, dann sollten wir doch wenigstens die wichtigsten Worte erlernen. Das muß sich ändern... Sie will sich zu Franz Joseph umdrehen, um ihm ihre Gedanken mitzuteilen, aber da faßt sie plötzlich der Bursch, der ihr zugewunken hat, um die Hüfte, blitzt sie aus seinen dunklen Augen an und tanzt mit ihr ums Lagerfeuer. Franz Joseph will schon lachend Protest erheben, aber da lächelt ihn ein dunkelhäutiges Mädchen neckisch an und fordert ihn ebenfalls zum Tanz auf. Der Kaiser blickt einen Moment zu Sissy hinüber, die sich prächtig zu amüsieren scheint, zuckt ergeben mit den Schultern und läßt sich auch in den Kreis ziehen. Mittlerweilen radebrecht der feurige Ungar: „Ich Janos. Du?" — „Elisabeth heiße ich. Aber du darfst Sissy sagen." — „Sissy schöne Frau.

Schöne Frau muß essen!" —

Janos nimmt Sissy, die bei dem wilden Tanz ganz außer Atem geraten ist, bei der Hand und führt sie zu einer zweiten Feuerstelle, wo zwei alte Frauen damit beschäftigt sind, ein dickes Schwein auf dem Spieß zu braten. Der Bursch zieht ein Messer aus der Tasche, schneidet ein Stück Fleisch ab, reicht es Sissy und warnt: „Sehr heiß!" Vorsichtig beißt Sissy ab. Die Angelegenheit ist zwar reichlich fett, und Sissys Kostüm bekommt einiges ab, aber sie läßt sich nicht stören und beißt ein zweites Mal herzhaft zu. Janos deutet auf Franz Joseph: „Dein Mann?" Sissy nickt eifrig kauend. Der Bursch erklärt: „Dort Mira. Bald Hochzeit!" Dann ruft er nach seiner Freundin. Mira kommt mit Franz Joseph herbeigeeilt. „Na, du scheinst dich hier wohlzufühlen. Daß du dir nicht die Augen von dem feschen Kerl verdrehen läßt", neckt er seine Frau.

„Der ist schon in festen Händen! Du hast eben mit seiner zukünftigen Frau getanzt. Ich rate dir, sie nicht zu lange anzulächeln. Der Janos hat ein scharfes Messer!"

„Keine Sorge, Sissy. Du bist und bleibt meine einzige. Aber sag einmal, was ißt du denn da? Es scheint dir wohlzuschmecken. Und deine Jacke hast du auch bekleckert."

Nach und nach kommen die Tanzenden herbei und setzen sich im Kreis um das Feuer. Die schwarzgekleideten Frauen schneiden Fleisch und Brot in Stücke und teilen aus. „Na los, zier dich nicht. Es schmeckt wirklich köstlich!" fordert Sissy Franz Joseph auf, der noch etwas zögert. Mit einem Ruck läßt er denn auch seine Bedenken fallen und langt herzhaft zu. Mira, die recht gut Deutsch spricht, kommt mit Janos herbei, setzt sich zu Sissy und Franz Joseph ins Gras und beginnt ihre Geschichte zu erzählen:

„Meine Vorfahren sind Ungarn. Aber Vater und Mutter

sind ausgewandert, und so bin ich in Frankreich auf die Welt gekommen. Vor einem Jahr sind wir Janos und seiner Sippe begegnet. Wir wollen heiraten, und nun sind wir auf dem Weg nach Ungarn zu Janos' Eltern. Sie sind schon alt und haben sich in der Nähe vom Plattensee niedergelassen. Dann wird Hochzeit gefeiert."

Während Mira erzählt, geht eine dickbäuchige Weinflasche von Mund zu Mund. Janos lehnt an einem Baum, blickt versonnen zum Sternenhimmel empor und stimmt eine melancholische Weise an. Sofort fällt Mira ein, ein Bursch ergreift seine Geige und begleitet die Melodie. Sissy schmiegt sich verträumt an Franz Joseph.

„Stell dir vor, wir könnten so frei und ungebunden durchs Leben ziehen."

Mira hat Sissys Worte gehört und schweigt eine Weile nachdenklich. „Es ist kein gutes Leben!" sagt sie dann. „Oft verjagt man uns von den Plätzen, wo wir lagern. Vorletzte Nacht sind Bauern gekommen und haben uns mit Mistgabeln vertrieben. Wenn wir nicht gegangen wären, hätte es sicher ein Unglück gegeben."

„Aber warum denn?" will Sissy wissen, deren Gerechtigkeitssinn sich zu regen beginnt.

„Man glaubt, daß wir stehlen und morden. Dabei stimmt es gar nicht. Die jungen Burschen nehmen jede Arbeit auf den Feldern an und werden schlecht entlohnt. Davon können wir aber nicht leben, und so kommt es manchmal vor, daß wir in den Wäldern jagen, um einen Hasen zu braten. Die Frauen schleichen öfters nachts auf die Felder und graben Kartoffeln aus. Ich weiß, daß es nicht erlaubt ist, aber was sollen wir denn tun, wenn man uns so schlecht bezahlt? Manche Bauern lassen uns die Arbeit tun und bewerfen uns nachher mit Steinen, wenn wir den Lohn abholen wollen. Janos sagt, er will nach der Hochzeit bei den Eltern bleiben und Arbeit annehmen. Aber das Wandern liegt ihm im Blut, ebenso wie mir. Wahrscheinlich werden wir uns bald wieder auf den Weg machen. Aber was soll aus unseren Kindern werden? Von klein auf werden sie spüren, daß man ihnen Verachtung entgegenbringt."

Sissy tut das Herz weh bei dieser Schilderung. „Kannst du ihnen nicht helfen?" wispert sie Franz Joseph zu, der Miras Erzählung ebenso betroffen gelauscht hat.

„Mir tun diese Leute auch leid, aber was soll ich denn machen, wenn unsere Bevölkerung Angst vor Zigeunern hat? Stell dir nur einmal vor, wir schenken Mira und Janos ein paar Goldstücke. Wenn man sie bei ihnen findet, wird man glauben, sie hätten die Münzen gestohlen. Damit wäre ihnen sicher nicht geholfen."

„Kannst du nicht ein Gesetz erlassen, damit diese Menschen genauso behandelt werden wie alle anderen?"

„Das wäre vielleicht eine Möglichkeit, aber wer kann schon kontrollieren, ob diese Anweisung befolgt wird?"

Traurig wendet sich Sissy zu Mira: „Ich möchte dir gerne ein Hochzeitsgeschenk machen. Wie kann ich dir helfen?"

„Ich habe gehört, was dein Mann gesagt hat. Er hat leider recht. Aber wer seid ihr denn, daß ihr so über Gesetze sprechen könnt?"

„Ach weißt du, er ist in der Regierung beschäftigt", flunkert Sissy, die ihr Inkognito nicht lüften will.

Aber Mira ist nicht auf den Kopf gefallen. Ein junges Paar namens Franz Joseph und Elisabeth, das so unbekümmert davon spricht, einfach ein Gesetz herauszubringen, das kann doch nur ... Mit weit aufgerissenen Augen sieht Mira ihre Nachbarin an: „Du bist doch nicht etwa..."

„Still, still, verrate uns nicht, Mira! Es ist so schön, einmal unerkannt mit anderen Menschen zusammenzusein.

Hab doch keine Angst", fügt Sissy hinzu, als sie sieht, daß die Zigeunerin Anstalten macht, sich erschrocken zu erheben. „Ich bin doch auch nur eine junge Frau wie du. Bleib sitzen und erzähl mir von dir. Ich beiße nicht."

Zögernd nimmt Mira wieder Platz. „Warum verstecken Sie sich, Hoheit?" fragt sie in verändertem Ton.

„Ach, sag doch weiter ‚du' zu mir! Ich bin doch immer von Menschen umgeben, die sich vor mir verbeugen. Mit denen kann ich kein vernünftiges Wort reden!"

„Bist du nicht gerne Kaiserin?" erkundigt sich Mira neugierig. „Du mußt doch unwahrscheinlich reich sein und schöne Kleider besitzen!"

„Wir sollten einmal tauschen. Du nimmst mit Janos auf dem Thron Platz, und Franz Joseph und ich ziehen durch die Welt", lacht Sissy.

Nun kommt auch Janos wieder herbei, und Mira teilt ihm die sensationelle Neuigkeit mit. Mit großen Augen starrt er Sissy an. Da hat er doch glatt die Kaiserin von Österreich zu einem Tänzchen aufgefordert. Franz Joseph, der Sissys Worten zugehört hat, schaltet sich ein: „Mira, sag Janos, daß wir euch ein Hochzeitsgeschenk machen wollen. Aber dein Bräutigam muß versprechen, daß er es gut versteckt, damit ihr keine Unannehmlichkeiten bekommt."

Mira übersetzt, Janos lauscht, nickt und redet dann wieder auf sie ein.

„Er will euch ein Gegengeschenk machen. Wirst du annehmen? Bitte sag ja, sonst ist er sehr gekränkt."

„Aber gerne. Warte, ich will ihm ein Schreiben geben, damit er morgen bei uns vorgelassen wird. Er soll aber recht zeitig kommen, weil wir schon sehr früh losfahren wollen."

Franz Joseph schreibt einige Zeilen auf ein Papier und

drückt es Janos in die Hand. Freudestrahlend beginnt er, dem Paar zu Ehren, die schönsten Weisen aus seiner Heimat zu singen. Verzückt lauschen Sissy und Franz Joseph den Melodien, bis das Feuer ausgeht und sich alle zur Nachtruhe begeben. Sissy kann kaum mehr die Augen offenhalten. Müde verabschiedet sie sich von ihren Freunden: „Habt vielen Dank für diesen wunderschönen Abend. Ich werde euch nie vergessen."

Noch beim Einschlafen murmelt sie zufrieden: „Das sollten wir öfter erleben, findest du nicht auch?"

Franz Joseph geht noch einmal in die Stube hinunter, erklärt dem staunenden Wirt die Lage und trägt ihm auf, Janos morgen einen prall gefüllten Geldbeutel zu überreichen. „Und lassen Sie uns ein ordentliches Jausenpaket zurechtmachen. Wir wollen in aller Früh losfahren und werden das Frühstück auslassen."

Als Sissy am nächsten Morgen die Augen öffnet, ist Franz Joseph schon aufgestanden. „Schau einmal, was du da bekommen hast!" Er hält ihr eine bunt bestickte Jacke entgegen.

„Schön! Was meinst du, soll ich sie gleich anziehen? Ich habe doch einen schwarzen Rock und eine weiße Bluse einpacken lassen. Da paßt die Jacke sicher gut dazu." Rasch kleidet sich Sissy an und ruft Franz Joseph wieder herein. „Na, sehe ich nicht aus wie eine waschechte Zigeunerin?" fragt sie und dreht sich geschwind im Kreis, daß die Röcke fliegen.

„Zum Anbeißen siehst du aus. Aber nun komm, wir wollen fahren. Das Frühstück bekommst du in der Kutsche."

Die Tage vergehen schnell. Franz Joseph ist dermaßen gut gelaunt, daß Sissy es wagt, das leidige Thema der Kindererziehung anzuschneiden. Zum erstenmal nimmt sich

Franz Joseph vor, seiner Mutter energisch zu widersprechen. Da er jeden Tag um vier Uhr morgens aufsteht, um die Aktenstöße durchzusehen, die ihm aus Wien nachgeschickt werden, setzt er auch gleich einen Brief an die Erzherzogin auf. Höflich bittet er, den Wunsch seiner Frau zu respektieren, die Tochter in der Nähe der eigenen Räume zu wissen.

Sophies Antwort läßt nicht lange auf sich warten. Als Sissy und Franz Joseph in Bad Ischl eintreffen, wo sie ihren Urlaub beenden wollen, ist schon ein Brief aus Wien angekommen. Mit harten Worten teilt Sophie mit, die Erziehung ihrer Enkelin nicht aus der Hand zu geben, da Sissy doch noch selber ein Kind ist und nicht viel von Säuglingspflege verstehe. Sophie droht, aus der Hofburg auszuziehen, wenn man sich ihren Vorstellungen nicht beugen wird. Franz Joseph ist zwar erschrocken, will aber diesmal nicht so schnell nachgeben. So bittet er seine Mutter, wenigstens auf einen Kompromiß einzugehen. Sie soll weiterhin die Erziehung überwachen, aber das Kinderzimmer wenigstens in das Stockwerk verlegen, in dem das Kaiserpaar seine Räume hat. Mit dem Argument, die jetzige Kindskammer sei zu düster und zu kalt, nimmt er der Erzherzogin den Wind aus den Segeln, und so wird dieser Wunsch erfüllt.

Sissy hat allerdings nicht vor, so bald in Wien zu erscheinen. Sie will warten, bis sich Sophies erster Ärger über die Neuregelung gelegt hat und bittet Franz Joseph, sie nach Possenhofen weiterreisen zu lassen. Der Kaiser läßt Sissy ungern alleine ziehen, sieht aber ein, daß es für alle Beteiligten wohl das Beste ist, erst dann wieder zusammenzukommen, wenn Sophie besänftigt ist. Freudestrahlend schreibt Sissy an ihre Eltern und kündigt ihren Besuch an. Anfang August kommt sie in Possenhofen an. Fröhlich herzt und küßt sie ihre Geschwister.

„Daß man dich wieder einmal sieht!"

Die Freude ist groß. Den ganzen Tag stecken sie zusammen und tollen über das Gut, wie damals, als Sissy noch nicht Kaiserin gewesen ist. Oft unterhält sich Helene mit ihrer Schwester und hört kopfschüttelnd zu, wie es in Wien zugeht. Sissy läßt sich einmal sogar dazu hinreißen, ihrer Schwester zu gestehen: „Wenn ich Franzl nicht so gerne hätte, wäre es vielleicht besser gewesen, wenn du Kaiserin geworden wärest und nicht ich."

„Aber Sissy, das darfst du nun wirklich nicht sagen. Ich glaube, ich würde mich auch nicht so wohlfühlen in Wien. Außerdem muß ich dir ein Geheimnis verraten. Ich habe den Prinzen Maximilian von Thurn und Taxis kennengelernt." Nené errötet ein wenig, spricht dann aber weiter. „Wahrscheinlich wird er um meine Hand anhalten."

Sissy freut sich für ihre Schwester. „Wie gut, daß du jemanden heiratest, den du gerne hast. Weißt du, es ist ja wirklich nur die Liebe von Franz Joseph, die mich durchhalten läßt. Manchmal bin ich so verzweifelt, daß ich am liebsten davonlaufen möchte. Aber ich kann ja Franzl nicht im Stich lassen."

7.

Anfang August trifft Sissy wieder in Wien ein. Franz Joseph ist überglücklich, seine Frau bei sich zu wissen und versucht, seine Amtsstunden so schnell wie möglich hinter sich zu bringen. Dank seiner Fürsprache kann Sissy ihr Töchterchen nun viel öfter besuchen. Im Sommer residiert das Herrscherpaar im Schloß Schönbrunn. Auch dort hat man das Kinderzimmer in Sissys nächste Nähe verlegt. Schon in aller Früh holt die Kaiserin die kleine Sophie ab und trägt sie stundenlang im Garten umher. Franz Joseph kommt zeitig am Nachmittag, spaziert mit Sissy auf und ab und sieht vergnügt zu, wie seine Kleine zwischen den Rosenbüschen krabbelt. Während er jede Bewegung der unternehmungslustigen Sophie beobachtet, reagiert Sissy viel gelassener: „Du bist ja überängstlich, Franz Joseph. Was ist denn dabei, wenn sich Sophie ein wenig schmutzig macht? Das bißchen Erde kann man doch wieder abwaschen. Schau nur, wie sie nach dem Schmetterling greift. Ist sie nicht herzig?"

Tatsächlich bekommen Sophies Kleidchen bei den Erkundigungen im Gras etliche Flecke ab. Baronin Welden, die den Säugling am liebsten in Watte packen möchte, verabsäumt nicht, Erzherzogin Sophie getreulich Bericht zu erstatten: „Das Kind wird sich noch eine Krankheit holen. Immerzu spielt es mit schmutzigen Steinen, greift nach jedem Käfer und steckt sogar Gräser in den Mund."

Sophie, die sich geschworen hat, wegen der Erziehung ihres Enkerls keinen Streit mehr anzufangen, wendet sich doch noch einmal an Franz Joseph und bittet ihn, Sissy Einhalt zu gebieten. Vorsichtig erzählt er ihr von den Befürchtungen seiner Mutter. Sissy zeigt sich unerwartet nachgiebig.

„Also gut, bevor es wieder zum Streit kommt, werde ich Sophie nicht mehr so oft ins Gras setzen. Allerdings bin ich der Meinung, daß die stickige Luft im Schloß viel ungesünder ist als der Aufenthalt im Freien. Mir und meinen Geschwistern hat es jedenfalls nichts geschadet. Jedenfalls will ich nicht schon wieder den Unmut deiner Mutter erregen. Sie soll ihren Willen haben."

Eines Tages beschließt Sissy, einen Bummel durch die Wiener Innenstadt zu machen. Sie weiht ihre Hofmeisterin Gräfin Bellegarde ein. Zwischen den beiden Frauen hat sich eine vertraute Atmosphäre entsponnen.

„Aber Majestät! Sie können doch nicht ganz alleine und noch dazu zu Fuß spazierengehen! Was wird man dazu sagen?"

„Gräfin, Sie sollten mich doch schön langsam besser kennen. Es ist mir recht gleichgültig, was die Leute reden. Wenn Sie Bedenken haben, dann bleiben Sie doch hier, und ich gehe ganz alleine. Mir wird schon nichts geschehen. In München habe ich öfter einen Schaufensterbummel unternommen, und niemand hat mir ein Leid zugefügt."

Paula Bellegarde fügt sich in ihr Schicksal. Ganz ohne Begleitung will sie Sissy nun auch nicht gehen lassen, und so schleichen sich die beiden Frauen heimlich aus Schönbrunn weg.

Vergnügt streift Sissy durch die Geschäfte, stöbert in Antiquitätenläden und genießt ihre Freiheit. Sie bleibt aber nicht unerkannt. Die Nachricht, daß die Kaiserin in der Stadt ist, geht von Mund zu Mund, und bald verfolgt eine Menschentraube die beiden Damen.

Vor dem Volk hat Sissy keine Angst. Freundlich lächelnd winkt sie den Menschen zu, läßt sich aber nicht im geringsten bei ihren Einkäufen stören. Die Versuche der Hofmeisterin, Sissy zu erklären, daß eine Kaiserin nie und nimmer selber ihre Einkäufe vornimmt, verhallen ungehört.

„Seien Sie unbesorgt! Ich werde mich schon darum kümmern, daß man Sie wegen meiner Eigenmächtigkeit nicht zur Rechenschaft zieht."

Müde, aber in bester Laune kommt Sissy am Nachmittag zurück. Sie schließt sich sofort in ihren Räumen ein, sucht nach Seidenpapier und läßt Franz Joseph zu sich bitten.

„Weißt du, welches Datum wir heute haben?" fragt sie

ihn schelmisch, als er bei der Tür hereinkommt.

„Heute ist der 15. August, soweit mir das bekannt ist. Warum fragst du denn?"

„Sonst fällt dir nichts ein?"

„Ich weiß wirklich nicht, was du meinst", sagt Franz Joseph mit ernstem Gesicht, obwohl er genau weiß, worauf seine Gemahlin hinaus will.

„Du bist mir ein schöner Ehemann! Aber dieses Mal will ich dich entschuldigen, du mußt ja soviele andere Dinge im Kopf behalten. Nun paß gut auf: Heute vor zwei Jahren haben wir einander zum erstenmal in Bad Ischl gesehen. Zur Feier des Tages sollst du ein Geschenk bekommen."

Sissy überreicht ihm ein längliches, schweres Paket. Neugierig entfernt Franz Joseph die Hülle. Ein wunderschöner alter Stich von Wien und Umgebung kommt zum Vorschein.

„Was für eine Kostbarkeit! Hab vielen Dank, liebste Sissy. Wo hast du denn dieses Kunstwerk aufgetrieben?"

„Ich war heute in der Stadt und habe mich in einigen Geschäften umgesehen!"

„Was, du bist ganz alleine auf die Suche gegangen? Ist dir auch nichts zugestoßen?"

„Wie du siehst, bin ich ja wieder heil heimgekehrt. Und überdies hat mich Gräfin Bellegarde begleitet."

„Sissy, du bist ein Teufelskerl. Was dir so alles einfällt! Nun muß ich dir aber auch etwas gestehen. Ich habe natürlich nicht auf diesen Tag vergessen und dir auch etwas besorgt."

„Franz Joseph, du Schelm! Daß du dich so verstellen kannst! Nun sag aber, was ist es denn?"

„Da mußt du dich schon mit mir in den Garten hinunterbemühen. Das Geschenk ist etwas zu groß, als daß es heraufransportiert werden könnte..."

Hand in Hand laufen Franz Joseph und Sissy durch die langen Gänge. Die Posten an den Türen wundern sich. Noch nie haben sie ein Herrscherpaar so fröhlich durch die Hallen eilen gesehen.

Als sich die beiden den Stallungen nähern, geht Sissy ein Licht auf. „Du hast mir doch nicht etwa ein Pferd geschenkt?" will sie aufgeregt wissen.

„Erraten! Man kann vor dir wirklich nichts geheimhalten. Nun schau dir das Tier einmal an!"

Neben Sissys zwei Pferden steht ein junger, schwarzweiß gefleckter Apfelschimmel. Übers ganze Gesicht strahlend fällt Sissy ihrem Franz Joseph um den Hals. „Das hätte ich mir nie träumen lassen, daß du mir einmal ein Pferd schenkst. Du siehst es doch nie gerne, wenn ich ausreite."

„Das stimmt, aber ich habe eingesehen, daß es keinen Sinn hat, dir etwas zu verbieten. Außerdem freut es mich, daß du Tiere sosehr liebst. Und dann bist du während der Schwangerschaft kein einziges Mal mehr ausgeritten. General Grünne hat mich bei der Wahl beraten. Der Schimmel soll ein ausgesprochen sanftes Tier sein. Ich brauche mir also keine Sorgen zu machen, daß du dich mit dem Tier zu Tode stürzt."

Der Hengst hat inzwischen seinen schmalen Kopf aus der Box gestreckt und stupst Sissy vorsichtig an der Schulter.

„He, du frecher Kerl!" Sissy dreht sich um und krault das Tier zwischen den Ohren. „Schau, wie zutraulich er ist! Wenn ich doch nur ein Stück Brot hätte!"

Franz Joseph winkt einen Stallburschen herbei und murmelt einen Befehl. Wenige Minuten später ist der Bursch wieder zur Stelle und überreicht der Kaiserin eine Handvoll Apfelstücke. Sissy gibt dem Tier die Leckerbissen. „Was für weiche Nüstern er hat. Morgen werden wir zusammen ausreiten, dann wollen wir sehen, ob wir uns aneinander gewöhnen können." Wie zur Bestätigung schnaubt der Hengst und scharrt ein wenig mit den Hufen.

„Du kannst wirklich gut mit Tieren umgehen. Eigentlich schade, daß deine Kaninchenfamilie aus Possenhofen bei Hof nicht vorgelassen ist. Klein Sophie hätte sicher viel Spaß mit den Mümmelmännern."

„Ja, ich finde auch, daß sie von klein auf mit Tieren beisammen sein sollte. Aber dem wird deine Mutter sicher einen Riegel vorschieben. Aber nun laß uns zurückgehen, sonst kommen wir zum Tee zu spät."

Die Erzherzogin läßt sich ihren Ärger über Sissys Eigenmächtigkeit nicht anmerken. Sie hat einen ganz anderen Plan, um Sissy vor ihrem Gemahl ein für alle Mal bloßzustellen. Bei ihrem überstürzten Aufbruch hat Sissy vergessen, ihr Tagebuch, das sie noch immer führt, wegzuschließen. Seit frühester Kindheit vertraut sie dem Buch ihre geheimsten Gedanken an, füllt es mit Gedichten und Zeichnungen. Die Erzherzogin hat das Büchlein am Nachmittag auf dem Schreibtisch entdeckt und natürlich einen Blick hineingeworfen. Nun kann sie schwarz auf weiß sehen, was Sissy von ihr denkt, wie sehr ihr das Hofleben gegen den Strich geht und wie oft sie von Heimweh geplagt ist. Sophie hat das Tagebuch an sich genommen, um es morgen ihrem Sohn zu zeigen. Das wird ihm die Augen öffnen, denkt sie voller Genugtuung.

Als Sissy am nächsten Tag zu den Stallungen geht, begegnet ihr Franz Josephs Vater.

„Guten Morgen, Schwiegerpapa!" begrüßt sie den alten Herrn recht laut, denn Franz Karl ist etwas schwerhörig. „Wohin des Weges? Franz Joseph hat mir ein Pferd geschenkt, das möchte ich heute im Prater ausprobieren!"

„Hast du schon eine Begleitung gefunden?"

„Nein, ich wollte General Grünne bitten, mitzukommen. Haben Sie ihn vielleicht gesehen?"

„Ich glaube, wir brauchen ihn nicht. Hast du etwas dagegen, wenn ich mitreite?"

„Natürlich nicht, Schwiegerpapa, kommen Sie nur!"

„Sehr gut, dann können wir uns einmal auch ungestört unterhalten."

Franz Karl gibt den Befehl, die Pferde zu satteln, und nach einem scharfen Ritt ist man im Prater angelangt. Sissy verfällt in einen gemächlichen Trab. „Du hältst dich gut zu Pferde, daß muß man dir lassen!" lobt Franz Karl seine Schwiegertochter. „Komm einmal ein wenig näher, liebe Sissy, damit ich dir ein Geheimnis verraten kann." Gehorsam lenkt sie ihr Pferd an die Seite des Schwiegervaters. „Wenn wir das nächste Mal beisammen sind, brauchst du deine Stimme nicht mehr zu erheben. Ich bin nämlich gar nicht schwerhörig. Ich höre nur das, was ich hören möchte. Wenn mir etwas nicht gefällt, dann stelle ich mich einfach taub. Die Methode hat bis jetzt bestens funktioniert."

Ungläubig starrt Sissy Franz Karl an. Der spricht munter weiter: „Im übrigen sollst du mich auch mit ‚du' ansprechen dürfen. Du bist mir in den letzten Monaten sehr ans Herz gewachsen. Es tut mir in der Seele weh, wenn ich sehe, wie du dich quälst. Sophie macht dir das Leben oft sehr schwer, nicht wahr?"

Sissy kann es nicht glauben. Von ganz unerwarteter Seite bekommt sie auf einmal Schützenhilfe. „Das ist aber eine Überraschung. Ich habe schon gedacht, du würdest mich verachten wie alle anderen, weil du dich kaum um mich kümmerst."

„Nein, liebe Sissy, ich war mit Franz Josephs Wahl von Anfang an einverstanden. Ich sehe doch, wie glücklich du ihn machst. Doch habe ich es für klüger gehalten, meine Sympathie zu dir nicht allzu offen vor Sophie zu zeigen.

Hast du denn nicht bemerkt, daß sie alle Menschen, die ihre Zuneigung zu dir bekunden, von dir fernhält? Deswegen wird Weckbecker nicht mehr eingeladen, deswegen mußte Fürst Lobkowitz gehen. Aber wir beide wollen uns klüger anstellen, einverstanden?"

„Schwiegerpapa, ich bin ja so froh. Wenn ich weiß, daß du mir wohlgesonnen bist, dann ist mir schon viel leichter zumute. Ich werde auch niemandem verraten, daß du gar nicht taub bist. Was für eine lustige Idee!"

„Ja, weißt du, du bist nicht der einzige Mensch am Hof, den meine Gemahlin bevormunden will. Leider gehöre auch ich zu dem auserwählten Personenkreis. Sophie hält, glaube ich, nicht allzuviel von mir und meint, sie müßte mir ständig Vorschriften machen. Du weißt ja, wie schwierig es ist, ihr zu widersprechen. Also habe ich mir dieses Leiden zugelegt. Wenn sich Sophie zusehr in meine Angelegenheiten einmischt, dann verstehe ich eben überhaupt nichts mehr."

„Wie schade, daß ich es nicht auch so halten kann", kichert Sissy. „Aber mir wird man es wohl nicht glauben."

„Nein, du bist ja noch viel zu jung. Aber wenn du Sorgen hast, dann laß es mich wissen. Wir werden zusammen ausreiten, und du kannst dein Herz ausschütten."

Während sich Sissy im Prater angeregt mit ihrem neuen Verbündeten unterhält, versucht ihre Schwiegermutter inzwischen, einen Keil zwischen die Eheleute zu treiben. Unangemeldet erscheint sie in Franz Josephs Amtsräumen, befiehlt General Grünne, für heute alle weiteren Audienzen abzusagen und bittet ihren Sohn um Aufmerksamkeit. Triumphierend hält sie ihm Sissys Tagebuch hin: „Lies und staune!"

„Was ist das?" will Franz Joseph wissen, der über die Störung sehr ungehalten ist.

„Es ist das Tagebuch deiner lieben Gattin. Wirf einmal einen Blick hinein."

„Woher haben Sie das Büchlein?" Der Kaiser kann seinen Unmut kaum noch verbergen.

„Das ist im Augenblick unwichtig. Die Lektüre wird dir jedenfalls die Augen öffnen."

„Keine Zeile werde ich lesen. Sissy hat ein Recht auf ihre Privatsphäre. Wenn sie es wünscht, dann will ich wohl hineinsehen. Aber bevor sie mich nicht ausdrücklich darum bittet, werde ich das Buch nicht anrühren."

„Nun gut, dann werde ich dir eben vorlesen." Mit Spott in der Stimme zitiert Sophie: „Hör dir einmal an, was Elisabeth kaum zwei Wochen nach der Hochzeit geschrieben hat: ‚Oh, daß ich nie den Pfad verlassen, der mich zur Freiheit hätt' geführt...' Nun sage mir, Franz Joseph, sind das die Worte, die man von einer jungen Ehefrau erwartet?"

Franz Joseph ist still geworden. Ich habe nicht gewußt, daß Sissy ihre Freiheit so schmerzlich vermißt. Warum sagt sie mir denn nichts? denkt er, sagt aber laut: „Ich finde, sie hat Talent. Das Gedicht ist schön. Dennoch möchte ich wissen, Mama, woher Sie ihr Tagebuch haben?"

Sophie läßt sich nicht beirren. „Elisabeth schreibt ferner, daß sie sich von mir schlecht behandelt fühlt. Ist das nun der Dank für meine Bemühungen? Oder hör dir das an: ‚Ich sehn' mich nach der Heimat Sonne, ich sehn' mich nach der Isar Strand.' Wir tun wirklich alles, damit sie ein Leben in Reichtum und ohne Sorgen führen kann. Nun muß ich aber erkennen, daß Elisabeth unsere Liebe wirklich nicht verdient."

„Nun ist es aber genug, Mama. Ich wünsche nicht, daß Sie in diesem Ton von meiner Gemahlin sprechen."

Aber die Erzherzogin denkt gar nicht daran, aufzuhören. Viel zu lange hat sie geschwiegen. „Man berichtet mir auch, daß du eine Amnestie erlassen hast. Stimmt das?"

„Ja, natürlich. Ich bin glücklich und zufrieden. Die Menschen in meinem Reich sollen meine Freude teilen."

„Habe ich es doch gewußt! Natürlich steckt da wieder Sissy dahinter. Mein Sohn, ein Land wird mit dem Verstand regiert und nicht mit Gefühlen. Siehst du denn nicht, wohin es führen wird, wenn du weiter auf sie hörst? Ich kann dir nur raten, sprich ein Machtwort! Am Ende will Sissy vielleicht gar die Republik ausrufen lassen. Ich bin über alle ihre Schritte bestens informiert. Glaubst du denn vielleicht, ich weiß nicht, daß sie dich ständig in die peinlichsten Situationen bringt? Sie zwingt dich sogar dazu, den Boden zu betreten, auf dem der Abschaum der Menschen lagert!"

„Was soll denn das wieder heißen?"

„Ich bin genauestens über die Zigeuner informiert, mit denen sie sich während eures Aufenthaltes in Kärnten abgegeben hat. Meinst du nicht, daß sie etwas zu weit geht?"

„Mama, erstens bin ich freiwillig mit Sissy zu dem Lager gegangen. Und zweitens habe ich festgestellt, daß der sogenannte Abschaum der Menschheit wenigstens Herz besitzt. Ich haben diesen Abend, auf den Sie anspielen, außerordentlich genossen!"

„Na bitte, siehst du denn nicht, wie sehr du dich von Elisabeth beeinflussen läßt? Wer weiß, was du dir in deiner blinden Verliebtheit noch alles einreden läßt. Du siehst nur ihr hübsches Gesicht, ich aber kann hinter ihre aufgesetzte Maske blicken. Du mußt dankbar sein, daß ich mir wenigstens als einzige in der Familie meinen Weitblick bewahrt habe."

„Mama, ich muß Sie bitten, sofort mit diesen Verleumdungen aufzuhören." Franz Joseph steigt langsam die Zornesröte ins Gesicht. „Sissy ist ein herzensguter Mensch, sie hat einen wunderbaren Charakter. Nur selten kommt eine Klage über ihre Lippen, obwohl Sie meine über alles geliebte Frau immer und immer die tiefste Verachtung spüren lassen. Keine andere Mutter hätte sich gefallen lassen, daß man ihr das Kind entreißt. Sissy soll wohl alle Ihre Anordnungen widerspruchlos hinnehmen? Sehen Sie doch endlich ein, Mama, daß Sissy ihre eigene Herrin ist. Bis jetzt habe ich versucht, zwischen Ihnen und der Kaiserin zu vermitteln. Wenn Sie aber weiterhin gegen meine Gemahlin hetzen, werde ich meine Taktik ebenfalls ändern. Wenn Sie aus der Hofburg ausziehen, so werden wir Sie nicht daran hindern. Und nun bitte ich Sie, das Tagebuch an seinen Platz zu legen. Sissy soll nicht erfahren, wie sehr hier gegen sie opponiert wird."

Brüsk dreht sich Franz Joseph zum Fenster. Bestürzt verläßt Sophie den Raum. Bevor ich Franz Joseph ganz verliere, überlegt sie, muß ich mich mit diesem Mädchen gut stellen. Wer hätte das gedacht?

Franz Joseph geht inzwischen auf und ab. Warum spricht denn Sissy nicht über ihren Kummer? sagt er zu sich. Es ist nicht gut, daß sie sich vor mir zurückzieht. Ob sie mich schonen will? Aber ich möchte ihr doch so gerne helfen! In nächster Zeit werde ich mich mehr um sie kümmern...

Um Sissy eine Freude zu bereiten, stößt der Kaiser alle Pläne für seinen kommenden Geburtstag um. Er ruft den Zeremonienmeister und bespricht sich lange mit ihm. Nach einer Stunde verläßt der verblüffte Mann den Audienzsaal. Kopfschüttelnd ruft er seine Untergebenen herbei und erteilt ihnen erstaunliche Anweisungen...

8.

Sissy erfährt nichts von der unerfreulichen Auseinandersetzung zwischen Mutter und Sohn. Verwundert stellt sie allerdings fest, daß Sophie wie mit Engelszungen zu ihr spricht und Franz Joseph am nächsten Tag offenbar gar nicht daran denkt, an seinen Schreibtisch zu eilen. Wahrscheinlich will er sich vor dem morgigen Geburtstagsfest ausruhen, überlegt sie. Sicher gibt es ein großes Fest. Ich frage mich nur, warum Gräfin Esterhazy nicht schon längst gekommen ist und mir erzählt, wie ich mich morgen verhalten soll. Sonst hat doch jeder Angst, daß ich vielleicht mit vollem Mund spreche oder womöglich in Straßenkleidung erscheine...

Franz Joseph antwortet auf Sissys Fragen bezüglich des Geburtstagsfestes ausweichend. „Du brauchst mich nicht zu schonen, sag mir lieber heute, was mich morgen erwartet, dann bin ich schon gewappnet."

„Nein, Sissy, es soll eine erfreuliche Überraschung werden. Mehr kann ich dir nicht verraten."

Den ganzen Tag weicht Franz Joseph nicht von Sissys Seite, holt Klein Sophie in den Garten und kündet an, daß seine Mutter beim Abendmahl nicht erscheinen werde. Sissy ist so froh, daß sie sich weiter keine Gedanken macht. Der nächste Tag bringt noch mehr Überraschungen. Sissy steht zeitig auf, um am Geburtstag ihres Gemahls wenigstens das Frühstück mit ihm zu teilen. Sicher freut er sich, daß wir die wenigen Minuten gemeinsam verbringen, sagt sie sich. Denn dann muß er Audienzen halten, und am Abend erscheint der gesamte Hofstaat zum Gratulieren, so daß wir kein Wort wechseln können.

Aber der Frühstückstisch ist noch nicht gedeckt. Sissy

sucht Franz Josephs Kammerdiener auf. „Seine Majestät sind wohl schon früher als gewöhnlich aufgestanden?" erkundigt sie sich mit bekümmerter Miene.

„Nein, Hoheit, der Kaiser hat sich noch nicht erhoben."

„Dann melden Sie mich doch an."

Franz Joseph ist eben dabei, sich anzukleiden. „Nanu, bist du unter die Frühaufsteher gegangen, kleine Frau?"

„Aber wieso denn, ich wollte mit dir frühstücken. Aber es ist noch nicht aufgetragen. Du bist heute spät dran. Alles Gute zum Geburtstag, Liebster!"

„Hab vielen Dank für deine Glückwünsche. Ich habe beschlossen, meinen Geburtstag zu genießen. Wir lassen uns etwas Proviant einpacken, satteln die Pferde und machen einen Ausflug in den Lainzer Park."

„Mein Lieber, du wirst immer mysteriöser. Kannst du mir nicht sagen, was deinen Sinneswandel bewirkt hat? Sonst läßt du dich doch nie von deiner Arbeit abhalten."

„Das ist mein Geheimnis. Nun lauf aber und zieh dich um! Schlüpf in dein Reitkleid, und zieh dir festes Schuhwerk an."

Am späten Vormittag liegen Sissy und Franz Joseph mitten in einer sonnenbeschienenen Wiese, naschen von den mitgebrachten Köstlichkeiten und genießen die Ruhe. „Ein kühles Bier wäre jetzt was Feines. Schade, daß man das Getränk in Wien noch nicht kennt."

Franz Joseph lächelt still in sich hinein. Sissy wird Augen machen, wenn sie am Abend ins Schloß zurückkommen...

„Also, wirklich! Seit vorgestern abend schmunzelst du ohne Unterbrechung. Ich glaube gar, du verschweigst mir etwas."

„Tja, der Kaiser hat manchmal Geheimnisse. Aber sag einmal, wollen wir denn nicht einen Heurigen aufsuchen? Du hast diese Wiener Spezialität noch gar nicht kennengelernt. Man sitzt auf Holzbänken im Freien, trinkt ein Viertel Wein, und wenn man etwas zu essen haben möchte, muß man es sich an der Schank selber holen. Das wird dir sicher gefallen."

Sissy erhebt sich begeistert: „Ja, das möchte ich gerne ausprobieren."

Die beiden besteigen wieder ihre Pferde und schlagen den Weg nach Nußdorf ein. Eine Weile reiten sie an der Donau entlang. „Schau einmal, Sissy, hier ist die Anlegestelle. Kannst du dich noch erinnern, wie du vor der Hochzeit angekommen bist? Ganz verschreckt hast du dreingeschaut. Seitdem hast du dich schon sehr verändert, nicht wahr?"

„Ja, ich muß auch sagen, daß ich mich eingewöhnt habe, so gut ich es eben kann. Aber du weißt ja, an manche Gepflogenheiten werde ich mich nie gewöhnen können. Doch laß uns heute von Erfreulicherem sprechen."

Nach langem Suchen kehren sie ein. Dichte Weinranken bedecken die Hausmauer des kleinen Heurigen. Im Garten sitzen noch wenige Leute. Franz Joseph geht in die Wirtsstube hinein, wo man ihn sofort erkennt. Lächelnd fordert er den runden Wirt auf, die Verbeugungen sein zu lassen und zwei Viertel Wein zu servieren. „Sorgen Sie auch dafür, daß die Kaiserin und ich von Ihren Gästen nicht bestürmt werden. Wir haben selten Gelegenheit, in aller Ruhe und Abgeschiedenheit einen Heurigenbesuch zu wagen."

Untertänigst stellt der Wirt einen Liter Wein auf den Tisch und bringt ungefragt eine Platte mit frischem Schinken, eine Schüssel Obst und knuspriges Brot. Sissy langt herzhaft zu.

„Das schmeckt aber fein. Warum werden diese Leckerbissen nicht auch bei uns serviert?"

„Ach weißt du, Sophie ist der Meinung, diese Speisen

sollen dem Volk vorbehalten bleiben."

Natürlich haben die Anwesenden bemerkt, wer bei ihnen Platz genommen hat, und grüßen ehrfürchtig. Sissy hält in der einen Hand eine Scheibe Brot und winkt mit der freien Hand zu den Leuten hinüber. „Deine Wiener sind zwar sehr freundlich, aber ich möchte doch einmal erleben, daß man uns nicht erkennt. — Ja, was ist denn das?"

Der Wirt hat es sich nicht nehmen lassen, seinen hohen Gästen eine Freude zu bereiten. Schnell hat er einen Boten zu seinen Musikern geschickt und sie herbeizitiert. Nun spielen die Musikanten auf.

„Ach, das habe ich vergessen. Die Musik ist untrennbar mit dem Heurigen verbunden. Sie wandern von Tisch zu Tisch und spielen, was gewünscht wird."

Sissy lauscht verzückt. „Wer komponiert denn diese Lieder?"

„Die berühmtesten Komponisten heißen Lanner und Strauß. Ihre Walzer werden in ganz Wien gesungen. Wenn du willst, veranstalten wir einmal ein Konzert mit ihren Orchestern. Es ist nur so, daß die beiden Rivalen sind. Man muß also zwei Konzerte planen, sonst stößt man einen von ihnen vor den Kopf. Ich finde, daß sie beide gleich gut sind."

„Da zeigt sich wieder einmal, daß du ein diplomatischer Kaiser bist. Aber wird deine Mutter nicht Protest einlegen, wenn wir diese Gassenhauer in der Hofburg spielen lassen? Du weißt doch, welche Distanz sie zum einfachen Volk hält."

„Bei den Walzern wird eine Ausnahme gemacht. Man tanzt sie in der Hofburg genausogern wie in Bürgerhäusern."

„Ob ich die Komponisten wohl kennenlernen darf?"

„Das wird sich schon arrangieren lassen. Aber nun trink

aus, wir müssen bald zurück und haben einen langen Weg vor uns. Du sollst am Abend auch nicht zu müde sein."

Vor den Toren Schönbrunns angelangt, fällt Sissy etwas ein: „Was soll ich denn heute abend anziehen? Welche Garderobe ist angebracht?"

„Heute abend herrschen keine Vorschriften. Nun kann ich es dir ja sagen: Ich habe alle Gäste ausgeladen und ein kleines Familienfest organisiert. Es sind nur einige wenige Freunde zugelassen, dic auch du gerne sehen wirst. Aber vielleicht könntest du das hübsche bunte Münchner Kostüm anlegen, das mir so gut gefällt. Auf bald, Sissy, wir sehen einander dann bei Tisch."

Vor Verwunderung bringt Sissy keinen Ton heraus. Noch bevor sie sich fassen kann, ist Franz Joseph verschwunden. „Das ist doch alles nicht möglich. Sein Geburtstag wird doch sonst mit allem Aufwand gefeiert. Na, nun bin ich aber gespannt..."

Rasch kleidet sich Sissy um und ist gerade fertig, als der Gong ertönt. Schnell läuft sie in das Zimmer vor dem Speisesaal. In ihrem Dirndl aus grobem Leinen, unter dem sie eine weiße Bluse trägt, sieht sie allerliebst aus. Die Eltern des Kaisers, General Grünne, Adjutant Weckbecker und Kardinal Rauscher haben sich schon versammelt. Da tritt auch Franz Joseph ein und schaut seine Sissy zufrieden an.

„Fesch bist du, dein Dirndl wird gut zu dem heutigen Abend passen! Und nun zu Tisch, meine Herrschaften!"

Als sich alle gesetzt haben, bemerkt Sophie erstaunt: „Was für eigenartige Gläser stehen hier auf dem Tisch?"

Erst jetzt wird Sissy aufmerksam: „Aber das sind ja Münchner Bierkrüge!" ruft sie begeistert aus.

In diesem Moment öffnen sich die Flügeltüren, und zwei Lakaien treten ein. Bedächtig beginnen sie, die Gläser zu füllen.

„Du hast Bier aus München kommen lassen, Franz Joseph! Das also ist die Überraschung! Ich danke dir. Halt!" weist sie einen Lakaien an. „Bier muß man ganz langsam einschenken, dann schmeckt es am besten!"

Franz Joseph erhebt sein Glas: „Nur zu, probieren Sie! Es ist ein köstliches Getränk, gerade richtig für die heißen Tage. Prosit!"

Die Herren kosten, ohne zu zögern. Nur Sophie sitzt unbeweglich da. „Trinken Sie doch, Mama. Es ist nicht giftig!"

Aber die Erzherzogin läßt sich nicht überreden. Franz Joseph wendet sich ab. Er will sich von seiner Mutter die gute Laune nicht verderben lassen. „Nun, Kardinal, was sagen Sie?"

„Hervorragend! Ich bitte um eine weitere Kostprobe!"

Franz Karl sagt überhaupt nichts. Er hat schon einen Lakaien herbeigewunken und beschäftigt sich eingehend mit einem zweiten Glas. Weckbecker und Grünne prosten Sissy zu. „Wir sollten uns darum bemühen, das Getränk hoffähig zu machen", meint Grünne. „Es wird sicher gut ankommen. Wie schön für Sie, Majestät, daß Sie heute ein Stückchen Heimat wiederfinden."

Noch einmal öffnet sich die Tür. Die Diener balancieren vorsichtig schwere, dampfende Schüsseln und stellen sie in die Mitte der Tafel. Neugierig beugt sich Sissy vor.

„Weißwürste! Sauerkraut! Ja, nehmen denn die Überraschungen gar kein Ende? Wie lange habe ich das schon nicht mehr gegessen!"

„Sie werden entschuldigen, es ist vielleicht ein einfaches Mahl für einen kaiserlichen Geburtstag", erklärt Franz Joseph. „Doch damit wollte ich mir einen Wunsch erfüllen und gleichzeitig Sissys Heimat huldigen."

Kardinal Rauscher kennt keine falsche Scham. Er langt

tüchtig zu und lädt eine ordentliche Portion Sauerkraut auf seinen Teller. Sissy freut sich, daß die Speisen aus Bayern so gut ankommen und fordert ihren Schwiegervater auf, sich noch einmal zu bedienen, als sein Teller leer ist. „Was sagst du, mein Kind?" erwidert Franz Karl und legt die Hand hinters Ohr.

Hoppla, da hätte ich ihn beinahe verraten, denkt Sissy erschrocken und hebt sofort ihre Stimme: „Nehmen Sie noch eine Kostprobe, Papa!"

Satt und zufrieden verschränkt Kardinal Rauscher die Hände über seinem Bauch: „Und nun, Majestät, erzählen Sie uns doch ein paar Geschichten aus Ihrem schönen Bayernland."

Da läßt sich Sissy nicht zweimal bitten. Mit bewegten Worten schildert sie die Schönheit der Landschaft, berichtet von den Menschen, die mit einem besonderen Humor gesegnet sind, und verfällt dabei unversehens in ihre vertraute bayerische Mundart.

Nun macht sich auch Sophie wieder bemerkbar: „Ich hoffe, Franz Joseph, daß du diese bäuerlichen Sitten nicht einreißen lassen wirst. Es wäre mir recht unangenehm, wenn du Schloß Schönbrunn in eine Bierstube verwandeln würdest. Und nun erlaube mir, daß ich mich zurückziehe. Mir hat die ungewohnte Kost nicht bekommen."

Mit einem majestätischen Kopfnicken rauscht die Erzherzogin ab und dreht sich an der Tür um: „Ich wünsche dich nachher zu sprechen, Franz Karl."

Doch der scheint nichts gehört zu haben und beschäftigt sich eingehend mit seinem Bierkrug. Sissy kann sich ein belustigtes Lächeln nicht verkneifen.

Diesem Abend in kleinem Kreis folgen viele andere, die ebenso gemütlich verlaufen. Franz Joseph hält sich an seinen Vorsatz und läßt Sissy nicht mehr so lange alleine. Die

Erzherzogin erkennt, daß sie das Spiel im Moment verloren hat, und wartet still ab. Bei nächster Gelegenheit will sie ihrer Schwiegertochter beweisen, wer am Hof mehr Macht besitzt.

Inzwischen nimmt Sissy, getreu ihrem Vorsatz, den sie während des Urlaubs gefaßt hat, Unterricht in Ungarisch. Noch hat sie dieses Land nicht betreten, doch sie fühlt, wie sie am Schicksal der Ungarn teilnimmt. Damit hat sie aber, ohne es zu wissen, Sophies Zorn wieder auf sich geladen. Immer wieder kämpfen die Ungarn um ihre Freiheit. Wiederholte Male müssen Verschwörungen niedergeschlagen werden. Der Wiener Hof, allen voran die Erzherzogin, ist extrem ungarnfeindlich. 1848 sind sogar dreizehn aufständische Generale öffentlich gehängt worden. Zahllose Ungarn kamen in die Kerker. Angehörige der edelsten Familien flüchteten ins Ausland.

Auf Sissy machen diese stolzen Freiheitskämpfer natürlich großen Eindruck. Dank ihrer Fürbitte sind schon viele politische Gefangene begnadigt worden. Franz Joseph will nun sogar zum Zeichen der Versöhnung im Herbst mit Sissy nach Ungarn fahren. Graf Gyula Andrassy, einer der radikalsten Vertreter der ungarischen Unabhängigkeitspolitik, wagt sich noch immer nicht in seine Heimat zurück. Er lebt in Paris im Exil und tritt dort öffentlich für eine Annäherung an die Regierung Franz Josephs ein.

Spät im Herbst — es ist schon reichlich kühl — tritt das Herrscherpaar die Reise an. Obwohl es eine Bahnverbindung nach Budapest gibt, möchte Sissy mit dem Schiff fahren. Lange stehen sie und ihr Gemahl an Deck des kaiserlichen Dampfers und betrachten die Landschaft. Sissy hat ihren Pelz in der Kabine liegen gelassen, und Franz Joseph legt ihr fürsorglich seinen warmen Militärmantel um die Schultern.

Bei der Ankunft in Budapest steht eine unübersehbare Menschenmenge am Kai.

„Sag einmal", staunt Sissy, „ich habe gedacht, daß es immer Auseinandersetzungen mit den Ungarn gibt. Aber sieh doch, wie freundlich sie uns begrüßen!"

„Diese Menschen sind alle gekommen, um dich zu sehen. Die Ungarn lieben schöne Frauen und brennen schon darauf, dich endlich kennenzulernen."

Wie überall, sind auch in Budapest die Tage angefüllt mit Festlichkeiten aller Art. Aber Sissy, die sich sonst immer früh entschuldigen läßt, lebt geradezu auf. Sie tanzt auf Empfängen, plaudert mit ihren Tischnachbarn, läßt sich durch Budapest führen, bemüht sich, sich jedes Gesicht zu merken, das ihr vorgestellt wird. Die Ungarn sind hingerissen von der Kaiserin. Nach der Geburt des ersten Kindes ist Sissy noch schöner geworden. Wo auch immer sie auftritt, tönt ihr ein vielstimmiges „Eljen!" entgegen. Und Sissy erwidert die Sympathie, die ihr so offenkundig entgegengebracht wird, aus tiefstem Herzen. So wohl wie in Ungarn hat sie sich schon lange nicht mehr gefühlt. Aus ihren Augen spricht die Liebe für Land und Leute. Vorsichtig probiert sie ihre frischerworbenen Ungarischkenntnisse aus und erntet heißen Dank für ihre Bemühungen. Wann hat sich schon ein deutschsprachiger Herrscher die Mühe gemacht, außer dem unvermeidlichen Französisch eine andere Fremdsprache zu erlernen?

In Ungarn weiß man auch über die Auseinandersetzungen zwischen Sophie und Sissy Bescheid. Nun glaubt man, berechtigte Hoffnungen hegen zu können, in Sissy eine Bundesgenossin für die ungarische Sache zu gewinnen. Jedermann bemüht sich, ihr den Aufenthalt so angenehm wie möglich zu gestalten. Auch ihre Abneigung gegen das starre Protokoll ist bekannt. So kommt es, daß die Empfänge alle einen lockeren Charakter haben. Statt Kammermusik spielen feurige Geiger zum Tanze auf, die Adeligen erscheinen nicht in ihren Festtagsroben, sondern in bunt bestickten Trachten.

Eines Morgens findet Sissy ein wunderschönes Ensemble, bestehend aus Rock, Bluse und Weste, vor. Gegen den Willen der Obersthofmeisterin legt sie das Kostüm sofort an. An diesem Tag ist ein Ausflug in die Umgebung Budapests geplant. Sissy verblüfft ihre Gastgeber mit der Bitte, die Führung durch die Pußta zu Pferd zu unternehmen. Franz von Deak, ein bedeutender Advokat, zeigt Besorgnis: „Majestät werden schnell ermüden. Vielleicht sollten wir eine Kutsche mitführen?"

„Nein, mein lieber Deak, ich bin es gewohnt, lange im Sattel zu sitzen. Fragen Sie doch den Kaiser, Franz Joseph wird sicher nichts dagegen haben."

Gutmütig gibt Franz Joseph tatsächlich seine Zustimmung. „Wir wollen aber dennoch eine Kutsche nachkommen lassen. Dann kannst du dich auf dem Heimweg ausruhen."

In flottem Trab setzt sich die Gesellschaft in Bewegung. Sissy ist entzückt von der Landschaft. Auf der weiten Ebene grasen Schafherden, lagern Zigeuner um die Ziehbrunnen. Sissy lenkt ihr Pferd an Josephs Seite.

„Warum hast du mir diese Herrlichkeiten bis jetzt vorenthalten? Ungarn ist ein wundervolles Land. Ach, können wir nicht bald wieder herkommen?"

„Ja, natürlich, wenn es dir hier so gut gefällt. Aber zuallererst müssen die bestehenden Spannungen aus der Welt geschafft werden. Die Ungarn sind recht unmäßig in ihren Forderungen. Die Verhandlungen werden sich wohl in die Länge ziehen."

„Kannst du denn keine Zugeständnisse machen? Ich

glaube, daß diese stolzen Männer den Kampf um ihre Unabhängigkeit nicht so schnell aufgeben werden. Merkst du denn nicht auch, daß sie eine ganz andere Mentalität haben als die Österreicher?"

„Sissy, nicht so laut! Wenn dich die Herren hören, werden sie dich gleich zu ihrer Fürsprecherin erwählen! Du hast natürlich ein wenig recht. Es ist sehr schwer für mich, vom weit entfernten Wien aus ein so andersartiges Volk zu regieren. Aber du willst doch nicht, daß ich ein so großes Stück der Monarchie verliere?"

„Nun, du wirst schon wissen, was du tust, ich bitte dich nur um eines: Geh verständnisvoll mit unseren Freunden um! Kannst du nicht veranlassen, daß Graf Andrassy wieder heimkehren darf? Ich habe soviel von ihm gehört. Er scheint mir ein kluger Kopf zu sein."

„Wir werden sehen, was sich machen läßt. Aber nun schau doch dort hinüber! Ist das nicht ein schönes Schloß?"

Die Reiter haben sich Schloß Gödöllö genähert. Franz von Deak kommt näher: „Das Schloß wurde zu Maria Theresias Zeiten erbaut. Der Sohn eines slowakischen Schäfers hat es errichten lassen. Er ist auf nicht ganz durchsichtige Weise zu Ruhm und Vermögen gekommen. Die Grafen sind allerdings ausgestorben, und nun steht das Schloß leer. Im Hof befindet sich ein Denkmal, das der erste Besitzer seinem Lieblingsschimmel errichtet hat."

„Das muß ich sehen!" ruft Sissy begeistert aus, gibt ihrem Pferd die Sporen und jagt in wildem Galopp davon.

„Um Himmels willen, Majestät, das Schloß ist baufällig! Wir müssen Ihre Majestät warnen. Sie könnte sich verletzen!"

Deak stößt einen Ruf aus, und nun galoppiert die Gesellschaft hinter der Kaiserin her. Sissy, die ihren Verfolgern zeigen will, wie gut sie reiten kann, beugt sich tiefer über den Pferderücken und zieht in gestrecktem Galopp davon. Vor den Schloßtoren macht sie halt, springt aus dem Sattel und lacht hellauf. Deak ist als erster bei ihr.

„Majestät, mir ist das Herz stehengeblieben. Ich dachte schon, Sie wollten in das Schloß hineingehen. Wie leicht hätte Sie ein herabstürzender Stein treffen können!"

Nun wird Sissy im nachhinein bleich. Willig überläßt sie sich der kundigen Führung des Advokaten. „Sie dürfen nicht in den Hof hineingehen, es ist zu gefährlich. Aber von hier aus können Sie das Denkmal sehen."

Neugierig lugt Sissy in den Innenhof. Nach einer Weile wendet sie sich an Franz Joseph: „Ist es nicht schade, daß dieses herrliche Gebäude dem Verfall preisgegeben ist? Warum renoviert niemand das Schloß?"

„Majestät, die Gegend ist zu unwirtlich. Im Umkreis von etwa zwanzig Kilometern befindet sich keine Menschenseele."

Das wäre etwas für mich! durchzuckt es Sissy. Hierher könnte ich mich zurückziehen. Sophie würde nie einen Fuß in diese Gegend setzen. Ich hätte den ganzen Tag meine Ruhe und könnte ausreiten, so oft ich will. Hier ließen sich doch auch herrliche Jagden veranstalten... Vor ihrem Auge verwandelt sich das verlassene Schloß in eine Stätte voller Lebensfreude. Hier könnte ich alle Menschen einladen, die mir lieb sind. Klein Sophie würde in Freiheit aufwachsen, Mama und Papa kämen gerne zu Besuch, und Franz Joseph hätte endlich Gelegenheit, all die Bücher zu lesen, die er jetzt auf die Seite legen muß...

„Sissy, du träumst ja! Komm, wir wollen zurückreiten! Bist du auch nicht zu müde?"

Mit einem Ruck reißt sich Sissy los. Ich werde Franz Joseph fragen, ob wir das Schloß nicht erwerben könnten. Es kann ja sicher nicht viel kosten.

Nach wenigen Tagen kehrt das Paar wieder nach Wien zurück. Sissy ist reich beschenkt worden. Per Zug werden zwei Rappen nach Wien verfrachtet, und die Kammerdienerinnen haben ihre liebe Mühe, all die neuen Blusen und Röcke in den Koffern unterzubringen. Fast täglich hat man Gemälde von Ungarn für die liebenswerte Kaiserin abgegeben. Aber das Allerliebste hält Sissy dicht an sich gedrückt. In den Straßen von Budapest ist ihr ein winzigkleiner Hund vor die Füße gelaufen. Sissy hat sich auf den ersten Blick in das wuschelige Wollknäuel verliebt. „Kann ich ihn behalten?" hat sie den Besitzer flehend gefragt. Der hat den kleinen Kerl gerne abgegeben. Gräfin Esterhazy hat die Augen verdreht, Franz Joseph gequält aufgestöhnt, aber Sissy hat ihren Kopf durchgesetzt. In der Kutsche zeigt sich allerdings, daß das Tier noch lange nicht stubenrein ist. Aber Sissy stößt sich nicht an solchen Kleinigkeiten.

„Das werde ich ihm schon beibringen", versichert sie Franz Joseph, der allerdings recht mißtrauisch dreinblickt:

„Weißt du denn auch, daß diese Hirtenhunde ungeheuer groß werden? Wo willst du ihn denn unterbringen?"

„In meinen Zimmern natürlich!" Sissy ist entrüstet. „Soll ich den Kleinen denn auf die Straße setzen oder in fremde Hände geben?"

Na, das wird sicher wieder Kämpfe mit Mama geben, denkt Franz Joseph. Aber ich will Sissy die Freude nicht verderben. Außerdem ist es ja wirklich ein reizender Wuschel. Man weiß gar nicht, wo hinten und vorne ist...

Bald nach der Ankunft in Wien übersiedelt die kaiserliche Familie wieder in die Hofburg. Obwohl sich Sissy in der großen, kühlen Residenz nicht heimisch fühlt, behält sie ihre gute Laune.

Eines Abends fragt Franz Joseph neugierig: „Du trällerst den ganzen Tag, deine Augen strahlen, und immer hast du ein Lächeln auf den Lippen. Warum bist du denn gar so fröhlich?"

„Nun kann ich es dir ja sagen. Doktor Seeberger hat es mir heute bestätigt: Wir bekommen bald ein zweites Kind!"

„Sissy, was für eine Freude!" Franz Joseph springt von seinem Sitz auf und küßt seine Gemahlin auf beide Wangen. „Eine schönere Überraschung hättest du mir gar nicht machen können."

Laut kläffend springt der Hirtenhund Bela, der schon beachtliche Größe erlangt hat, um das Paar herum.

Einen Moment lang überlegt Sissy bange: Wird es diesmal der ersehnte Thronfolger werden?

Dritter Teil

1.

In schneller Fahrt passiert eine Kutsche die Stadttore Wiens. Verwundert blicken ein paar Spaziergänger dem Gefährt nach. Am Wagenschlag haben sie das kaiserliche Wappen erblickt. Wer hat es da wohl so eilig? In dem Wagen lehnt sich Kaiserin Elisabeth aufatmend zurück. Um ihre Mundwinkel hat sich ein bitterer Zug eingegraben.

„Das lasse ich mir nicht gefallen", murmelt sie vor sich hin. „So lasse ich nicht mit mir umspringen."

Was ist geschehen?

Sissy, noch nicht einmal 19 Jahre alt, hat vor wenigen Wochen ihre zweite Tochter bekommen. Knapp nach der Geburt hat ihre Schwiegermutter, Erzherzogin Sophie, beschlossen, die Erziehung ihrer Enkelin selbst in die Hand zu nehmen, hat das Kinderzimmer ungefragt neben ihrem Appartement eingerichtet, und Sissy darf ihr Töchterchen nur unter der Aufsicht von Sophie besuchen. Schon die erste Tochter — die kleine Sophie — ist Sissy auf die gleiche Weise entzogen worden. Erst nach langem Hin und Her hat sich die Mutter des Kaisers Franz Joseph bereit erklärt, Klein Sophies Räume wenigstens in Sissys Nähe zu verlegen. Das ist aber auch schon das einzige Zugeständnis gewesen. Alles, was Sissy angeordnet hat, ist von der Erzherzogin sofort wieder verworfen worden. Einmal ist Klein Sophie zu lange an der frischen Luft gewesen, das andere Mal hat sie die falsche Nahrung bekommen, das dritte Mal wiederum hat sie sich beim Spielen schmutzig gemacht.

Sissy hat den Kampf um ihre Tochter schließlich aufgegeben. Daß ihr nun aber auch das zweite Kind weggenommen werden soll, sieht sie überhaupt nicht ein. Heute vormittag hat es einen bösen Streit mit der Erzherzogin gegeben. Sophie hegt keine besondere Zuneigung zu ihrer

Schwiegertochter. Seit der Hochzeit vor zwei Jahren versucht sie, aus Sissy eine würdige Kaiserin zu machen. Doch vergebens. Sissy, die Tochter von Sophies Schwester Ludovika, ist von ihren Eltern recht liberal erzogen worden. Herzog Max in Bayern hat keine bedeutende politische Stellung und sich zeit seines Lebens kaum um die ungeschriebenen Gesetze des spanischen Hofzeremoniells kümmern müssen. Und Ludovika hat ihre Kinder viel zu sehr geliebt, um ihnen mit derlei Vorschriften die Kindheit zu vergällen. So hat sich in Sissy, der eigenwilligsten unter ihren Geschwistern, ein übermächtiger Freiheitsdrang gebildet. Die Ehe mit Franz Joseph hat ihr Leben jedoch völlig verändert.

Nun ist sie nicht mehr Herrin ihrer Entschlüsse, jeder ihrer Schritte wird beobachtet. Als Kaiserin hat sie natürlich ein anderes Benehmen an den Tag zu legen, doch das will und will nicht in ihr Köpfchen hinein. Fast täglich kommt es zu Auseinandersetzungen mit Sophie, die beständig in der Furcht lebt, daß Sissy mit ihrem Verhalten den Wiener Hof lächerlich macht. Meist kann Franz Joseph vermittelnd einspringen. Aber heute hat Sissy seine Rückkehr aus der Hofburg, wo der Kaiser seinen Amtsgeschäften nachgeht, nicht abgewartet.

Wie von Sinnen hat sie befohlen, anzuspannen, zu packen und ist, ohne sich von irgendjemandem zu verabschieden, davongefahren. Sie will sich in der Kaiservilla in Bad Ischl verstecken. Es ist mir völlig gleichgültig, was alle über mich reden werden, denkt sie mürrisch. Diese Bevormundungen gehen über meine Kräfte. So habe ich mir mein Leben nicht vorgestellt ...

Sissy hat wirklich keinen leichten Stand im Wiener Gesellschaftsleben. Die mächtige Etikette schreibt dem Kaiserpaar genau vor, wie es zu leben hat. Je höher der Rang eines Aristokraten ist, desto strenger sind die Vorschriften. Sissy ist jetzt zwar die erste Frau im Staat, doch das heißt noch lange nicht, daß sie tun und lassen kann, was sie will. Im Gegenteil: Sie ist in ein enges Korsett von Regeln gesperrt, das ihr gar keine persönlichen Freiheiten mehr läßt. Da vergeht zum Beispiel der ganze Vormittag mit der quälenden Prozedur des Ankleidens. Sissy hat sich noch nie etwas aus Putz und Tand gemacht. Daheim in München oder im Sommerschlößchen Possenhofen am Starnberger See ist sie einfach in ein Kleidchen geschlüpft, ohne sich viel Gedanken über ihr Aussehen zu machen. Nun aber schreibt ihr die Obersthofmeisterin Gräfin Esterhazy vor, welche Roben anzulegen sind. Und welch Aufsehen wird um ihr prächtiges Haar gemacht! Sogar vor dem Schlafengehen kommt eine Zofe, um Sissys langes Haar mit hundert Bürstenstrichen zum Glänzen zu bringen. Da kann sie noch so müde sein — die Zofe kennt keinen Pardon. Am frühen Nachmittag werden die adeligen Damen, denen es auf Grund ihrer Stellung erlaubt ist, die Kaiserin zu besuchen, vorgelassen. Sissy haßt diese Stunden, in denen sie verpflichtet ist, mit Menschen, die ihr völlig fremd sind, Konversation zu machen. Am Hof in Wien kennt man nur ein Gesprächsthema: den Hoftratsch. Getreulich bis ins Detail wird berichtet, wer mit wem tanzt, welche Komtesse zu heiraten gedenkt und wie es um die prächtige Ausstattung dieses oder jenes Festes bestellt gewesen ist.

Sissy interessiert sich für diese Klatschereien überhaupt nicht. Sie liest gerne und viel, informiert sich über alle Neuheiten im Theater und will wissen, was in der Welt vor sich geht. Mit diesen Gesprächsthemen kommt sie aber bei den Damen der guten Gesellschaft schlecht an. Daher vergehen diese Audienzen oft in peinlichem Schweigen: Sissy hat ihnen kaum etwas zu sagen, und da den vorgelassenen Damen nicht erlaubt ist, die Kaiserin von sich aus anzureden, geht die Unterhaltung eher schleppend vor sich.

So oft es geht, versucht Sissy, sich vor ihren Verpflichtungen zu drücken. Bälle, Empfänge, Soireen sind ihr ein Greuel. Ihre wunderschönen Kleider sind unbequem, die Haare sind zu fest geflochten, das Lächeln gefriert ihr auf den Lippen, und sie langweilt sich unsäglich auf den Festen, wo es nur darauf ankommt, möglichst wortreich über Nichtigkeiten zu sprechen.

Anfangs hat sie diese Torturen stillschweigend über sich ergehen lassen. Bedrückt und in sich gekehrt hat sie ihre geheimsten Gedanken dem Tagebuch anvertraut, das sie seit frühester Kindheit führt. Doch bald ist der alte Eigenwille wieder aufgetaucht. „Schließlich bin ich Kaiserin", hat sie einmal ihrem Tagebuch anvertraut. „Wer will mir da etwas vorschreiben?"

Nun läßt sich Sissy tagsüber von ihrer Obersthofmeisterin mit Kopfschmerzen entschuldigen, um keine Audienzen geben zu müssen. Doch während Sissy angeblich in ihren Räumen ruht, kann man sie im Prater in wildem Galopp über die Wiesen reiten sehen. Immer öfter unternimmt sie Ausflüge auf eigene Faust. Gerne verläßt sie das Schloß, um durch die Wiener Innenstadt zu bummeln. Oft taucht sie unangemeldet in einem Krankenhaus auf, geht von Bett zu Bett, fährt in die Vorstädte und unterhält sich mit den armen Leuten über deren Sorgen.

Solche Eskapaden sind freilich unverzeihlich. Alle Adeligen haben ihre Vertrauenspersonen im Schloß. Lakaien, Kammerdienerinnen und Sekretäre berichten täglich von Sissys neuesten Einfällen. Jedes böse Wort, das zwischen der Erzherzogin und ihrer Schwiegertochter fällt, wird weitergegeben. Völlig respektlos heißt es oft, daß Sissy wohl besser auf ihrem Bauernhof in Bayern geblieben wäre. Weder Sissy noch Sophie bleibt das bösartige Getuschel verborgen. Doch je mehr die Erzherzogin der Kaiserin zuredet, desto heftiger weigert sich Sissy, Rücksicht zu nehmen. In ihrem Trotz sieht sie nicht ein, daß es Sophie nur gut mit ihr meint. Warum soll ich zu Menschen freundlich sein, die mich nur achten, wenn ich mich ihren Vorstellungen gemäß verhalte? Ich kann sehr leicht auf den Respekt einer Gräfin Soundso verzichten, die über mich lächelt, nur weil ich dem Protokoll zuwiderhandle, denkt Sissy oft.

Der letzte Auftritt mit ihrer Schwiegermutter, die sie regelrecht heruntergeputzt hat, ist wirklich über Sissys Kräfte gegangen. „So kann es nicht mehr weitergehen. Franz Joseph muß mit seiner Mutter sprechen. Sie soll endlich aufhören, sich in meine Angelegenheiten einzumischen. Wie ich meine Kinder erziehe, geht sie doch wirklich nichts an. Meine Töchter sollen nicht zu gesellschaftsfähigen Marionetten heranwachsen", beschließt Sissy, während sich die Kutsche dem Reiseziel nähert.

Bereits am nächsten Tag kommt eine Depesche von Franz Joseph in Bad Ischl an. Ungeduldig öffnet Sissy das Schreiben. Erbleichend liest sie, was ihr Gemahl in knappen Worten anordnet:

„Meine liebe Sissy, deine überstürzte Flucht ist wohl eine Torheit, die ich nicht entschuldigen kann. Wir alle hoffen, daß du inzwischen zur Besinnung gekommen bist und die Unsinnigkeit deines Verhaltens einsiehst. Ich erwarte, daß du dich unverzüglich auf den Rückweg machst."

Sissys Herz klopft heftig. Diesen frostigen Ton hat sie in zwei Ehejahren von Franz Joseph noch nie gehört.

„Was mache ich jetzt?" überlegt sie verzweifelt. „Ich will mich wegen Sophie doch nicht mit Franz Joseph zerstreiten. Aber warum versteht er mich denn nicht? Wenn ich jetzt nach Wien zurückfahre, sieht es so aus, als würde ich seiner Mutter nachgeben."

Glücklicherweise wird Sissy die Entscheidung abgenommen. Denn Franz Joseph hat den kühlen Ton seines Briefes bald bereut, sich in eine Kutsche gesetzt und trifft noch am gleichen Abend in Bad Ischl ein. Überglücklich fällt Sissy ihrem Gemahl um den Hals.

„Bin ich froh, daß du da bist. Ich habe schon gedacht, du wärest ernstlich böse auf mich."

„Ich bin auch böse. So eine Dummheit darfst du nicht mehr begehen. Außerdem habe ich mich um dich gesorgt. Denn ein paar Stunden lang hat niemand gewußt, wohin du verschwunden bist. Siehst du denn nicht ein, daß sich diese Kindereien für eine Kaiserin absolut nicht schicken?"

„Ach, Franz Joseph, was soll ich denn tun? Verstehst du denn nicht, daß es mir das Herz zerreißt, wenn deine Mutter meine Kinder an sich zieht? Klein Sophie sieht mich an, als wäre ich eine Fremde und nicht ihre Mutter!"

„Sissy, ich vermisse deine Einsicht. Wie oft hast du mir versprochen, deine Pflichten zu erfüllen? Du bist zwar voller guter Vorsätze, doch am nächsten Tag hast du alles vergessen. Da reitest du wieder stundenlang aus, statt deine Aufgaben zu erfüllen. Mama hat dann natürlich Angst, daß du unsere Kinder wie kleine Strolche aufwachsen läßt. Und wenn du einfach davonläufst, wird sie dich überhaupt nicht mehr ernstnehmen, siehst du das denn nicht ein?"

Sissy stampft zornig mit dem Fuß auf. „Nun nimmst du deine Mutter auch noch in Schutz! Ich möchte wirklich wissen, warum du mich überhaupt geheiratet hast! Hast du jemanden gesucht, der sich vortrefflich benehmen kann oder jemanden, den du liebst?"

Nun ist Franz Joseph aber auch am Ende seiner Geduld. „Das möchte ich nicht noch einmal von dir hören. Du weißt sehr wohl, daß ich dich liebe. Und ich drücke sehr oft beide Augen zu, wenn du dich vor deinen Pflichten drückst. Aber ein wenig Rücksicht kann ich von dir doch erwarten, oder nicht?"

„Aber ich bemühe mich doch so sehr!" Nun ist Sissy schon den Tränen nahe.

„So, das nennst du also Bemühungen, wenn du dich lieber mit dem Zirkusreiter Renz unterhältst als mit Mutters Verwandten? Wenn du lieber Ungarisch lernst, als dein Französisch zu verbessern, das jeder am Hof beherrschen muß? Wenn du ausreitest, statt dich darum zu kümmern, was das Protokoll für einen abendlichen Empfang vorsieht? Ich habe wirklich Verständnis für deinen Freiheitsdrang und erleichtere dir deine Pflichten, wo ich kann. Doch du achtest überhaupt nicht auf deine Stellung."

Nun ist der schönste Krach im Gang. Sissy ist dermaßen erschrocken, daß sie versucht, wieder einzulenken.

„Ich weiß ja, daß ich dir nur Schande mache. Aber manchmal kann ich nicht anders, als einfach auszubrechen. Wenn du wüßtest, wie mich das Leben am Hof langweilt! Sogar du sagst doch ab und zu, daß eure Vorschriften allzu streng sind. Dabei bist du doch in dieser Umgebung aufgewachsen. Und ich möchte mich nicht mit dir zanken! Du bist doch der einzige, dem ich vertraue."

Gerührt streicht Franz Joseph über Sissys Haar. „Nun weine doch nicht. Ich bin dir ja auch gar nicht gram. Doch wenn du dich weiter so verhältst, dann machst du dir deine Lage sicher nicht leichter. Kannst du denn nicht begreifen, daß ich dir helfen will, wenn ich dich auf deine Fehler aufmerksam mache?"

Sissy und Franz Joseph sind rasch wieder versöhnt. Gemeinsam verbringen sie ein paar unbeschwerte Tage in Bad Ischl, dann ruft die Politik den Kaiser wieder zurück nach Wien. Sissy begleitet ihn, entschuldigt sich sogar bei der

Erzherzogin und absolviert gefügig ihr tägliches Soll an Audienzen. Niemand soll mir nachsagen, daß ich mich nicht bemühe, einen guten Eindruck zu machen, sagt sie sich. Aber wie es in meinem Inneren aussieht, geht von nun an niemanden etwas an. Ich werde mich bemühen, jede Gelegenheit wahrzunehmen, aus Wien wegzukommen ...

Geschickt überredet Sissy den Kaiser, sie auf seine Reise durch Italien mitzunehmen. Sie hat gehört, daß die italienische Bevölkerung die österreichische Verwaltung ablehnt und Unmut laut wird. Nun weist sie darauf hin, daß die aufständischen Ungarn seit ihrem Besuch in Budapest weitaus bereiter sind, sich auf Verhandlungen einzulassen als in den Jahren zuvor. Dieses Argument kann Franz Joseph nicht übersehen. Er hat die Erfahrung gemacht, daß seine reizende Frau jedermann entzückt. Vielleicht kann man auch in Italien die Lage mit Sissys Hilfe etwas entspannen. Franz Joseph wundert sich zwar über den Vorschlag, ahnt aber nicht im geringsten, daß Sissy nur eine Möglichkeit sucht, ihrer Schwiegermutter zu entkommen. Kaum sieht Sissy, daß ihre ersten diplomatischen Schritte von mehr Erfolg gekrönt sind als ihre übliche Trotzhaltung, keimt in ihr ein neuer Plan. Sie wird auffallend still, ißt wenig und scheint große Sorgen zu haben. Prompt erkundigt sich die Erzherzogin bei einem gemeinsamen Diner nach dem Grund von Sissys Kummer.

„Ich fürchte, Klein Sophie ist krank, Mama. Finden Sie nicht auch, daß sie etwas blaß und abgemagert wirkt?" meint Sissy mit großen traurigen Augen.

„Was sagst du da, Sissy? Das ist mir noch gar nicht aufgefallen!" Franz Joseph wendet sich besorgt seiner Mutter zu. „Was hat denn unser Töchterchen?"

Sophie hat zwar keine Anzeichen von Krankheit bei ihrer Enkelin bemerkt, will sich aber auch nicht mangelnde Fürsorge vorwerfen lassen und meint daher: „Ja, Klein Sophie will seit einigen Tagen nicht so recht essen."

„Es besteht sicher kein Grund zur Besorgnis", mischt sich nun Sissy wieder ein. „Wenn deine Mama meint, es kann nichts Ernstes sein, so brauchen wir nicht beunruhigt zu sein, Franz Joseph. Aber wenn du gerne möchtest, bleibe ich in Wien, während du nach Italien fährst, um Mama bei der Pflege behilflich zu sein."

„Nein, nein, Sissy, das ist wirklich nicht notwendig", wehrt die Erzherzogin ab. „Die Kleine braucht sicher nur eine Luftveränderung, dann kommt sie wieder zu Appetit. Ich werde ein paar Tage mit ihr nach Bad Ischl fahren."

„Aber Mama, das geht doch nicht. Sie werden doch in Wien gebraucht", überlegt Franz Joseph. „Wir könnten Sophie auf die Reise mitnehmen. Das Klima in Oberitalien soll sehr gesund sein, was meinen Sie?"

„Aber Franz Joseph, meinst du nicht, daß das Kind bei Mama besser aufgehoben ist als auf der Reise?" fragt Sissy schüchtern, denkt aber bei sich: Na bitte, das funktioniert ja bestens.

Und tatsächlich — nach kurzem Nachdenken — bestimmt Sophie: „Nein, ich glaube auch, daß ihr sie mitnehmen solltet. Die milde Luft wird ihr sicher guttun."

Und so setzt Sissy zum zweitenmal ihren Willen durch, ohne mit ihrer Schwiegermutter streiten zu müssen.

2.

Sissys Italienreise steht von Anfang an unter keinem guten Stern. Das Paar kommt am späten Nachmittag in Triest an. Auf der Bergkuppe, die sich hinter der Stadt erhebt, läßt Sissy einen Moment halten. Von hier aus hat sie einen herrlichen Ausblick. Das Meer glitzert im Schein der untergehenden Sonne, im Hafen von Triest herrscht reges Treiben, und ein leichter Wind läßt die österreichischen Fahnen lustig flattern.

„Schön ist es hier, nicht wahr?" Sissy dreht sich zu Franz Joseph um. Doch der hat keine Augen für das südliche Panorama. „Beeil dich, wir sind schon etwas spät dran. Du wirst morgen noch genug zu sehen bekommen."

In schneller Fahrt geht es den Berg hinunter. Auf dem Hauptplatz hat eine Militärparade Aufstellung genommen, die Stadtväter warten schon. Hier erlebt Sissy nun zum erstenmal, daß man dem Kaiser nicht überall wohlgesonnen ist. Die Begrüßung wird zwar mit aller gebotenen Ehrfurcht vollzogen, doch die Menge bleibt stumm. Neugierig drängen sich die Menschen, um die Kaiserin betrachten zu können, die angeblich so wunderschön sein soll, doch kein einziges „Vivat!" ertönt.

Sissy versucht, freundlich zu winken, doch als niemand zurückgrüßt, läßt sie entmutigt die Hand sinken. Fragend blickt sie zu Franz Joseph, doch dem scheint der kühle Empfang nichts auszumachen. Sissy ist ganz eigenartig zumute. Beklommen läßt sie sich auf das prächtige Schiff, die „Galeggiante", geleiten. Eine Hafenrundfahrt steht auf dem Programm, nachher soll im Salon das Diner eingenommen werden. Nun stellt Sissy auch verwundert fest, daß die Gesellschaft ziemlich klein ist. Verstohlen drängt sie sich an Franz Joseph heran und fragt leise: „Wo sind denn die anderen?"

„Welche anderen?" gibt Franz Joseph ebenso flüsternd zurück.

„Na, all der Adel! Alle Fürsten und Grafen, die sich sonst immer um uns scharen?"

„Sissy, du weißt doch, wie die Italiener zu uns stehen. Die Herrschaften haben sich alle entschuldigen lassen, um uns damit zu brüskieren. Aber laß dich davon nicht beeindrucken, das wird noch öfter vorkommen."

Gedankenvoll wendet Sissy ihre Aufmerksamkeit wieder dem Bürgermeister zu, der eine Ansprache hält. Mit einemmal ertönt ein ohrenbetäubendes Klirren. Erschrocken fahren die Anwesenden zusammen. Einen Moment lang herrscht Todesstille, dann läuft alles hin und her. Aufgeregte Rufe schwirren durcheinander.

„Was ist geschehen?" Mit klopfendem Herzen klammert sich Sissy an Franz Joseph. Plötzlich wankt ein Lakai aus dem Salon. Zwischen den Händen, die er sich vor sein Gesicht hält, tropft Blut auf die blütenweiße Livrée.

„Um Himmels willen, was ist denn dem armen Mann geschehen?" Besorgt läuft Sissy zu dem Bediensteten, der mit gepreßter Stimme vor sich hin murmelt. „Man muß einen Arzt rufen! Er hat ja Schmerzen!" Nervös packt sie einen der Umstehenden beim Ärmel. „Veranlassen Sie doch, daß wir sofort umkehren! Man muß ihm helfen!"

Sanft befreit sich der Bürgermeister aus Sissys Griff.

„Hoheit, beruhigen Sie sich! Es ist nichts geschehen. Nur eine kleine Verletzung. Es besteht kein Grund zur Besorgnis. Sehen Sie, Hoheit, nur viele kleine Scherben."

Für den Augenblick ist Sissy beruhigt. Aber dann fragt sie den Bürgermeister: „Was hat hier gekracht? Schießt man etwa auf uns?"

„Nur ein Unfall!" Beschwörend hebt der Mann beide Hände. „Keine Angst Hoheit, es ist nur ..."

„Ja? Was denn? Nun sprechen Sie doch!"

„Was ist vorgefallen?" erkundigt sich nun auch Franz Joseph in beherrschtem Ton.

„Die Krone, Hoheit, die Krone! Ich bin untröstlich! Die Kaiserkrone ist von ihrem Platz gefallen!"

Franz Joseph, der schon mehrere Male auf diesem Schiff gewesen ist, scheint verwundert zu sein.

„Die gläserne Kaiserkrone? Wie konnte das geschehen. Sie ist doch fest auf dem Podest verankert!"

Der Bürgermeister verzieht ratlos das Gesicht. „Sie müssen entschuldigen, ich weiß auch nicht, wie dieses unfaßbare Malheur passiert ist. Vielleicht die Bora? Sehen Sie doch, es kommt starker Wind auf."

Tatsächlich, von den Bergen weht ein frischer Wind. Sissy hat gehört, daß die Bora in wenigen Augenblicken Spitzengeschwindigkeiten erreichen kann und schon vielen Fischern das Leben gekostet hat. Aber wenn sie bei diesem Wind nicht einmal ihren Schal verloren hat, — wie soll dann erst die schwere Krone von ihrem Platz gerückt worden sein? Und wenn diese Böen so gefährlich sind, warum mutet man ihr dann zu, auf dem schwankenden Schiff das Diner einzunehmen?

Da stimmt doch etwas nicht, denkt sie mißtrauisch und runzelt die Stirn.

„Wenn du möchtest, Sissy, dann veranlasse ich, daß wir sofort wieder an Land zurückfahren." Franz Joseph hat bemerkt, was in Sissy vorgeht. Auch ihm ist die Sache nicht ganz geheuer. Seine Gemahlin nickt erleichtert, und so wird das Diner im Großen Saal des Rathauses eingenommen. Sissy ist recht froh, als die Feierlichkeiten für diesen Abend vorüber sind. Kaum ist sie mit Franz Joseph allein, macht sie ihrem Herzen Luft.

„Glaubst du an diese Geschichte mit der Bora?" fragt sie eindringlich.

„Nun ja, möglich wäre es schon, aber ...!"

„Du brauchst gar nicht weiterzusprechen, ich weiß schon, was du sagen willst. Du glaubst also auch, daß die Krone absichtlich heruntergeworfen wurde, um uns Angst einzujagen?"

„So direkt würde ich das vielleicht nicht ausdrücken wie du, aber du kannst schon recht haben. Nach diesem frostigen Empfang wundert mich überhaupt nichts mehr. Ich hatte gehofft, du könntest die Italiener ebenso schnell erobern wie die Ungarn. Aber zu deiner Beruhigung mache ich dir einen Vorschlag: Wir lassen Klein Sophie nach Venedig vorausfahren und kommen so schnell wie möglich nach, einverstanden?"

Sissy atmet erleichtert auf. Sie selbst ist zwar nicht furchtsam, aber der Gedanke, daß ihrer Tochter ein Leid zustoßen könnte, läßt sie erschaudern.

Schon am nächsten Tag erreicht sie in aller Früh eine weitere Hiobsbotschaft. Für den zweiten Abend des Kaiserpaares in Triest hat man ein Feuerwerk geplant. Die Leuchtkörper sind in einem Depot des Magistrats gelegen. In der Nacht ist dort ein Feuer ausgebrochen, die Flammen haben blind gewütet, mehrere Verletzte sind in das Krankenhaus eingeliefert worden. Und wieder muß die Bora als Entschuldigungsgrund herhalten.

„Soviele Zufälle auf einmal gibt es doch gar nicht!"

Sissy hat mit einemmal richtig Angst. Aber in dieser Situation zeigt sich, daß sie Format besitzt. Lächelnd, als wäre nichts geschehen, nimmt sie gemeinsam mit Franz Joseph eine Parade ab und zeigt den Menschenmengen ihr strahlendstes Gesicht.

„Ich bin stolz auf dich", flüstert ihr der Kaiser in einem unbeobachteten Moment zu.

„Keiner soll glauben, daß man uns einen Schrecken eingejagt hat", gibt sie tapfer lächelnd zurück, obwohl ihr gar nicht heiter zumute ist.

Die nächsten Tage vergehen ohne nennenswerte Zwischenfälle. Die Atmosphäre allerdings ist noch immer gespannt. Von den Adeligen in Triest hat noch immer niemand dem Kaiserpaar seine Aufwartung gemacht. Endlich, endlich geht die Reise weiter nach Venedig. In der Kutsche zieht Franz Joseph seine erschöpfte Frau dicht an sich heran:

„Du hast dich vortrefflich gehalten. Deswegen habe ich auch eine Überraschung für dich. Schau einmal beim Fenster hinaus."

„Wir bleiben ja zurück, was hast du vor? Nur die Kutsche von Baron Weckbecker ist noch hinter uns."

„Du sollst für deine Tapferkeit belohnt werden. Ich weiß ja, wie gerne du unerkannt durch die Gegend streifst. Na, und da wir ja erst morgen in Venedig erwartet werden, habe ich gedacht, du freust dich, wenn wir uns einen Tag einmal selbständig machen. Außerdem sollst du dich erholen, denn in Venedig wird die Stimmung wohl kaum freundlicher sein."

„Was für eine Freude!" Begeistert klatscht Sissy in die Hände. Mit einem Schlag ist sie wieder das unbeschwerte, glücklich lachende Mädchen, das Franz Joseph in Bad Ischl kennengelernt hat. „Können wir nicht gleich stehenbleiben? Ich möchte das Meer riechen."

„Wie Majestät befehlen!" Lächelnd läßt Franz Joseph halten. Er kommt gar nicht mehr dazu, Sissy aus dem Wagen zu helfen. Mit einem Satz springt sie aus der Kutsche, läuft über die Straße und steht schon am Strand.

„Kommen Sie doch, Baron!" ruft sie ausgelassen.

„Sissy, nicht zu nahe ans Wasser!" will Franz Joseph warnen, aber da ist es schon zu spät. Die Wellen haben Sissys Reisekleid benetzt. Aber das scheint sie gar nicht zu stören. Sie macht noch einen Schritt, bückt sich und taucht ihre Hände tief in das salzige Wasser ein.

„So fröhlich ist Majestät selten, wenn ich mir diese Bemerkung erlauben darf", stellt Baron Weckbecker, der Adjutant des Kaisers und einer der wenigen, die Sissy aufrichtig zugetan sind, fest.

„Die letzten Tage waren sicher nicht leicht. Elisabeth ist über das frostige Verhalten der Menschen in Triest sehr traurig gewesen. Aber heute — keine finsteren Gedanken mehr. Lassen Sie uns mit meiner Gemahlin ein wenig am Strand promenieren."

„So schön das Meer auch ist, satt wird man nicht davon", seufzt Sissy nach einer Weile. „Können wir denn nicht bald einkehren?"

Man begibt sich also im nächsten Ort auf die Suche nach einem Lokal. Sissy will unbedingt zu Fuß gehen. Alle Augenblicke stößt sie entzückte Rufe aus. Streunende Katzen laufen über die Wege, in den winkeligen Gassen hängt die bunte Wäsche aus den Fenstern, Geschirr klappert, und eine junge Frauenstimme singt eine bezaubernde Melodie.

„Schau einmal, da möchte ich gerne hinein. Das Wort ‚Osteria' bedeutet doch Gasthaus?"

Neben einem niedrigen, weißgetünchten Haus stehen einige Tische mit rot-weiß-gewürfelten Decken im Freien. Eine Weinlaube spendet kühlen Schatten. „Wenn du meinst ... Ist es dir nicht zu schmutzig?" Franz Joseph kommt nur zögernd näher, aber Sissy hat bereits Platz genommen.

Baron Weckbecker, der ein paar Brocken Italienisch kann, gibt bei einer gemütlichen Frau die Bestellung auf.

„Was gibt es denn zu essen?" erkundigt sich Sissy neugierig.

„Das ist eine Überraschung, Majestät. Aber es wird Ihnen sicher munden." Der Baron lächelt vor sich hin.

Wenig später kehrt die Wirtin mit drei Tellern zurück. Wie ein Wasserfall redet sie auf Sissy ein und nickt freundlich.

„Was sagt sie?"

Hilfreich springt Weckbecker ein. „Wenn Majestät gestatten, die Dame meint, Sie wären viel zu dünn und müßten viel essen. Sie haben eine extra große Portion bekommen."

Sissy lacht hellauf. „So ist das also! Ich soll wohl hier gemästet werden. Sag, Franz Joseph, was hast du denn mit dem Baron abgemacht? Im übrigen, lieber Freund, hast du mich in eine peinliche Lage gebracht. Oder hast du vergessen, daß ich noch nie im Leben Spaghetti gegessen habe?"

„Hoheit, ich bin bestürzt, das ist allein mein Fehler." Der Adjutant wird ganz bleich im Gesicht.

Aber Sissy beruhigt ihn gleich wieder. „Lassen Sie nur, ich habe doch nur Spaß gemacht, es ist mir überhaupt nicht unangenehm, mich von Ihnen unterweisen zu lassen."

„Ich muß gestehen, ich bin auf diesem Gebiet auch nicht sehr bewandert", mischt sich Franz Joseph ein. „Also los, Baron, zeigen Sie uns, was Sie bei Ihren Studienreisen in Italien gelernt haben."

Sissy verschluckt sich vor Lachen. Diese Spaghetti wollen und wollen nicht auf der Gabel bleiben. Aber als sie den Löffel zu Hilfe nimmt, macht sie rasche Fortschritte.

„Ich habe eine Idee! Wenn wir in Wien zurück sind, geben wir ein Fest. Und weißt du, was es zum Diner gibt, Franz Joseph? Nein? Na, das ist doch ganz einfach: Spaghetti mit enorm viel Tomatensauce! Ha! Diese Gesichter möchte ich doch zu gerne sehen. Wollen wir wetten, daß keine von den Hofdamen ohne Tomatenflecken auf ihrer Garderobe nach Hause geht?"

Die Wirtin kommt wieder heraus, blickt zufrieden auf Sissys leeren Teller und trägt einen knackig-frischen Salat auf. Danach gibt es köstlich zartes Hühnerfleisch, das mit Basilikum und Oregano gewürzt ist. Nach dem Käse lehnt sich Sissy stöhnend in ihrem Sessel zurück.

„Mir scheint, die Meeresluft macht nicht nur unserer Tochter, sondern auch dir Appetit. Zu Hause ißt du manchmal nur wie ein Spatz!" freut sich Franz Joseph. „Und nun wollen wir uns ein schattiges Plätzchen am Strand suchen. Weckbecker und ich werden eine Zigarre rauchen, und du kannst ein kurzes Mittagsschläfchen halten. Dann müssen wir aber weiter!"

Allzu schnell geht dieser wunderschöne Tag vorbei. Am Abend stoßen die drei Ausreißer zur Reisegesellschaft, die schon in Mestre, einem Vorort Venedigs, wartet. Müde fällt Sissy in ihr Bett.

In der Lagunenstadt haben schon vor Wochen hektische Vorbereitungen für die Ankunft des Kaisers begonnen. Der königliche Palast ist instandgesetzt worden. Dabei sind aber auch hier etliche Merkwürdigkeiten geschehen. So hat man die Vorhänge und Stoffbezüge erneuert und zu Ehren der Monarchie natürlich rotes und weißes Tuch verwendet. Doch während der Renovierungsarbeiten sind diese beiden Farben plötzlich nicht mehr aufzutreiben gewesen. Also hat man sich entschlossen, zusätzlich grüne Stoffe zu verwenden. Nun aber prangen alle Räume in den Farben der italienischen Flagge. Ein Zufall? Oder ein Hinweis darauf, daß sich auch die italienischen Provinzen aus der Herrschaft der Habsburger lösen wollen?

Das Kaiserpaar kommt wieder mit dem Schiff an. Die

Behörden haben alles getan, um einen möglichst glanzvollen Empfang vorzutäuschen. Doch die Bevölkerung verharrt auch hier in tiefstem Schweigen, als Sissy und Franz Joseph über den Markusplatz in die Kirche gehen. Mit einer Gondel wird das Paar zum Palast gebracht. In der Halle stehen einige hochangesehene Bürger, um dem Kaiser die Ehre zu erweisen, doch die adeligen Familien lassen sich nicht blicken.

Alleingelassen streift Sissy durch das Palais. „Wie feucht und klamm es hier ist", ärgert sie sich. „Klein Sophie wird sich sicher erkälten. Ich muß Franz Joseph gleich fragen, ob wir sie nicht irgendwo anders unterbringen können."

Aber Sissy findet sich in dem Labyrinth nicht zurecht. Sie hat sich in den endlosen Gängen verlaufen. Nach einigen Minuten ruft sie laut nach Franz Joseph. Beklommen horcht sie nach einer Antwort, doch alles bleibt still.

Sissy irrt hin und her, öffnet eine Tür nach der anderen und bemerkt dabei, daß sich die Venezianer doch wenig Mühe bei der Einrichtung gegeben haben. Nur einige Räume sind hergerichtet, die anderen liegen verlassen im Halbdunkel. Nicht einmal die Spinnweben sind entfernt worden.

Endlich findet Sissy ihr Schlafgemach. Gräfin Esterhazy überwacht das Auspacken der großen Reisekoffer. Froh darüber, ein bekanntes Gesicht zu sehen, fragt Sissy freundlich: „Wie gefällt es Ihnen in Venedig, Gräfin?"

Sissys Obersthofmeisterin scheint sich auch nicht sehr wohl zu fühlen: „Die Stadt, Majestät, ist zauberhaft. Die Menschen scheinen allerdings sehr zurückhaltend zu sein."

„Wie könnte man sie denn aus der Reserve locken? Sie wissen in solchen Fragen doch besser Bescheid als ich", schmeichelt die Kaiserin.

„Man könnte einen Empfang geben", sinniert die Gräfin. „Wenn Majestät persönlich einladen, wird es wohl niemand wagen, nicht zu erscheinen. Während des Festes lassen sich vielleicht Kontakte knüpfen. Aber Hoheit dürfen sich nicht anmerken lassen, daß Sie die Bekanntschaft wünschen. Die Italiener sollen spüren, daß sie Untertanen der Monarchie sind. Das Volk darf nicht überheblich werden."

Schon wenige Tage später findet eine Soirée statt. Und diejenigen, die gekommen sind, werden den Abend lange nicht vergessen.

3.

Zwar haben sich doch recht viele Familien entschuldigen lassen, darunter auch die Pisani, aber dafür sind die Dolfin, die Giustinian und etliche andere erschienen. Um zum kaiserlichen Palais zu gelangen, müssen sie ihre Gondeln verlassen und noch etwa zweihundert Schritt zu Fuß gehen. Am Abend des Festes hat sich dort eine wütende Menschenmenge angesammelt. Die schönen Frauen und Herren mit ihren großen Namen sind gezwungen, sich von den Massen beschimpfen und beleidigen zu lassen. Das Volk ist verärgert, weil die Adeligen der Einladung gefolgt sind und das Fest nicht boykottieren. Es beginnt mit einer Mißstimmung, und eisige Atmosphäre macht sich im Palast breit. Sissy kann lächeln, soviel sie will — die Gäste bleiben abweisend. Sie hat noch schnell einige italienische Phrasen gelernt, doch selbst diese Bemühungen finden keine Anerkennung. Keiner der Geladenen bleibt länger, als es die Höflichkeit vorschreibt. Recht bald stehen Sissy und Franz Joseph alleine da und machen betrübte Gesichter.

„Nun, du hast mich ja auf so etwas vorbereitet, ich war also nicht gerade erstaunt. Aber können wir denn wirklich nichts tun, um die Lage zu ändern?" fragt Sissy ihren Gemahl.

„Das wird wohl schwierig sein. Weißt du, einerseits will ich ja die Versöhnung mit Italien, andererseits kann ich ja auch nicht auf alle Forderungen eingehen. Ich darf mich nicht zu nachgiebig zeigen."

„Könntest du nicht wieder eine Amnestie erlassen? In Ungarn hat diese Geste doch geholfen. Damit vergibst du dir nichts, und die Italiener sehen dennoch, daß wir ihnen wohlgesonnen sind", schlägt Sissy vor.

„Liebstes Frauchen, das ist eine gute Idee. Ich werde gleich morgen mit Weckbecker darüber sprechen. Aber nun wollen wir noch ein wenig spazierengehen, der Abend ist so lau, und es ist ja noch gar nicht spät. Willst du dich nicht umziehen? Wenn wir eine Gondel nehmen, dann zerdrückst du dir dein Abendkleid. Übrigens muß ich dir sagen, daß man dich trotz aller Konflikte bewundernd angesehen hat. Deiner Schönheit kann wohl niemand lange widerstehen."

Sissy eilt in ihr Zimmer, um sich umkleiden zu lassen. Dabei trifft sie Gräfin Esterhazy an. „Seien Sie vorsichtig, Majestät. Es ist schon ziemlich dunkel. Wer weiß, was in den engen Gassen geschehen kann."

„Aber Gräfin!" lacht Sissy sorglos. „Die Italiener hassen uns doch nicht sosehr, daß sie einen Anschlag planen."

Hand in Hand promeniert das junge Paar über den Markusplatz. Dort herrscht noch reges Leben. Eine Gruppe junger Musikanten spielt auf, vor den Kaffeehäusern sind Tische aufgestellt, und die Leute sitzen friedlich plaudernd im Freien.

Da löst sich plötzlich aus einer Menschengruppe ein älterer Mann und eilt auf die beiden zu. Nach vielen tiefen Verbeugungen fleht er in fließendem Deutsch:

„Majestät, hören Sie mich an, ich bitte nur um eine Minute!"

Franz Joseph will schon verärgert weitergehen, da packt ihn Sissy am Ärmel und sagt: „Laß ihn seine Bitte vortragen, wir haben doch keine Eile."

Der Italiener — ein ehemaliger Offizier namens Jura — blickt Sissy dankbar an und beginnt zu erzählen: „Majestät, ich bin ein armer alter Mann, und nun habe ich auch noch meine Pension verloren. Ich weiß nicht, wovon ich leben soll."

„Wie konnte das geschehen?" erkundigt sich Sissy teilnahmsvoll.

„Majestät, ich muß gestehen, daß ich an der Revolution vor neun Jahren teilgenommen habe. Ich habe dafür bitter bezahlen müssen und bereue meine damalige Handlung zutiefst. Aber nun hat man mir deswegen auch noch die Majorspension gestrichen."

„Kann man denn für den Mann nichts tun?" Fragend blickt Sissy ihren Gemahl an. Der hat einen raschen Entschluß gefaßt: „Bringen Sie mir eine Bittschrift, ich werde mich persönlich um die Sache kümmern."

Jura verneigt sich, gibt aber zu bedenken: „Man wird mich nicht vorlassen."

„Ach, da müssen Sie sich keine Sorgen machen, ich gebe Ihnen einen meiner Handschuhe, und wenn Sie ihn morgen vorzeigen, werden Sie in den Palast eingelassen."

Ein Strahlen geht über das Gesicht des alten Mannes. „Majestät, ich danke untertänigst für die große Güte."

Im Weitergehen meint Franz Joseph: „Du warst sehr nett zu dem Major. Aber eigentlich sollte ich keine Ausnahme machen. Diese Begebenheit wird sich schnell herumsprechen, und dann können wir nicht mehr über die Straßen gehen, ohne von Bittstellern angesprochen zu werden."

„Ach, weißt du, er hat mir so leid getan! Und dann haben wir doch erst vor kurzem darüber gesprochen, daß wir zu den Italienern freundlich sein wollen. Nun, das war doch eine gute Gelegenheit, oder nicht?"

„Also, manchmal glaube ich, daß du viel diplomatischer bist als ich. Ich hätte den Mann angewiesen, den Amtsweg einzuschlagen."

„Siehst du, aus mir wird doch noch eine gute Kaiserin!" neckt Sissy ihren Gemahl. „Wenn du einverstanden bist, suchen wir jetzt das Teatro Fenice. Wir sind morgen zu einer Vorstellung eingeladen. Aber da stehen sicher wieder Menschenmassen davor, und ich kann mir das Gebäude nicht in Ruhe ansehen. Außerdem habe ich gar nichts dagegen, ein wenig zu laufen. Das einzig Ärgerliche an unseren Reisen ist, daß ich meine Pferde nicht mitnehmen kann. Die täglichen Ausritte fehlen mir sehr."

„Nun übertreibst du aber. In Ungarn hast du doch die Möglichkeit gehabt, Ausflüge zu Pferd zu unternehmen. Aber stell dir vor, du wolltest in Venedig ausreiten! Da müßtest du schon auf ein Seepferdchen klettern. Im übrigen bin ich sicher, daß du zu deinem Spaziergang kommen wirst. Ich war zwar schon einige Male hier, aber ich habe mich noch immer verlaufen."

Tatsächlich finden die beiden das Theater nicht sofort, sondern irren durch die verwinkelten Gäßchen. Manchmal, wenn Franz Joseph glaubt, den Weg gefunden zu haben, stehen sie vor einem Kanal, über den keine Brücke führt. Dann heißt es umkehren und von neuem zu suchen. Aber Sissy beschwert sich nicht. Auch sie kann sich dem Zauber der Stadt nicht entziehen. Nur das Klima macht ihr etwas zu schaffen. Sie fühlt sich schon seit Tagen ein wenig matt. Hoffentlich werde ich nicht krank, denkt sie während des Spazierganges. Franz Joseph möchte doch mindestens bis

Weihnachten hierbleiben. Ich will ganz sicher nicht alleine nach Wien zurückfahren ...

Am nächsten Abend, als Franz Joseph und Sissy ihre Loge im Teatro Fenice betreten, trauen sie ihren Augen nicht. Das Theater ist bis auf den letzten Platz ausverkauft; alle Familien, die sich bis jetzt nicht gezeigt haben, sind anwesend. Wie es scheint, hat sich die Episode mit Major Jura herumgesprochen. Alle Gäste erheben sich von ihren Plätzen und klatschen laut Beifall. Sissy errötet vor Freude über diese erste Sympathiekundgebung, was am nächsten Tag in den Gazetten vermerkt wird.

Nun geht es Schlag auf Schlag. Franz Joseph erläßt nicht nur eine Amnestie — er gibt auch die beschlagnahmten Güter von politischen Flüchtlingen an deren Angehörige zurück. Auf den Straßen grüßen die Menschen freundlich, wenn sie das Kaiserpaar erblicken, und auf einmal hagelt es Einladungen über Einladungen. Die Obersthofmeisterin ist sehr mit der sonst so eigenwilligen Kaiserin zufrieden. Jeden Nachmittag empfängt Sissy die Damen der angesehenen Patrizierfamilien und unterhält sich mit ihnen auf die liebenswürdigste Art und Weise. Sie kommt mit dem von Natur aus fröhlichen Menschenschlag viel besser zurecht als mit den Wienern. Auch der Gesprächsstoff geht nie aus. Sissy interessiert sich für alles, was in Venedig vorgeht, weiß in kürzester Zeit über die Vergangenheit der Stadt Bescheid und hat auch ein offenes Ohr, wenn es um die politischen Beziehungen zur Monarchie geht. Ihre Italienischkenntnisse nehmen mit jedem Tag zu. Ab und zu kann man sie in ihrer Gondel mit einem Sprachlehrer zwischen den Inseln umherfahren sehen.

Die Weihnachtsfeier stößt auf Schwierigkeiten. Sissy besteht auf einem Christbaum, aber eine Tanne ist in Venedig eine Seltenheit. Da schlägt der Bürgermeister vor, einen

Baum aus dem Botanischen Garten zu nehmen. Voller Dankbarkeit macht Sissy dem hilfreichen Mann ein kostbares Geschenk: Sie läßt eigens aus Wien ein Augarten-Porzellanservice kommen.

„Wir beide wollen einander gar nichts schenken, Franz Joseph! Ich möchte gern wieder einmal Weihnachten so feiern, wie ich es von zu Hause gewohnt bin. Die Eltern haben uns zwar keine kostbaren Geschenke gemacht, aber dafür ist der Abend immer wunderschön und friedlich gewesen."

„Ich weiß, Sissy, ich habe dich doch während unserer Verlobungszeit einmal zu den Festtagen besucht. Ja, du hast recht. Wir wollen kein prächtiges Fest wie in Wien veranstalten, sondern einen ruhigen Abend verbringen. Aber Weckbecker und die Gräfin müssen wir schon einladen, das macht dir doch nichts?"

„Aber nein, die beiden sollen am Heiligen Abend nicht alleine sein. Außerdem gehört der Baron ja schon fast zur Familie. Und mit der Esterhazy verstehe ich mich ein wenig besser. Ich glaube, es tut ihr auch ganz gut, einmal nicht in der Nähe deiner Mutter zu sein. Oh!"

Erschrocken hält sich Sissy die Hand vor den Mund. Ob Franz Joseph nun böse ist? Aber er sieht mit einem Lächeln über diesen Ausrutscher hinweg und meint nur:

„Wir müssen wieder einmal an Mama schreiben, vergiß das bitte nicht. Und jetzt laß uns den Baum schmücken. Wir wollen unsere Gäste damit überraschen."

Sissy geht freudig auf den Vorschlag ein und weist ihre Zofe an, den Christbaumschmuck zu bringen. Als sie aber die glitzernden Kugeln auspackt, wird ihr Gesicht immer länger.

„Das gefällt mir gar nicht! Hör einmal zu, wenn du mir hilfst, Strohsterne zu basteln, dann schicke ich jemanden, der uns besorgt, was dazu notwendig ist."

„Na gut, wenn du meinst, ich bin einverstanden. Aber ich muß dich warnen! Ich bin nicht sehr geschickt."

„Das schaffen wir schon, wir haben ja den ganzen Nachmittag Zeit. Wir treffen einander hier in zwei Stunden wieder. Ich glaube nämlich, daß ich lieber selber einkaufen gehe."

Die Venezianer staunen nicht schlecht, als sie die Kaiserin von Geschäft zu Geschäft eilen sehen. Neugierig erkundigen sie sich nach ihren Einkäufen. Was will sie nur mit Bindfäden und Stroh anfangen?

Sissy ist bald wieder zurück und unterweist Franz Joseph in seinen Aufgaben: „Du mußt einen Faden um die Äpfel wickeln, erst einen Knoten und dann noch eine lange Schlaufe machen, damit du die Äpfel an den Zweigen aufhängen kannst. Ich schneide inzwischen das Stroh zurecht."

Franz Joseph hat seine liebe Mühe. Die dünnen Fäden gleiten ihm immer wieder aus der Hand und wollen nicht halten. Aber nach und nach baumelt eine Reihe von Äpfeln auf dem Baum.

„So, jetzt ist es genug! Hilf mir nun mit den Sternen! Ich lege die Halme zusammen, und du wickelst den Faden fest über der Stelle zusammen, wo sie sich kreuzen."

Sissy legt einen Halm über den anderen, bis ein dichter, kugeliger Stern entstanden ist. „Jetzt kannst du einen Knoten machen!" fordert sie Franz Joseph nach einer Weile auf. Gehorsam verknüpft der Kaiser die Fäden — aber er hat nicht fest genug zugezogen. Die Halme rutschen durch die kleine Schlinge.

„O weh! Wir müssen noch einmal von vorne anfangen. Aber beim nächsten Mal ziehst du die Schlaufe besser zu, sonst sitzen wir noch am Abend hier."

Flink ordnet Sissy den Strohstern, und diesmal klappt es schon besser. Nach einer Stunde sieht der Baum durchaus weihnachtlich aus.

„Nun müssen wir noch die Kerzen befestigen. Du nimmst die roten und ich die weißen."

Ein wenig müde, aber sehr stolz treten Sissy und Franz Joseph zurück, um ihr Werk zu betrachten. „Schön ist der Baum geworden!" lobt der Kaiser seine Gemahlin. „Nun müssen wir uns aber umziehen. Ich habe die Gräfin und den Baron für acht Uhr bestellt."

Sissy beeilt sich und läuft dann wieder in den Salon hinunter. Eine Minute vor acht läutet sie mit einem Glöckchen und öffnet die Flügeltür. Franz Joseph und die beiden Gäste treten ein. Sissy hat alle Lichter gelöscht und die Kerzen entzündet. „Fröhliche Weihnachten!" wünscht sie freundlich.

„Was für ein schöner Christbaum!" entschlüpft es Gräfin Esterhazy unwillkürlich. „Und wie ungewöhnlich geschmückt."

„Das war Sissys Idee!" erklärt Franz Joseph stolz. „Und ich habe ihr dabei geholfen."

Die Obersthofmeisterin ist verblüfft. Seit sie mit der Kaiserin in Italien ist, muß sie festsellen, daß Sissy ein wirklich einnehmendes Wesen besitzt. Vielleicht geht die Erzherzogin Sophie mit ihr manchmal zu streng um, denkt sie bei sich. Ich kann nicht bemerken, daß es der jungen Kaiserin an gutem Willen fehlt. Sie hat auch in der Öffentlichkeit ein würdiges Auftreten. Daß sie sich noch um den Weihnachtsbaum gekümmert hat, finde ich außerordentlich liebenswürdig. Ich kann nur Positives von ihr nach Wien berichten.

Bei Tisch entspinnt sich eine rege Unterhaltung. Natürlich geht auch dieses Weihnachtsfest nicht ganz ohne Geschenke ab. Die Venezianer haben es sich nicht nehmen lassen, kleine Aufmerksamkeiten zu schicken. Gerührt über soviel Freundlichkeit fragt Sissy nun Franz Joseph aus, wo denn der Grund für das Aufbegehren der Italiener liege. Baron Weckbecker und Gräfin Esterhazy unterstützen Franz Joseph bei seinen Erklärungen, und so kommt es bald zu einer hitzigen Debatte. Denn Sissy vertritt die Auffassung, daß man die Zügel nicht gar so straff halten dürfe. Die Obersthofmeisterin ist über Sissys liberale Einstellung zwar entsetzt, muß aber ganz im geheimen zugeben, daß in ihren Worten doch ein Körnchen Wahrheit enthalten ist.

Neujahr wird noch in Venedig verbracht, dann endlich geht die Reise weiter. Inzwischen hat sich in Oberitalien herumgesprochen, welchen Einfluß die hübsche Kaiserin auf Franz Joseph hat. Sissy wird bejubelt, dem Kaiser begegnet man noch mit Zurückhaltung. Außerdem ist die Situation noch lange nicht gerettet. Die einfache Landbevölkerung ist zwar schon viel freundlicher gesinnt, die Patrizierkreise und die Adelsfamilien aber zeigen noch immer wohlberechnete Kälte. In Vicenza lassen sich nur zwei Damen aus der Aristokratie bei Sissy vorstellen. In Verona hingegen wird das Kaiserpaar herzlicher empfangen, doch auch hier kommt es zu einem peinlichen Zwischenfall.

Sissy hat erfahren, daß am 9. Jänner ein Nationalfest gefeiert werden soll, und veranlaßt Franz Joseph, die Fahrt zu unterbrechen.

„Meinst du nicht, daß es die Italiener als nette Geste auffassen, wenn wir bei dem Bacchanala dei gnocchi anwesend sind? Wir haben ohnehin keine Eile, nach Mailand zu gelangen."

Franz Joseph willigt ein, und so erscheinen die beiden bei dem Nationalfest, an dem es unter anderem Sitte ist, einander mit gnocchi — also mit knödelartigen Teigwaren — zu füttern. Sissy und Franz Joseph haben eben an der Seite des unnahbaren Statthalters Baron Jordis Platz genommen, als sich die Menge unter lautem Johlen der Loge nähert. Angefeuert von begeisterten Rufen, klettert ein Bauernmädchen über die Absperrung, geht auf den Statthalter zu und greift mit einer Hand in eine große Schüssel voller gnocchi. Gespielt unterwürfig bietet sie Baron Jordis die Speise an. Dieser windet sich zwar in allerhöchster Not, läßt sich aber ergeben füttern. Franz Joseph schmunzelt, denn er kennt die hoffährtige Art des Statthalters. Aber mit einemmal bleibt ihm das Lachen im Hals stecken ...

Ermutigt durch das Gelächter der Menge, macht sich das Mädchen an Franz Joseph heran. Auch Sissy ist das Lächeln auf den Lippen gefroren. Kurz entschlossen nimmt sie der hämisch grinsenden Magd die gnocchi aus der Hand und reicht sie Franz Joseph. Dieser will das Volk nicht vor den Kopf stoßen und schluckt tapfer einen kleinen Teigkloß. Das Fest geht mit Musik und Tanz weiter, aber Sissy und Franz Joseph lassen sich bald entschuldigen. Daß man ihrer Würde nahegetreten ist, können die beiden nicht so rasch vergessen.

In Mailand aber ist die Stimmung noch viel frostiger. Sogar die einfache Bevölkerung weigert sich, beim Empfang des Kaiserpaares zu erscheinen. Der Magistrat droht mit schweren Strafen, aber als auch das nichts hilft, entschließt man sich, allen Leuten, die die Straßen säumen sollen, eine Lira pro Kopf zu bezahlen. Außerdem wird verlautbart, daß der Kaiser eine Generalamnestie erlassen und die Steuern senken wird.

Als Sissy und Franz Joseph endlich ankommen, sind die Zufahrtstraßen bis zum Palast voll mit Menschentrauben. Doch eisiges Schweigen begleitet den Einzug. Die Polizei ist hilflos. Kein Befehl bringt die Menge zum Jubeln. Von den

Balkonen, die ebenfalls auf Anordnung der Stadtverwaltung bevölkert sind, weht keine Flagge. Bedrückt läßt das Kaiserpaar die Begrüßungszeremonie über sich ergehen und zieht sich schnellstens zurück. Sissy hat mit ihrem feinen Gespür erkannt, daß man in Mailand wohl den schwersten Stand haben wird. Franz Joseph ist da schon etwas zuversichtlicher:

„Warte nur ein Weilchen, dann wird man uns schon mehr Freundlichkeit entgegenbringen. Ich will so bald als möglich die Amnestie verkünden lassen. Meine Generäle sind zwar dagegen, aber mit dieser Methode haben wir schon öfter Erfolg gehabt."

Sissy bleibt skeptisch. Wie recht sie hat, zeigt sich noch am selben Abend in der Mailänder Oper, der Scala. Die Behörden haben ungeheure Schwierigkeiten auf sich genommen, den riesigen Saal zu füllen. Jeder Logenbesitzer hat melden müssen, ob er seine Loge an diesem Abend benützen wird. Andernfalls sollten Beamte oder Offiziere eingeladen werden. Doch der Mailänder Adel will das Kaiserpaar kränken. Man meldet, daß die Loge benötigt wird. Aber wer erscheint, sind nicht die Aristokraten, sondern deren Dienstboten. Und nicht einmal diese Leute sind gewillt, Sissy und Franz Joseph mit einem einzigen Hochruf zu ehren.

Auch als der Steuernachlaß verkündet wird, findet der erhoffte Umschwung nicht statt. Im Gegenteil, man hat die Absichten des Kaisers durchschaut und straft die Anbiederung mit Mißachtung. Nun sieht sich der Statthalter gezwungen, bei den folgenden Konzerten und anderen offiziellen Anlässen die Damen und Herren aus dem Bürgerstand einzuladen. Aber auch diese verzichten auf die Ehre. Wenn Sissy aus dem Palast ausfährt, bemüht sich keiner der Passanten, sie zu grüßen, geschweige denn, den Hut zu ziehen. Allmählich sehnt sich die Kaiserin wieder nach Wien zurück. Der Mißerfolg ist nicht zu übersehen, und Sissy hat auch schon genug von den Empfängen, die sie zwingen, sich ständig zu schmücken und umzuziehen. Endlich, im März, geht es heimwärts.

Stürmisch begrüßen Sissy und Franz Joseph ihr Baby Gisela. Doch die Eltern sind fast ein halbes Jahr nicht mehr daheim gewesen, und Gisela hat sich inzwischen an die Großmama gewöhnt. Auch Sophie, die sich auf der Reise gesundheitlich erholt hat, wird sofort wieder in die Obhut von Erzherzogin Sophie genommen.

Hat sich Sissy gegen Ende der Reise schrecklich gelangweilt, so findet sie sich in Wien überhaupt nicht mehr zurecht. In Italien ist sie wenigstens Herr ihrer selbst gewesen, aber nun wird sie von Sophie wieder auf Schritt und Tritt beobachtet. Sooft Sissy kann, entflieht sie der Hofburg.

4.

Franz Joseph beobachtet besorgt, wie sich Sissy wieder in sich zurückzieht. Sie widmet sich jetzt fast ausschließlich ihren Tieren und hat sich zwei Hunde angeschafft, mit denen sie ständig spazierengeht. Franz Joseph ist zwar nicht sehr erbaut darüber, daß die beiden Terrier Sissy überallhin folgen. Es regnet oft, und wenn sich die nassen Hunde vor den Kamin legen, verströmen sie keinen angenehmen Duft. Aber der Kaiser sagt nichts. Sissy hat sich in Italien so vorbildlich verhalten, daß er ihr nun keine Bitte abschlagen kann.

Im übrigen klagt Sissy des öfteren über Kopfweh und behauptet, sich an der frischen Luft besser zu fühlen als in den stickigen Räumen der Hofburg. Die Heizung funktioniert noch immer nicht gut, und so ist es in manchen Räumen bitter kalt, während in anderen drückende Hitze lastet. Die Schmerzen kommen aber auch von Sissys langen Haaren, die ihr schon bis an die Hüften reichen. Täglich zweimal wird die dichte Pracht mit je hundert Bürstenstrichen gepflegt und nachher zu einem straffen Zopf geflochten. Manchmal — um sich Erleichterung zu verschaffen — läßt Sissy ihre Haare offen fallen, aber Sophie ist natürlich dagegen, daß sich ihre Schwiegertochter so in der Öffentlichkeit zeigt. So hat Sissy eine Vorrichtung ersonnen, die sie benutzt, wenn die Kopfschmerzen zu arg werden. Sie läßt Fäden von der Decke spannen, an denen sie ihre schweren, langen Haare aufhängt.

Aber auch die Kleider drücken. Obwohl Sissy wirklich recht mager ist, muß sie sich jeden Morgen in ein enges Korsett schnüren lassen, das ihr fast die Luft zum Atmen nimmt. Dazu kommt noch die weitausladende Krinoline, die eben in Mode ist. Die Reifen sind in die Röcke eingenäht und drücken beim Sitzen fürchterlich. Sissy bevorzugt Roben, die wie ihre Reitkleider geschnitten sind und ihr viel Bewegungsfreiheit gestatten. Auch der herrliche Schmuck bleibt oft wochenlang ungetragen. Aber dann und wann muß sich Sissy doch herausputzen lassen.

Kurz nach ihrer Rückkehr aus Italien fordern die hoffähigen Damen natürlich wieder ihr Recht, beim Cercle vorgelassen zu werden. Sissy ist diese nachmittägliche Pflicht ein Greuel, aber da sie nun so lange nicht in Wien war, muß sie diese Aufgabe auf sich nehmen. Da kann sie aber nicht einfach gekleidet erscheinen, sondern muß sich vorher stundenlang herrichten lassen.

Es ist genau festgelegt, wer beim Cercle Zutritt hat. Kaum jemand, der nicht mit den 23 großen Adelsfamilien in Österreich verwandt ist, hat eine Chance, in diesen Kreis einzudringen. Da man täglich untereinander verkehrt, beschränken sich die Gesprächsthemen auf Familienangelegenheiten. Sissy ist daran überhaupt nicht interessiert. Sie möchte mit jedem reden, der ihr gefällt. Das Geklatsche über die Verwandten und Bekannten berührt sie schon deswegen nicht, weil sie ja nicht in diesem Kreis aufgewachsen, sondern erst durch ihre Heirat hineinverpflanzt worden ist. Diesen Makel läßt man Sissy nur allzu gerne spüren. Das hochmütige Getue kann ihr allerdings überhaupt nicht imponieren. Nach wenigen Tagen erscheint sie nicht mehr, und die Aristokratinnen nehmen die Entschuldigung wegen der Kopfschmerzen mit vielsagendem Lächeln hin. Wenn Sissy dieses Leiden manchmal als Ausrede benutzt, so kommt Sophie dennoch nicht umhin, zu bemerken, daß ihre Schwiegertochter besorgniserregend blaß aussieht. Sissy, die sehr auf ihre Figur achtet, hat sich einer radikalen Hungerkur unterzogen. Sie hat auf der Reise einige Kilogramm zugenommen und bemüht sich, diese schnell wieder abzunehmen. Die Kur ist überhaupt nicht notwendig; Sissy sieht nach wie vor reizend aus und wirkt überhaupt nicht füllig. Doch sie hat panische Angst vor Übergewicht.

Franz Joseph, der bald wieder nach Ungarn fahren möchte, hat beschlossen, seine Gemahlin mitzunehmen. Erzherzogin Sophie macht zunächst Einwände:

„Man sieht es nicht gerne, wenn die Kaiserin so häufig außer Landes weilt. Sissy sollte in Wien bleiben, um dich zu vertreten, wenn du abwesend bist. Außerdem scheint sie sich mit den Ungarn anzufreunden, und das ist mir gar nicht recht. Sie wird dich noch dahingehend beeinflussen, daß du dem Volk Zugeständnisse machst."

„Aber Mama, Sie wissen doch, wie günstig Sissys Erscheinen in den Kronländern aufgenommen wird. Sie hat in Italien viel Gutes getan; ich war froh, sie an meiner Seite zu wissen. Doch das Wichtigste ist, daß sie sich wieder erholt. Ein Klimawechsel dürfte äußerst angebracht sein. Klein Sophie hat die fremde Luft ebenfalls gut bekommen."

Sissy weiß nichts von dem Gespräch. Sie weilt nun oft in Laxenburg, unternimmt Ausritte und besucht auch dann und wann die Krankenhäuser. Sie will sich nicht nachsagen lassen, daß sie auf ihre Pflichten als Kaiserin vergißt. Wenn sie sich schon nicht mit dem Adel anfreunden kann, will sie sich wenigstens um das Volk kümmern. Tatsächlich kann Sissy manche Not lindern. Wiederholte Male besucht sie Volksküchen, die besonders billige Speisen für die verarmte Bevölkerung anbieten. Die Kost ist freilich nicht gerade schmackhaft. Sissy bringt einen Koch einmal in arge Verlegenheit, als sie eine Suppe kostet. „Um Himmels willen!" entrüstet sie sich. „Wer soll denn das essen? Die armen Leute, die hierherkommen, sind wahrscheinlich alle krank. Und da wird ihnen noch dieser Abfall angeboten? Kein Wunder, daß es soviele Kranke in Wien gibt."

„Majestät!" versucht sich der Koch zu rechtfertigen, „es ist nicht meine Schuld, glauben Sie mir. Doch es steht uns dermaßen wenig Geld zur Verfügung, daß wir nichts Besseres zubereiten können."

Nun wird Sissy neugierig. „Erzählen Sie ohne Scheu!" fordert sie den Koch auf. Dieser faßt sich ein Herz. Man hat schon so viel von der Güte der Kaiserin gehört, daß er nun wagt, seine Sorgen zu schildern: „Majestät, ich kann keine frische Ware kaufen, dazu fehlt mir leider das nötige Geld. Erst wenn das Gemüse schon tagelang auf dem Markt gelegen ist, wird es von den Händlern billiger abgegeben. Aber sehen Sie doch selbst! Hier, die Salatblätter sind halb verfault, das Brot ist steinalt."

„Guter Mann, ich verspreche Ihnen, das wird sich ändern. Schicken Sie mir einen Boten ins Schloß. Er soll mir einen Kostenvoranschlag bringen, wieviel Geld Sie benötigen, um gesunde und frische Speisen zubereiten zu können. Ich werde dann dafür sorgen, daß die Unterstützung der Volksküchen angehoben wird."

Am Abend berichtet sie Franz Joseph von ihrem Erlebnis. „Du mußt diesen Zustand schleunigst ändern. Man kann wirklich niemandem zumuten, diese Speisen zu essen. Die armen Teufel tun mir in der Seele leid."

Der Kaiser ist entsetzt. „Sissy, davon wußte ich ja nichts! Ich verspreche dir, daß ich etwas unternehmen werde, sobald du die Kostenaufstellung in Händen hältst. Wie gut, daß du mir solche Aufgaben abnimmst. Ich habe ja nie Zeit, mich um diese Dinge zu kümmern."

„Das kann ja wohl nicht ganz stimmen. Dieser Koch hat mir gesagt, daß er schon einmal eine Bittschrift an dich gesandt hat."

„Das kann nicht sein! Ich habe eine derartige Petition nie gesehen. Aber vielleicht hat man in meinem Vorzimmer befunden, daß die Sache zu unwichtig sei, um mich damit zu belästigen."

„Also, ich glaube nicht, daß es unwichtig ist, wenn deine Untertanen verhungern. Du mußt darauf achten, daß sich deine Adjutanten nicht zuviel Macht anmaßen. Wer weiß, was sie dir alles verschweigen."

Sissy steigert sich in richtigen Zorn hinein. „Ich glaube fast, daß deine Mutter dahintersteckt. Du weißt doch selbst, was sie von der Bevölkerung hält. Wenn jemand arbeitslos ist und verhungert, dann bemüht sie sich nicht einmal, den Grund für die Armut zu suchen. Sie hat überhaupt kein Mitleid mit den Menschen."

„Nun beruhige dich wieder, Sissy! Es stimmt schon, Mama kann mit dem Volk nicht so gut umgehen wie du. Aber du mußt ihr zugutehalten, daß sie sich um die große Politik kümmert. Da kann man Kleinigkeiten schon einmal übersehen. Aber nun bist ja du da, um derartige Mißstände zu untersuchen. Das heißt — erst dann wieder, wenn wir aus Ungarn zurück sind."

„Ungarn?" Sissy macht große Augen. „Davon weiß ich ja noch gar nichts!"

„Tja, eigentlich wollte ich dich damit überraschen. Du hast weder zu Weihnachten noch zu deinem Geburtstag ein Geschenk erhalten. Und da ich weiß, wie gerne du das letzte Mal in Ungarn gewesen bist, habe ich beschlossen, dich mitzunehmen."

Lachend fällt Sissy dem Kaiser um den Hals. „Du Guter! Das ist ja wirklich eine Freude. Ich kann dir gar nicht sagen, wie schlimm es im Augenblick für mich in Wien ist. Da ist es sogar bei den Italienern lustiger zugegangen. Deine Mutter nimmt unsere Töchter dermaßen in Beschlag, daß ich die Mädchen kaum mehr zu sehen bekomme. Na, und wie ich mich mit den sogenannten hoffähigen Damen vertrage, weißt du ja selber."

„Aber Sissy, ich habe nicht gewußt, daß du sosehr leidest. Du hast ja recht, die Wiener Gesellschaft ist schon recht steif und förmlich. Aber du sagst ja nie ein Wort. Ich habe gedacht, du hättest dich schon eingewöhnt. In Italien hat es dir ja auch nichts ausgemacht, deine Repräsentationspflichten zu erfüllen."

„Das kann ich dir schon erklären. Erstens wollte ich dir helfen, und zweitens waren auch die feindseligsten Italiener intelligenter und amüsanter als die vornehmen Wiener. Das einzige, was sie hier kennen, sind Kleidervorschriften. Wer hat ein neues Kleid, und wer ist mit wem liiert? Das alles interessiert mich überhaupt nicht."

„Nun, du darfst mit unseren Aristokraten nicht gar so hart ins Gericht gehen. Was würdest du sagen, wenn ich

Mama fragte, ob sie uns beide Mädchen mit nach Ungarn gibt?"

„Franz Joseph, das wäre großartig! Dann könnten wir endlich einmal wie eine richtige Familie Urlaub machen! Wann soll es denn losgehen?"

„Anfang Mai, würde ich sagen. Das hängt aber noch von meinen Geschäften in Wien ab. Aber gar so familiär wird der Ausflug sicher nicht werden. Ich habe viele Besprechungen zu erledigen. Übrigens ist Graf Andrassy, der dich so interessiert hat, nach Budapest zurückgekehrt. Du wirst wohl Gelegenheit haben, den bekehrten Revolutionär kennenzulernen. Er schlägt nun im Gegensatz zu früher einen gemäßigten Ton an und scheint ganz vernünftige Vorschläge zu machen."

„Das ist eine gute Nachricht. Vielleicht kommt es nun zu einer Lösung, die beide Länder befriedigt. Ich glaube, daß die Ungarn durchaus berechtigte Bitten äußern. Soweit ich es verstanden habe, wollen sie schlicht und einfach nicht neben, sondern mit Österreich existieren."

„Ach, Sissy, wenn es nur so einfach wäre! Wenn ich den Ungarn nachgebe, ziehe ich mir dafür wieder andere Feinde zu. In Wien gibt es viele Kreise, die noch immer der Meinung sind, man müsse die ungarischen Freiheitsbestrebungen unterdrücken "

„Du wirst schon eine Lösung finden", meint Sissy unbekümmert. „Aber sag einmal, kann ich wieder nach Gödöllö fahren? Das verfallene Schloß hat mir zu gut gefallen."

„Aber gerne, meine Liebe. Du sollst tun, was dir Spaß macht. Im Mai ist das Wetter sicher so schön, daß du die Mädchen unbesorgt ins Freie mitnehmen kannst. Du mußt nur versprechen, dich nicht in die Nähe des Schlosses zu wagen. Wie leicht könnte etwas einstürzen!"

„Das verspreche ich dir. Hoffentlich sagt Mama ja."

Die Erzherzogin wehrt sich zwar ein wenig, gibt dann aber nach. Einmal möchte auch sie ausspannen. Die beiden lebhaften Mädchen können manchmal einigermaßen anstrengend sein.

Anfang Mai wird dann auch hektisch gepackt und ein ganzes Zugsabteil voller Koffer nach Budapest vorausgeschickt. Das Paar will zwar nur wenige Wochen in Ungarn bleiben, aber das Protokoll sieht Dutzende von Empfängen und Einladungen vor. Doch die Reise beginnt gar nicht glücklich. Gisela erkrankt, und Sissy muß alle Einladungen ausschlagen. Traurig wacht sie am Bett ihrer jüngsten Tochter und macht sich bittere Vorwürfe. Das zehn Monate alte Baby hat hohes Fieber und weint zum Erbarmen. Leibarzt Seeburger ist ratlos. Die Ungarn haben Mitleid mit der jungen Mutter. Langsam erholt sich Gisela wieder. Blaß, aber glücklich erscheint Sissy wieder in der Öffentlichkeit. Die Ungarn freuen sich ehrlich über die Genesung der kleinen Gisela und schicken riesige Blumensträuße. Doch wenige Tage später klagt die kleine Sophie über heftige Schmerzen. Sissy ist verzweifelt. Doktor Seeburger kann die Kaiserin beruhigen: „Majestät, fahren Sie nur, wie geplant, nach Debrezin. Es ist nichts Ernstes. Sophie wird bald wieder gesund."

Schweren Herzens läßt Sissy ihre Tochter in Budapest zurück und tritt die Reise ins Landesinnere an. Die Ungarn kennen Sissys Abneigung gegen allzu höfische Zeremonien und haben daher ein lockeres Programm zusammengestellt. Außerdem will man die besorgte Mutter ablenken. Man veranstaltet die prächtigsten Volksfeste und lädt Sissy zur Jagd ein, aber sie ist mit den Gedanken immer bei Klein Sophie. Nach fünf Tagen erhält sie die Meldung, daß sich der Zustand ihrer Tochter verschlimmert. Sissy läßt alles stehen und liegen und kehrt auf dem schnellsten Weg nach

Budapest zurück. Seeburger empfängt sie aufgeregt: „Es ist ärger geworden, Majestät. Sie kann keine Nahrung mehr behalten und wirft beim Husten Blut aus."

Schreckensbleich eilt Sissy in die Kindskammer. Klein Sophie liegt matt in ihren Kissen. „Mama!" flüstert sie mit einem dünnen Stimmchen, das Sissy tief ins Herz schneidet.

Wenige Stunden später trifft auch Franz Joseph ein und bestellt Doktor Seeburger zu sich, doch der Arzt ist mit seiner Weisheit am Ende.

„Wir können nur mehr beten, daß Ihre Tochter die Nacht übersteht."

Keine Minute weicht Sissy von dem Krankenlager. Mit unendlicher Geduld flößt sie ihrer Tochter einen Löffel Brei nach dem anderen ein. Doch Sophie würgt und spuckt die Nahrung aus. Bebende Angst im Herzen, legt die Kaiserin kühlende Tücher auf die fiebrige Stirn ihres Kindes. Aber nach vielen Stunden langen Leidens haucht das nur zwei Jahre alt gewordene Mädchen sein Leben aus.

„Unsere Kleine ist ein Engel im Himmel", telegraphiert Franz Joseph nach Wien. „Nach langem Kampf ist sie zuletzt ruhig verschieden. Wir sind vernichtet."

Sissy ist in hellster Verzweiflung. Sie rauft sich die Haare, weint stundenlang und klagt sich an, daß sie ihre Tochter getötet habe. Franz Joseph kann sie nicht beruhigen. Die Reise wird abgebrochen, das Paar fährt zurück nach Wien. Sissy will niemanden sehen, läßt sich nach Laxenburg bringen und sperrt sich dort ein. Tagelang nimmt sie kaum einen Bissen zu sich, sitzt vor ihrem Schreibtisch und füllt Seite um Seite ihres Tagebuchs. Nicht einmal Franz Joseph darf sich ihr nähern.

Inzwischen treffen Beileidsschreiben aus aller Welt ein. Erzherzogin Sophie leidet ebenso wie Sissy. Die kleine Enkelin ist ihr erklärter Liebling gewesen. Doch sie läßt keine böse Bemerkung fallen — im Gegenteil, sie versucht Franz Joseph zu trösten: „Du mußt deiner armen Frau begreiflich machen, daß das Unglück auch hier in Wien geschehen wäre. Sissy darf sich nicht in ihrem Kummer vergraben."

Nach und nach weicht Sissys Schmerz. Aber noch ist sie nicht bereit, nach Wien zurückzukehren. Franz Joseph entschließt sich endlich, die Ungarnreise allein wiederaufzunehmen und bittet Sissys Mutter, Herzogin Ludovika, während seiner Abwesenheit nach Österreich zu kommen.

5.

Ganze zwei Monate verbringt Herzogin Ludovika bei ihrer verhärmten Tochter. Endlich erwacht Sissy aus ihrem Kummer und verlangt, ihre Tochter Gisela sehen zu dürfen. Erzherzogin Sophie nimmt die Gelegenheit wahr, ihre Schwiegertochter in Laxenburg aufzusuchen. Seit dem tragischen Ereignis haben die beiden Frauen nur schriftlich miteinander verkehrt. Sissy will sich während ihrer Trauerzeit nicht auch noch mit Vorwürfen quälen lassen. Doch da zeigt es sich, daß die manchmal so hartherzige Frau ihren Stolz zurücksteckt, um Sissy Trost zuzusprechen. Höchstpersönlich liefert sie die kleine Gisela in Laxenburg ab. In dem kleinen Schlößchen herrscht bedrückte Atmosphäre, das Dienstpersonal geht nur auf Zehenspitzen, Sissy und ihre Mutter sind nicht zu erblicken.

Stirnrunzelnd begibt sich Sophie in den Garten. Da hört sie hinter sich einen Ruf und dreht sich um. Herzogin Ludovika eilt auf ihre Schwester zu: „Sophie, entschuldige, daß wir dich nicht empfangen haben, doch ich wußte nichts von deinem Kommen."

,,Es ist wohl an der Zeit, daß ich mich um Sissy kümmere. Es geht nicht an, daß sie so lange leidet. Sie muß wieder ins Leben zurückkehren."

,,Wenn ich nur wüßte, wie ich ihr helfen könnte. Sissy ißt nichts mehr, spricht kaum ein Wort und geht den lieben langen Tag im Garten auf und ab. Sie kommt über den Verlust nicht hinweg. Außerdem gibt sie sich die Schuld an dem Unglück und wagt nicht, dir unter die Augen zu treten", erklärt Ludovika.

,,Ja, hält sie mich denn für einen Unmenschen? Ich habe schon zu Franz Joseph bemerkt, daß sich Sissy nichts vorzuwerfen hat. Wo ist sie denn überhaupt? Ich muß einmal mit dem Kind sprechen."

Stumm deutet Ludovika auf eine Gartenlaube. Dort sitzt Sissy auf einer Bank, blaß und mager, mit verweinten Augen. Geistesabwesend krault sie ihre beiden Terrier, die ihrer Herrin die Hand lecken, und blickt trübsinnig in die Ferne. Energisch geht Sophie auf Sissy zu. Die hat die Schritte nicht gehört und fährt erschrocken auf, als sich Sophie zu ihr setzt.

,,Schwiegermama, guten Tag! Ich habe Sie nicht erwartet."

,,Mein liebes Mädchen, nun setz dich wieder hin. Du machst mir große Sorgen, weißt du das? Wir alle fühlen mit dir. Glaube mir, der Tod der kleinen Sophie hat mich bis ins Herz getroffen. Aber es geht nicht an, daß du dich wie ein wundes Tier verkriechst. Du gehörst nach Wien, an Franz Josephs Seite."

,,Ach!" schluchzt Sissy mit einemmal auf, ,,wenn Sie das arme Ding gesehen hätten, wie es sich gewunden hat. Ich kann den Anblick nicht vergessen. Warum ist die Welt so ungerecht? Hätte ich sie nur nicht nach Ungarn mitgenommen."

„Aber Sissy, das Unglück hätte doch ebensogut in Wien geschehen können, siehst du das nicht ein? Im übrigen hilfst du niemandem damit, daß du dich jetzt auch noch selber krank machst. Franz Joseph ist mit deinem Aussehen gar nicht zufrieden. Schau einmal, wie dünn du geworden bist! Du sollst gesund sein und dich über deine zweite Tochter freuen, bis du wieder guter Hoffnung bist."

„Ich möchte keine Kinder mehr haben", weint Sissy leise vor sich hin. „Ich will nicht noch mehr Kummer erleiden müssen."

„Aber, aber!" beschwichtigt Sophie. „So darfst du nicht sprechen. Du weißt doch, wie sehr sich Franz Joseph einen Thronfolger wünscht. Du wirst sehen, wenn du mit mir nach Wien kommst, ist der Kummer bald vergessen. Es gibt soviel Neues zu berichten. Aber nun putz dir einmal die Nase und schau, wen ich dir mitgebracht habe."

Gehorsam wischt sich Sissy die Tränenspuren aus dem Gesicht und folgt der Schwiegermutter ins Schloß. Sophie hat es mit ihren Worten wirklich nur gut gemeint. Aber Sissy, die sensibler als gewöhnlich ist, hat nun mehr denn je das Gefühl, nicht wie die Gattin des Kaisers, sondern wie ein unmündiges Kind behandelt zu werden. Als sie ihr Töchterchen von dem warmen Mäntelchen befreien möchte, warnt Sophie: „Paß auf, daß sie sich nicht erkältet." Und als Sissy die Kleine neckt und kitzelt, mahnt die Erzherzogin: „Treib es nicht zu toll. Sie hat gerade zu essen bekommen und könnte leicht erbrechen."

Sissy hat sich ehrlich gefreut, ihre Tochter wieder im Arm zu halten. Seit Monaten ist dies der erste Lichtblick gewesen. Doch nach diesen Rügen zieht sie sich sofort wieder in ihr Schneckenhaus zurück. Sie gibt mir zwar nicht offen die Schuld an Sophies Tod, denkt sie sich, aber aus allen ihren Anordnungen spricht der versteckte Vorwurf, daß ich nicht auf ihren weisen Rat gehört habe. Nun, soll sie Gisela doch behalten. Jetzt habe ich gar keine Tochter mehr ...

So wenig, wie sich Sophie in Sissy hineinversetzen kann, so wenig ist Sissy imstande, ihre Schwiegermama zu verstehen. Nicht einmal die gemeinsame Trauer hat die Frauen einander nähergebracht. Sissy denkt nicht daran, daß es Sophie mit ihren tröstenden Worten sicher nicht böse gemeint haben kann. In ihrer Verbitterung hört sie nur heraus, daß sie sich schon wieder den Anweisungen der Erzherzogin beugen soll. Gedankenvoll beschließt sie, dieser Tage nach Wien zu fahren, um Franz Joseph zu bitten, sie nach Possenhofen ziehen zu lassen. Sie bespricht sich mit ihrer Mutter, die ihr das Vorhaben allerdings ausreden möchte. Ludovika hat im Augenblick große Sorgen. Drei ihrer Kinder wollen sich bald verheiraten. Erbprinz Maximilian von Thurn und Taxis hat um Sissys älteste Schwester Helene angehalten, Marie soll mit König Franz II. von Neapel vermählt werden. Das größte Problem aber scheint Ludwig zu sein. Er hat sich in ein bürgerliches Mädchen, in Henriette Mendel, verliebt und ist ihr schon seit Jahren in innigster Zuneigung verbunden. Lange hat er auf seine Eltern Rücksicht genommen und Henriette keinen Antrag gemacht. Nun hört er aber schon seit geraumer Zeit, wie unglücklich Sissy am Hof ist und hat beschlossen, auf die Erbfolge zu verzichten, dem höfischen Leben den Rücken zu kehren und mit Henriette in aller Stille zu leben.

Seinen Vater, Herzog Max in Bayern, kann die unstandesgemäße Ehe überhaupt nicht schockieren. Er hat sich schon dagegen ausgesprochen, daß Marie mit dem Italiener verehelicht werden soll, den sie nie zuvor gesehen und der nur aus politischen Gründen um ihre Hand angehalten hat. Aber Ludovika will ihre Töchter gut verheiratet wissen, und so hat sie dem Antrag zugestimmt. Nun aber nehmen die Vorbereitungen all ihre Kraft und Aufmerksamkeit in Anspruch. „Ich werde dir nicht soviel Zeit widmen können", gibt sie zu bedenken. „Und glaubst du denn nicht, daß du Sophie verärgerst, wenn du fortfährst?"

„Mama, das ist mir alles gleichgültig. Ich möchte nur weg aus Wien. Du sollst dich in Possenhofen gar nicht um mich bemühen, ich werde dir sicher nicht zur Last fallen."

„Na gut", seufzt Ludovika. „Aber frag zuerst Franz Joseph um Erlaubnis. Wenn er zustimmt, darfst du mitfahren."

So erscheint Sissy eines Tages unangemeldet in der Hofburg und fordert Adjutant Grünne auf, sie einzulassen. Höflich bittet sie der General, ein wenig zu warten und benutzt die Zeit, Sissy sein wärmstes Mitleid auszusprechen. Dann meldet er sie beim Kaiser an. Franz Joseph ist über alle Maßen erstaunt:

„Sissy, meine geliebte Frau, was führt dich denn zu mir?"

„Liebster Franz Joseph, ich möchte gerne meine Mutter nach Bayern begleiten und einige Wochen am Starnberger See ausruhen."

„Ja, hast du denn nicht alles, was du dir wünschst? Wir könnten schon nach Schönbrunn übersiedeln, wenn es dir recht ist. Aber wenn du lieber in Laxenburg bleiben möchtest, will ich dich gerne jeden Abend besuchen. Glaube nicht, daß ich dich vernachlässige, ich bin nur deswegen hier in Wien, weil ich denke, daß du alleine sein möchtest. Kann ich dir denn nicht helfen, liebe Sissy?"

„Franz Joseph, du bist so herzensgut. Aber ich möchte doch lieber eine Weile zu meiner Familie. Hier erinnert mich alles an unsere Tochter. Stell dir vor, als Gisela in Laxenburg war, hat sie sich gleich in den roten Fauteuil, Klein

Sophies Lieblingsplatz, gesetzt und gelacht. Sie hat gar nicht verstanden, warum ihre Mama auf einmal so geweint hat. Und ich glaube, daß deine Mutter langsam ungeduldig wird. Sie will, daß ich wieder nach Wien komme. Doch ich kann nicht so schnell vergessen und mich jetzt wieder strahlend vor aller Welt präsentieren."

„Ich verstehe dich schon, meine Arme. Mir geht es ja genauso. Wenn ich abends alleine bin, muß ich oft an unser liebes Kind denken. Nun, ich will dir nicht verbieten, wegzufahren, doch stimmt es mich traurig, dich gar so weit weg zu wissen. Gibt es denn keine Möglichkeit, deinen Kummer zu lindern?"

„Mein Lieber, ich verspreche dir, nicht zu lange fortzubleiben. Aber nun möchte ich mich im Schoß meiner Familie geborgen fühlen. Verzeih mir, wenn ich dich mit diesem Wunsch verletze, doch ich kann nicht anders."

„Aber Sissy, du weißt doch, daß ich dich verstehe. Aber du wirst mir doch wenigstens schreiben, nicht wahr?"

„Das kann ich dir versprechen. Nun laß uns aber Abschied nehmen, ich möchte morgen schon fahren. Willst du deiner Mama meine Grüße bestellen?"

Bald schon kommt Sissy in Possenhofen an. Sie hat ganz wenig Gepäck mitgenommen, allen Putz und Tand daheim gelassen. Sie hat ihrem Vater geschrieben und ihn gebeten, alle offiziellen Einladungen abzusagen. Sie hat vor, den Aufenthalt ruhig und abgeschieden zu gestalten. Am bayrischen Hof hat man Verständnis für die trauernde Mutter und schickt nur einen wunderschönen Blumenstrauß, um ihre Ankunft zu würdigen.

Spät abends, als sich die Eltern und Sissys Geschwister schon zur Ruhe begeben haben, schleicht Sissy aus dem Schloß, um einen Spaziergang im mondbeschienenen Park zu machen. Versonnen betrachtet sie die funkelnden Sterne, als plötzlich Wortfetzen zu ihr hinüberwehen. „Wer ist da?" ruft sie ängstlich.

„Ach, du bist auch noch auf, Sissy!" Zwischen den Bäumen tauchen die Gestalten von Ludwig und Helene auf. „Wir sind noch ein wenig spazierengegangen. Bist du denn nicht müde nach der langen Reise?"

„Ich konnte nicht schlafen, da bin ich noch einmal aufgestanden. Worüber habt ihr denn gesprochen?"

Ludwig und Nené wechseln einen raschen Blick und zögern ein wenig. Aber schließlich faßt sich der Bruder ein Herz und gesteht: „Über dich, Schwesterherz."

„Ja, warum denn?" will Sissy wissen und hakt sich bei Nené ein. „Gehen wir doch zu der Bank hinüber, im Sitzen läßt es sich leichter plaudern."

„Ja, du weißt vielleicht schon, daß wir heiraten wollen. Nun waren wir gerade dabei, die Zukunft zu erörtern."

„Und was hat das mit mir zu tun?"

„Naja, es heißt doch, daß du nicht immer glücklich bist. Und so haben wir eben besprochen, ob wir dir nicht zusätzlich schaden werden, wenn wir unter unserem Stand heiraten. In Wien wird ja schon genug über deine Herkunft geredet. Und daß Papas liberale Einstellung in aller Munde ist, weißt du ja selber."

„Aber Ludwig, Nené, ihr könnt doch nicht meinetwegen auf euer Glück verzichten! Außerdem würde eine sogenannte gute Partie nichts an meiner Position ändern. Wißt ihr, manchmal ist mir schon zum Weinen zumute, das muß ich zugeben. Doch Franz Joseph ist der aufmerksamste und rührendste Ehemann, den man sich vorstellen kann. Seine Liebe hilft mir über vieles hinweg. Aber mit dem Gesellschaftsleben werde ich mich wohl nie anfreunden können. Nein, nein, ihr habt es schon richtig gemacht. Im Grunde kann ich euch nur beneiden."

„Armes Schwesterherz", flüstert Ludwig. „Aber ich kann dich nur zu gut verstehen. Was glaubst du, wie man über Henriette spricht. Dabei ist sie ein prachtvolles Mädchen. Aber nur, weil über ihrer Wiege keine Krone gehangen ist, wird sie mißachtet. Aber ich lasse mich davon nicht beeinflussen. Nun habe ich eben auf mein Recht als Erstgeborener und auf einen großen Batzen Geld verzichtet."

„Was macht denn deine Henriette?" erkundigt sich Sissy neugierig. „Kann ich sie denn nicht kennenlernen?"

„Sissy, von mir aus gerne. Ich würde sie dir vorstellen und ich weiß auch, daß sie dir gefällt. Aber kommst du denn dadurch nicht in eine peinliche Situation? Stell dir vor, als ich sie einmal zu einer Gala mitnehmen wollte, hat man mir im letzten Moment abgesagt. Eine fadenscheinige Entschuldigung hat man sich da ausgedacht. Aber ich habe die Ausrede gleich durchschaut. Man will Henriette brüskieren. Gott sei Dank macht sie sich rein gar nichts aus Adelstiteln. Ich habe mir wirklich schon oft Sorgen gemacht, ob ich dich durch meine Heirat nicht in Ungelegenheiten bringe. Ja, und nun zu deiner anderen Frage: Henriette ist eine begnadete Schauspielerin und verdient sich seit ihrem 18.Lebensjahr den Lebensunterhalt ganz alleine."

„Über mich brauchst du dir keine Sorgen zu machen, Ludwig. Heirate nur deine Henriette und werde glücklich, das wünsche ich dir von ganzem Herzen. Vielleicht kann ich mich einmal unerkannt in eine Vorstellung einschleichen und ihrem Spiel zusehen, was meinst du? Man könnte deine Braut doch auch einmal hierher einladen."

„Das würde Mama nicht recht sein, Sissy", wendet Nené zaghaft ein. „Sie glaubt nämlich, daß diese Verbindung all ihre anderen Heiratspläne zunichte macht. Ich habe mich mit Ludwigs Braut auch schon heimlich treffen müssen. Vielleicht später, wenn Marie verheiratet ist ..."

„So etwas!" empört sich Sissy. „Nun will ich Henriette erst recht kennenlernen. Und du, Nené, sag ehrlich, bist du in Maximilian auch wirklich verliebt?"

„Ja, sehr!" haucht Helene in die Nacht. „Aber da hätte es fast die gleichen Schwierigkeiten gegeben, denn die Familie Thurn und Taxis ist nun auch einmal nicht ebenbürtig. Aber", setzt sie mit einem Lachen hinzu, „Mama war so froh, daß nun endlich jemand um meine Hand angehalten hat, daß sie ihre Zustimmung geben mußte."

„Aber Helene, du bist doch erst 22 Jahre alt. Sei froh, daß du solange gewartet hast. Die Eheschließung unter den Aristokraten ist doch eine widersinnige Institution. Schon als Kind wird man an jemanden verkauft und nicht nach seiner Meinung gefragt."

„Sissy, du hast Franz Joseph doch gerne, oder nicht?" erkundigt sich Ludwig, erschrocken über die bitteren Worte seiner Schwester.

„Doch, doch. Ich habe ihn wirklich von Herzen gerne. Doch mein Leben habe ich mir ganz anders vorgestellt. Wißt ihr noch, wie wir einander früher geschworen haben, zusammen mit Papa auf Reisen zu gehen? Wie anders könnte unser aller Leben sein, wenn wir als Bürgerskinder geboren wären. Haltet euch doch einmal Maries Schicksal vor Augen. Da fährt sie nun hin in ein fremdes Land, hat ihren Bräutigam nie gesehen, versteht nicht einmal seine Sprache — und da erwartet man von ihr, daß sie sich über die gute Partie auch noch freut. Nicht einmal Mama hat diesen Franz gesehen. Die ganze Angelegenheit ist schriftlich abgewickelt worden. Nun sagt selbst, findet ihr das in Ordnung?"

Nachdenklich lauschen die Geschwister Sissys Worten. Nené wagt zu widersprechen: „Es ist nun einmal so Sitte."

Sissy unterbricht sie ungeduldig: „Hör mir auf damit!

Wenn ich das schon höre. Stell dir doch vor, wir beide hätten uns Mutters Wünschen gefügt. Dann sähe die Lage ganz anders aus. Du wärest statt mir mit Franz Joseph verheiratet und ich mit seinem Bruder Karl Ludwig. Da säßen wir nun beide in Wien, an der Seite von Männern, die wir vielleicht achten, aber nicht lieben. Und das ganze Schauspiel fände noch in einer unfreundlichen, kalten Umgebung statt. Daß wir drei heute halbwegs glücklich sind, verdanken wir nur dem Zufall."

„Na, du bist heute abend wieder ganz schön rebellisch. Papa hätte seine helle Freude an dir", neckt Ludwig seine Schwester, die ihm allerdings aus dem Herzen gesprochen hat. „Aber was willst du denn in Zukunft tun?"

„Ich habe mir vorgenommen, so wenig wie möglich in Wien zu sein. Ich möchte Franz Josephs Mutter und ihrer Clique aus dem Weg gehen. Das heißt aber leider auch, daß ich Franz Joseph nicht mehr so oft sehen kann. Wenn er auf Reisen geht, werde ich ihn begleiten, das ist schon ausgemacht. Den Rest der Zeit will ich in Bad Ischl verbringen oder in Laxenburg, und vielleicht werde ich von euch, wenn ihr dann verheiratet seid, auch einmal eingeladen."

„Du bist uns immer willkommen, Sissy. Aber nun laß uns hineingehen, ich bin schon recht müde", gähnt Nené.

Einträchtig wandern die drei Geschwister auf das Schloß zu. In den folgenden Wochen kann sich Sissy ganz entspannen. Ludovika ist mit Hochzeitsvorbereitungen viel zu beschäftigt, um sich um ihre Tochter zu kümmern, Max läßt Sissy alle Freiheit, die sie sich wünscht, und auch die kleineren Geschwister nehmen Rücksicht auf ihre große Schwester und stören sie nicht bei ihren langen Spaziergängen. Eines Abends borgt sich Sissy von ihrer Schwester ein Abendkleid aus, verbirgt ihr Gesicht hinter einem dunklen Schleier und begleitet Ludwig nach München ins Theater.

Niemand erkennt die Kaiserin in ihrer Verkleidung. Nach der Vorstellung geleitet Ludwig seine Schwester in die Garderobe.

„Mein Kompliment, du hast guten Geschmack bewiesen", meint Sissy anerkennend, und Ludwig lächelt stolz. Dann stehen sie schon vor Henriettes Tür. „Darf man eintreten?" fragt Ludwig und pocht.

„Nur herein", ertönt eine frische, klare Stimme.

„Guten Abend, Henriette. Ich habe Besuch mitgebracht. Darf ich dir meine Schwester Elisabeth vorstellen?"

„Oh, Majestät ..." Ehrfürchtig sinkt Henriette auf die Knie.

„Nein, nein, stehen Sie wieder auf." Sanft hebt Sissy die gebeugte Gestalt hoch. „Nennen Sie mich doch einfach Elisabeth, liebe Henriette. Wir sind ja bald verwandt. Und vergessen Sie bitte nicht, daß ich inkognito in München bin. Ich wollte mir einen mühsamen Empfang ersparen und habe mich mit Ludwig heimlich hereingeschlichen. Was halten Sie von einem Souper zu dritt? Ludwig, du kennst doch sicher ein Lokal, wo man sich ungestört unterhalten kann. Ich muß nur leider meinen Schleier behalten, sonst sind wir sofort von Menschen umringt. Ziehen Sie sich schnell um, ich bin schon ein wenig hungrig."

Ludwig und Sissy warten am Bühneneingang, während sich Henriette mit zitternden Händen umzieht. Wie nett von der Kaiserin, sich hierherzubemühen, denkt sie. Und wie freundlich sie mit mir gesprochen hat. Ludwigs Schwester kann ja nur bezaubernd sein. Ob sie mich begutachten möchte? Ach was, ich werde mich auch nicht anders geben als sonst. Sicher ist sie keine Freundin von aufgesetzten Manieren, das habe ich schon gehört.

Tatsächlich, Sissy ist von Henriettes frischer, unverblümter Art sofort eingenommen. Die junge Schauspielerin erzählt lustige Geschichten aus der Theaterwelt, und Sissy, die schon lange nicht mehr gelacht hat, muß an diesem Abend oft schmunzeln. Beim Nachtisch bringt sie dann das Gespräch auf die bevorstehende Heirat: „Henriette, ich wünsche Ihnen viel Glück in Ihrem Leben. Vergessen Sie nie, daß Sie sich immer an mich wenden sollen, wenn sie Rat und Hilfe brauchen. Vielleicht kann ich auch bei meinem Gemahl ein Wort für Sie einlegen. Adelstitel kann man doch auch im Nachhinein verleihen."

„Maje —, pardon, Elisabeth, ich möchte Sie nicht beleidigen und bin für Ihre Unterstützung wirklich dankbar. Doch ich kann auch ganz gut ohne Titel leben."

„Henriette, glauben Sie mir, so ein Titel erleichtert manches. Ich bin ja auch Ihrer Meinung. Von mir aus können alle Menschen gleich sein. Sie, liebe Freundin, und Ludwig sind sicher stark genug, der Welt den Rücken zu zeigen. Doch wenn Sie Kinder haben, werden die armen Kleinen viel zu leiden haben. Sie wollen Ihren Nachkommen doch sicher ersparen wollen, daß man sie mit Verachtung straft? Menschen können grausam sein, das weiß ich aus eigener Erfahrung."

„Da hat Sissy recht, Henriette, das habe ich noch gar nicht bedacht. Wir sollten uns den Vorschlag überlegen. Aber wer weiß, ob Franz Joseph helfen kann?" überlegt Ludwig nun. „Aber jetzt wollen wir heimfahren. Es ist schon spät. Ich habe hier im Münchner Palais Bescheid gegeben. Man hat unsere Zimmer für diese Nacht vorbereitet, wir müssen also nicht nach Possenhofen zurück."

„Na, dann wollen wir noch ein wenig bleiben. Oder sind Sie müde, Henriette? Ich kann mich an Ihren Geschichten nicht satt hören."

Mitternacht ist lange schon vorbei, als Sissy und Ludwig im Palais ankommen. „Gute Nacht, mein lieber Bruder.

Ich muß dir noch einmal zu deiner Wahl gratulieren."

Henriette ist nicht nur wunderschön, sie hat auch einen edlen Charakter. „Bis morgen", sagt sie zu Ludwig, „und weck mich nicht zu früh. Ich bin schon lange nicht mehr so spät zu Bett gegangen."

So gut es Sissy auch in Possenhofen gefällt, einmal muß sie ja doch an Rückkehr denken. Sie schreibt an Franz Joseph und teilt ihm mit, daß sie in wenigen Tagen in Bad Ischl eintreffen wird. „Wenn du Zeit hast, würde ich mich sehr über deinen Besuch freuen, liebster Gemahl. Ich habe dir viel zu erzählen, wir haben einander schon so lange nicht gesehen. Ich bin auch bereit, mit dir nach Wien zurückzukehren."

Franz Joseph hat zwar überhaupt keine Zeit, aber Sissys zärtlicher Ton läßt ihn auf alle Amtsgeschäfte vergessen. Schnell wie der Blitz eilt er in das Städtchen.

„Wie bin ich froh, daß es dir wieder besser geht, meine Liebe. Ich war schon krank vor Sorge. Auch Mama läßt dich herzlich grüßen und bedankt sich für die vielen Briefe aus Bayern. Aber, im Vertrauen gesagt, es ist höchste Zeit, daß du dich wieder in Wien blicken läßt. Alle Welt wundert sich schon, warum du dich versteckst. Es werden sogar Gerüchte laut, daß wir uns zerstritten haben. Wir werden diesen Schandmäulern das Gegenteil beweisen, nicht wahr? In Kürze wird auch die Hochzeit von meinem Bruder Maximilian stattfinden. Da wirst du mich doch nicht im Stich lassen? Aber nun erzähl, wie es deiner Familie geht. Was gibt es für Neuigkeiten?"

Sissy berichtet zuallererst von ihrem heimlichen Treffen mit Henriette Mendel und ihrem Wunsch, die Braut zu adeln.

„Na, das ist ja wieder typisch für dich. Da geht meine Frau, die Kaiserin, heimlich ins Theater. Über deinen Vorschlag will ich nachdenken, da wird sich sicher etwas machen lassen. So, und nun hinaus ins Freie! Du bist schon wieder ganz braungebrannt. Ich sehe richtig bleich neben dir aus."

Sissy und Franz Joseph erleben eine Reihe von unbeschwerten Tagen. „So hab ich dich lieb! Du bist endlich wieder einmal so fröhlich wie in unserer Verlobungszeit."

Franz Joseph kann endlich die drückenden Sorgen vergessen. Die Unruhen in Italien nehmen schon bedenkliche Formen an. Erzherzogin Sophie setzt ihm täglich zu, die Aufständischen mit Waffengewalt zu unterdrücken. Doch Franz Joseph will keinen Krieg anzetteln. Er hat eine Delegation nach der anderen empfangen, um die Angelegenheit gütlich zu regeln. Er ist sogar bereit, politische Zugeständnisse zu machen, doch die Italiener sind in ihren Forderungen unmäßig. Dagegen scheint einer Versöhnung mit Ungarn nichts im Wege zu stehen. Graf Andrassy ist oft in Wien gewesen und hat mit dem Kaiser verhandelt. Doch da taucht eine andere Schwierigkeit auf. Die mächtigen Anhänger von Sophies Taktik sind nach wie vor ungarnfeindlich gesinnt und hintertreiben Franz Josephs Bemühungen in Wien, wo sie nur können. Während der Kaiser nun mit Sissy in Bad Ischl spazierengeht, berichtet er von den neuesten Entwicklungen.

„Meinst du nicht, daß wir noch einmal gemeinsam nach Ungarn fahren sollten, wenn es dein Terminplan erlaubt? Damit würden wir den Wienern zeigen, auf welcher Seite wir stehen. Es wäre den Ungarn gegenüber auch angebracht. Sie haben sich bei unserem letzten Besuch so viel Mühe gegeben und viel Anteilnahme gezeigt, als unsere liebe Tochter starb. Wir müssen ihnen doch auch zu verstehen geben, daß wir die Schuld am Tod von Sophie nicht in ihrem Land suchen. Aus den vielen Beileidschreiben hat man herauslesen können, daß das fremde Klima und die Nahrung Ursache für ihre Krankheit gewesen sein sollen. Dieses Mißverständnis müssen wir mit einer eindeutigen Geste aus der Welt schaffen."

6.

Zurückgekehrt nach Wien, sieht sich Sissy mit einem neuen Problem konfrontiert. Ihre neue Schwägerin, die belgische Königstochter Charlotte — Gemahlin Maximilians, des späteren Kaisers von Mexiko — ist nicht nur schön und reich, sondern hat auch einen makellosen Stammbaum aufzuweisen. Sophie und ihr Gefolge tun alles, um sie gegen Sissy auszuspielen. Man lobt ihre gute Erziehung, ihre Klugheit und ihr tadelloses Benehmen. Erzherzogin Sophie läßt sich keine Gelegenheit entgehen, Charlotte als Vorbild herauszustreichen. Sissy, die sich vorgenommen hat, die Schwägerin herzlich zu empfangen, geht ihr schon recht bald aus dem Weg. Charlotte wiederum behandelt die junge Kaiserin mit herablassender Verachtung.

Aus der geplanten Reise nach Ungarn wird nichts. Franz Joseph muß in Wien bleiben. Täglich verhandelt er mit italienischen Gesandten, um den drohenden Krieg abzuwenden. Sissy sondert sich von ihrer Familie ab und widmet sich ausschließlich ihrem Vorhaben, die soziale Not in der Bevölkerung zu lindern. Sie ist es auch, die den Kaiser dazu überredet, den mittelalterlichen Stadtwall niederreißen zu lassen. Die Enge der Innenstadt soll der Großzügigkeit und Weiträumigkeit einer modernen Hauptstadt weichen. Architekten werden damit beauftragt, Entwürfe für eine breite, prächtige Straße vorzulegen. Im nächsten Jahr soll schon mit dem Bau begonnen werden.

Mit Feuereifer stürzt sich Sissy auf das Projekt. Sie versteht zwar wenig von Architektur, beweist aber viel Geschmack. Außerdem dient ihr diese Beschäftigung als Vorwand, sich ihrer Repräsentationspflichten zu entledigen. Auch ein zweiter Plan nimmt ihre Zeit in Anspruch: Sie will den Leibarzt Dr. Seeburger seines Amtes entheben. Schon seit dem Tod ihrer Tochter mißtraut sie Seeburgers fachlicher Befähigung. Nun hat sie sich ein Überbein an der Hand zugezogen und findet, daß die Behandlungsmethode des Arztes nahezu an Scharlatanerie grenzt. Seeburger hat zwei Silberzwanziger auf ihrer Hand festgebunden und hofft, daß der Druck der Geldstücke das Überbein zum Verschwinden bringen werde. Sissy läßt sich das einen Tag lang gefallen, wirft dann den famosen Verband weg und hilft sich durch einfaches Massieren. Seine Ratschläge, nicht so oft auszureiten, um ihre Gesundheit zu schonen, fallen ihr auch schon lange auf die Nerven. Doch Erzherzogin Sophie hält ihre schützende Hand über den Leibarzt. Nicht einmal Franz Joseph, der Seeburgers Künsten ebenfalls kein Vertrauen schenkt, kann ihn aus dem Sattel heben. Sissy gibt nach langem Hin und Her den Kampf auf. Doch als sie im Herbst von einem bösen, trockenen Husten gequält wird, konsultiert sie demonstrativ den Hausarzt ihrer Eltern, den weißhaarigen Dr. Fischer. Er kommt nach Wien, untersucht Sissy und rät zu einem baldigen Kuraufenthalt.

Wie es scheint, sind Sissys Lungen arg angegriffen, und die schlecht beheizten Räume in der Hofburg verschlimmern ihren Zustand. Doch an Abreise ist vorläufig nicht zu denken. Erzherzogin Sophie hört nicht auf Fischer, sondern auf Seeburger, der nichts von einer Krankheit bei Sissy bemerkt haben will. Er rät nur wieder, die Hungerkuren und die Ausritte aufzugeben und findet mit dieser Diagnose bei Sophie offene Ohren. Sissy wehrt sich zwar heftig gegen diese Einschränkung ihrer persönlichen Freiheit, doch schon im Dezember verzichtet sie freiwillig auf den täglichen Ritt. Alle Anzeichen deuten darauf hin, daß sie ihr drittes Kind unter dem Herzen trägt.

Nun aber wird sie von Seeburger mit den unsinnigsten Vorschlägen bestürmt, wie sie sich in den ersten Schwangerschaftsmonaten zu benehmen habe, damit das Kind ein Junge werde. Sissy schüttelt zwar manchmal verständnislos den Kopf über soviel Aberglauben, ist aber dennoch dankbar, daß man sie nun mit unangenehmen Aufgaben verschont. Sie kann sich ganz ihren Interessen widmen, verschlingt dutzendweise Bücher und beginnt wieder zu malen. Doch während ihre ersten beiden Schwangerschaften ganz problemlos verlaufen sind, klagt sie jetzt ständig über Schmerzen und Übelkeit.

Im Sommer äußert sie den Wunsch, vor der Niederkunft noch ein paar Tage in der gesunden Luft von Laxenburg zu verbringen. Doch das Baby kommt früher als erwartet auf die Welt. Am Nachmittag des 21.August setzen bei Sissy plötzlich Wehen ein. In aller Eile verständigt man Franz Joseph und seine Mutter, die in Wien weilen. Als Dr.Seeburger und die Hebamme eintreffen, finden sie Sissy, die unter den schlimmsten Schmerzen leidet. Tapfer versucht sie zwar, das Stöhnen zu unterdrücken, doch sie wälzt sich gekrümmt auf ihrem Bett hin und her. Gegen zehn Uhr abends hört Franz Joseph einen markerschütternden Schrei aus dem Schlafgemach. Zitternd fällt er auf die Knie, um für seine Frau zu beten. Eine Viertelstunde später öffnet sich die Tür. „Franz Joseph", flüstert die Erzherzogin, „es ist ein Knabe."

„Ist alles gutgegangen?" will der Kaiser wissen, dem im ersten Moment gar nicht ins Bewußtsein dringt, daß der langersehnte Stammhalter auf die Welt gekommen ist.

„Mutter und Kind sind wohlauf. Sissy ist nur recht matt, es war keine leichte Geburt. Du darfst zu ihr hinein."

Franz Joseph erschrickt mächtig, als er Sissy ganz bleich und erschöpft in ihren Kissen liegen sieht. Zaghaft fragt sie mit dünner Stimme: „Es ist wohl wieder ein Mädchen geworden, nicht wahr?"

„Nein, mein Liebling, wir haben einen Sohn bekommen."

Da geht ein Leuchten über Sissys Gesicht. Aber gleich meldet sich ihr Mißtrauen wieder: „Du sagst das doch nicht etwa, um mich zu beruhigen?" Erst als die Hebamme mit dem Buben ins Zimmer tritt, beruhigt sich Sissy und schläft zufrieden ein.

Diesmal erholt sie sich nicht so schnell von der Geburt und muß noch lange Zeit nachher das Bett hüten. Franz Joseph ist außer sich vor Freude über den Thronfolger. Er möchte der jungen Mutter am liebsten alle Edelsteine der Welt schenken. Die Nachricht von der Geburt des Kronprinzen wird im ganzen Land mit Begeisterung aufgenommen, schon alleine deswegen, weil Franz Joseph großzügig Spenden verteilt. Er findet seinen Sohn zwar nicht ausgesprochen schön, dafür aber recht stramm gewachsen. Schon an seinem ersten Lebenstag macht er den kleinen Rudolf zum Oberst der Armee. Bei der Taufe legt ihm Franz Joseph den Orden des Goldenen Vlieses in die Wiege und verkündet stolz: „Ich will, daß der durch Gottes Gnade mir geschenkte Sohn von seinem Eintritt in diese Welt an meiner braven Armee angehöre."

Viele Österreicher sind über diesen Akt verärgert. Das Militär hat viel zu viel Macht im Land. Der Kaiser hat mit dieser Geste seinen Sohn auch dazu bestimmt, Soldat zu werden, ob er später nun will oder nicht. Als Rudolf heranwächst, gibt diese Bevormundung Anlaß zu vielen Streitgesprächen zwischen Vater und Sohn.

Herbst und Winter ziehen ins Land, ohne daß sich Sissys

Zustand bessert. Sie fiebert oft, klagt über Schwäche und Appetitlosigkeit und fällt häufig in Ohnmacht. Wieder einmal wird Ludovika nach Wien gerufen. Doch sie kann ihrer Tochter auch nicht helfen. Sogar Dr.Fischer, der im Jänner seine Patientin besucht, kann keine Ursache für Sissys Schwäche finden. Erneut rät er zu einem Kuraufenthalt. Er meint, daß die Krankheit seelische Ursachen haben könnte. Wie recht der umsichtige Arzt hat, zeigt sich, als Sissys Schwester Marie auf dem Weg zu ihrem Bräutigam nach Neapel in Wien Station macht. Wie fast immer, wenn Sissy mit ihren Geschwistern beisammen sein kann, erholt sie sich zusehends. Mit einem Schlag verschwinden alle Leiden.

Durch Rudolfs Geburt ist der alte Hader zwischen der Kaiserin und ihrer Schwiegermutter nicht kleiner geworden. Sissy sucht schon lange nach einer Chance, der ungemütlichen Atmosphäre in der Hofburg zu entfliehen. So bittet sie Franz Joseph um Erlaubnis, ihre Schwester bis nach Triest begleiten zu dürfen. Recht geistesabwesend gibt der Kaiser seine Zustimmung. Er hat viel zu große Sorgen, um sich um seine Gattin ausreichend kümmern zu können.

Im Jänner machen sich die drei Geschwister — auch Ludwig, der älteste Bruder, ist mit von der Partie — auf den Weg nach Italien. In Triest empfängt eine neapolitanische Gesandtschaft ihre künftige Königin. Kopfschüttelnd verfolgen Sissy und Ludwig die Zeremonie der Brautübergabe. Im großen Saal des Statthalterpalastes ist mitten durch den Raum eine Seidenschnur gezogen worden, die die Grenze zwischen Bayern und Neapel symbolisieren soll. Unter der Schnur steht ein Tisch, mit zwei Beinen in der bayrischen, mit den beiden anderen in der neapolitanischen Hälfte. Über die Schnur hinweg tauschen die beiden Delegationen Dokumente aus, verbeugen sich gravitätisch voreinander und halten lange Reden. Dann wird das Band durchschnitten, und Marie darf über die imaginäre Grenze schreiten. Nach dem feierlichen Akt wird die Braut auf das Schiff geleitet, das sie in ihre neue Heimat bringen soll. Weinend nehmen die Schwestern voneinander Abschied.

Ludwig und Sissy bleiben noch etliche Wochen in der Hafenstadt, unternehmen Ausflüge und führen lange, ernste Gespräche miteinander. Ludwig ist entschlossener denn je, seine Henriette zu heiraten, und Sissy redet ihm zu, die Hochzeit bald zu verkünden. Widerwillig fährt sie nach Wien zurück. Franz Joseph übernachtet oft in seinem Arbeitszimmer und erscheint auch selten bei den gemeinsamen Mahlzeiten. Sissy kommt sich verlassen und vernachlässigt vor. Es dauert nur wenige Tage, da tauchen die alten Beschwerden wieder auf. Die Ärzte sind ratlos. Der Krankheitserreger kann nicht entdeckt werden. An manchen Tagen ist die Kaiserin so schwach, daß sie nicht einmal aufstehen kann. Sogar Sophie ist höchst besorgt.

Inzwischen nehmen die Unruhen in den österreichischen Provinzen in Oberitalien — also in der Lombardei und in Venetien — böse Formen an. Den habsburgischen Fürstentümern Toskana und Modena ergeht es nicht besser. Piemont-Sardinien hat sich heimlich mit Frankreich verbündet und stachelt die Aufständischen an, um Österreich zu provozieren. Tatsächlich fällt Franz Joseph auf diese Taktik herein. Schweren Herzens gibt er im April den Befehl an seine Truppen, in Piemont einzumarschieren. Nun steht er vor aller Welt als Angreifer da. Frankreich eilt den Italienern zu Hilfe. Franz Joseph will sich mit den Preußen verbünden, doch die lassen den Kaiser im Stich. Eine Schwächung des österreichischen Reiches kann ihnen nur willkommen sein.

Neue Steuern werden erlassen, um den Krieg zu finanzieren. Die Bevölkerung stöhnt unter einer hartherzigen Teuerungswelle. Lebensmittelpreise schnellen in die Höhe, der Mietzins, ohnehin einer der höchsten in Europa, wird drastisch hinaufgeschraubt. Doch es hilft alles nichts. Österreich verliert eine Schlacht nach der anderen. Das Militär, für das man jahrelang soviel Geld aus der Staatskasse gebraucht hat, erweist sich als unfähig. Die Organisation ist katastrophal. Der Lebensmittelnachschub funktioniert überhaupt nicht, die Soldaten müssen oft ausgehungert ins Feld ziehen. Franz Joseph entschließt sich, an die Front zu fahren, um dem Heer wenigstens moralische Unterstützung zu geben. Doch damit begeht er einen großen Fehler: Wenn er nicht in Wien ist, so schließt sich eine nichtmilitärische Einigung schon von selbst aus. Sissy ist in heller Panik. Weinend klammert sie sich an Franz Joseph und bittet ihn, nicht in den Krieg zu ziehen. Doch der Kaiser ist entschlossen, seiner Armee beizustehen. Schweren Herzens begleitet Sissy ihren tapferen Gemahl nach Mürzzuschlag, wo sie General Grünne noch das Versprechen abnimmt, auf das Wohl des Kaisers zu achten. Die Arme weint sich die Augen aus, kann nicht schlafen und geistert nachts unruhig durch die Hofburg. Sissy ist dermaßen nervös, daß Gisela und Rudolf furchtsam weinen, wenn ihre Mutter bei ihnen ist. Täglich schreibt sie seitenlange Briefe an Franz Joseph, fleht ihn an, bald zurückzukehren oder sie nach Italien nachkommen zu lassen. Aber der Kaiser antwortet: „Ich kann leider deinem Wunsche nicht entsprechen, so unendlich gerne ich es täte. In das bewegte Hauptquartiersleben passen keine Frauen, ich kann meiner Armee nicht mit schlechtem Beispiel vorangehen. Ich bitte dich, mein Engel, wenn du mich lieb hast, so gräme dich nicht zu sehr. Schone dich, zerstreue dich recht viel, reite mit Maß und Ziel und erhalte mir deine kostbare Gesundheit."

Im Juni übernimmt Franz Joseph den Oberbefehl über seine Truppen. Doch auch die Schlacht bei Solferino fordert böse Verluste, ist sogar die blutigste und unglücklichste in diesem unsinnigen Krieg. Der Kaiser bekommt die Folgen der Niederlage deutlich zu spüren. In diesen Monaten sinkt sein Beliebtheitsgrad auf den Nullpunkt. Die verarmte Bevölkerung ist höchst verbittert über seine ungeschickte Politik, die Tausenden von Söhnen und Vätern das Leben kostet. In Wien kommen jeden Tag Verletzte an. Die Krankenhäuser sind überfüllt, die Kriegsopfer werden in zugigen Kirchen und mangelhaft ausgerüsteten Herrschaftshäusern untergebracht.

Nun hat Sissy wenigstens ein Betätigungsfeld gefunden, das sie von ihren quälenden Sorgen ablenkt. Schon in aller Früh besucht sie die Verwundeten, sitzt an deren Betten, spricht ihnen Mut zu und hilft den Ärzten, Verbandszeug zu wechseln oder Wunden zu reinigen. Schließlich läßt sie in Laxenburg sogar ein Spital einrichten. Unter dem Eindruck des großen Elends dieses Krieges versucht sie in ihren Briefen, Franz Joseph zum Frieden zu überreden. Doch so umsichtig und vorsichtig der Kaiser sonst ist, diesmal verkennt er den Ernst der Lage. Er glaubt immer noch, daß ihm die Preußen mit ihren Truppen zu Hilfe eilen werden, und will sich noch nicht geschlagen geben. So hört er auch nicht auf die Ratschläge seiner Gemahlin und schreibt einmal zurück:

„Dein politischer Plan enthält sehr gute Ideen, doch muß man jetzt die Hoffnung nicht aufgeben, daß Preußen doch noch eingreifen wird. So lange ist an Verhandlungen mit dem Feind nicht zu denken. Ich vertraue auf Gott, der gewiß alles zum Rechten führen wird. Überhaupt bitte ich dich, nicht alles zu glauben, was in den Zeitungen steht und im Volk gesprochen wird. Es werden zuviele dumme und falsche Meldungen verbreitet."

Doch schon wenige Tage, nachdem Franz Joseph Sissys Vorschlag abgelehnt hat, sieht er selber die Ausweglosigkeit der Lage und geht auf Napoleons III. Angebot zum Waffenstillstand ein. In den folgenden Friedensverhandlungen muß er seine reichste Provinz, die Lombardei, abtreten. Aber auch der Friede wird jetzt vom Volk mit gemischten Gefühlen aufgenommen. Der Schweizer Gesandte berichtet in die Heimat:

„Das Ansehen, das den Kaiser bis jetzt umgeben hat, ist sogar in den unteren Schichten des Volkes gefallen. Seit Jahren werden die größten Aufwendungen für das Militär gemacht, und nun stellt sich heraus, daß Millionen hinausgeworfen wurden, um des Kaisers liebstes Spielzeug zu erhalten."

Endlich kehrt Franz Joseph nach Wien zurück, doch Sissy wird die Sorge um den geliebten Mann nicht los. In Ungarn droht eine neue Revolution, in Wien wird ein Attentat auf den Kaiser und dessen Mutter im letzten Moment verhindert. Der Volkszorn richtet sich auch gegen Graf Grünne. Schweren Herzens entläßt der Kaiser seinen Generaladjutanten. Grünne bleibt nur mehr das Amt des Oberstallmeisters.

7.

Durch Sissys offensichtliche Bestrebungen, den Frieden herbeizuführen, ist die Kluft zwischen ihr und Erzherzogin Sophie noch tiefer und unüberbrückbarer geworden. Die Mutter des Kaisers hält gegen alle Vernunft an ihrer Politik der Unterdrückung fest. Nun muß sie zusehen, wie ihr Franz Joseph langsam entgleitet. Der Kaiser wendet sich von den Staatsmännern ab, die von seiner Mutter unterstützt werden, und eignet sich Sissys liberale Gedanken an. Sophie versucht nun, Sissy beim Kaiser anzuschwärzen, wo sie nur kann. Elisabeth hat sich in den Kriegsmonaten das Rauchen angewöhnt, und Sophie ist höchst schockiert. Sissy nimmt zwar schon soweit Rücksicht, daß sie nicht in aller Öffentlichkeit raucht, doch die Lakaien teilen jedem mit, der es wissen will, was Sissy macht, wenn sie alleine in ihren Räumen ist. Auf ihren Ausritten läßt sie sich neuerdings von dem englischen Stallmeister Henry Holmes begleiten. Sophie ersucht Franz Joseph eindringlich, dafür zu sorgen, daß die unstandesgemäße Gesellschaft entfernt wird. Die Kaiserin ist über alle Maßen verärgert, als sie merkt, daß man Holmes über ihren Kopf hinweg nach England zurückgeschickt hat.

Natürlich gibt es auch wieder das übliche Tauziehen um die Erziehung des Kronprinzen. Täglich erhält die Kinderfrau die widersprüchlichsten Anweisungen. Trifft Sissy einmal eine Entscheidung, so wird diese schon wenige Minuten später von der Erzherzogin widerrufen. Die Kinderfrau hat mehr Respekt vor der Erzherzogin als vor der Kaiserin und befolgt Sophies Befehle. Sissy sieht sich das Hin und Her eine Weile an und ist schließlich genötigt, bei Franz Joseph Beschwerde einzulegen. Doch diesmal findet sie bei ihrem Gemahl keine Unterstützung. Franz Joseph steckt bis zum Hals in Schwierigkeiten und will sich nicht auch noch mit Familienzwistigkeiten behelligen lassen. Zum erstenmal in der fünfjährigen Ehe kommt es zu einem erbitterten Streit zwischen den beiden.

Die Versöhnung läßt lange auf sich warten. Sissy ist entschlossen, dieses Mal nicht nachzugeben. Trotzig zieht sie sich nun auch von Franz Joseph zurück und stürzt sich auf einmal ins Gesellschaftsleben. Sissy veranstaltet einen Ball nach dem anderen, ohne den Kaiser um Erlaubnis zu bitten. Um auch Sophie den Zugang zu diesen Gesellschaften zu verwehren, begeht Sissy einen ungeheuerlichen Bruch mit der Tradition: Kein einziges Mal lädt sie die Mütter der anwesenden jungen Damen ein.

So etwas ist am Hof noch nie vorgekommen. Sophie sieht sich das Treiben eine Weile an, dann verbietet sie ihrer Schwiegertochter, noch einmal einen Ball zu geben, ohne ihr vorher die Gästeliste vorgelegt zu haben. Daraufhin stellt Sissy die Empfänge ein, denkt aber nicht daran, sich in ihrer Vergnügungssucht einschränken zu lassen. Mittlerweile ist es Fasching geworden, und es hagelt Einladungen von allen Seiten. Wahllos nimmt Sissy an, besucht die Feste ohne Franz Joseph und kehrt oft erst in den frühen Morgenstunden heim. Die höfische Gesellschaft hat für ein derartig hemmungsloses Verhalten überhaupt kein Verständnis. Bevor es jedoch zu einem Skandal kommt, verliert Sissy plötzlich die Lust am Tanzen und läßt sich auf einmal überhaupt nicht mehr blicken. Nun beschäftigt sie sich wieder hingebungsvoll mit ihren Pferden und läßt sich Hürdenspringen beibringen. Franz Joseph ist über alle Maßen beunruhigt, doch er sagt kein Wort. Die wenigen gemeinsamen Mahlzeiten verlaufen schweigend.

Erst im Mai 1860 richtet Sissy wieder ein persönliches

Wort an ihren Gemahl. Garibaldi ist mit seinen Truppen in Sizilien einmarschiert und bedroht nun auch das Königreich Neapel. Sissy hat einen verzweifelten Bittbrief um Unterstützung von ihrer Schwester Marie erhalten. Aufgeregt läßt sie ihre Brüder Ludwig und Karl Theodor nach Wien kommen. Zu dritt gehen die Geschwister zum Kaiser, um Hilfe für Marie und ihren Gemahl zu erwirken. Doch sosehr Franz Joseph Sissys Verwandtschaft schätzt, er kann nicht an militärische oder finanzielle Unterstützung seiner Schwägerin denken. Diese Absage verbittert Sissy noch mehr. Nach etlichen unerfreulichen Auseinandersetzungen fährt sie mit ihrer Tochter Gisela nach Possenhofen. Doch auch dort hält sie es nicht lange aus. Ihr Vater ist auf Reisen, die meisten Geschwister sind schon verheiratet, und so muß sich Sissy fast täglich von ihrer Mutter Vorwürfe machen lassen. Ludovika steht immer noch in regem Briefwechsel mit ihrer Schwester und weiß daher über die gespannte Situation in Wien Bescheid. Ludovika fordert ihre Tochter auf, dankbarer und demütiger zu sein. Entnervt zieht sich Sissy nach Bad Ischl zurück, wo sie ein Brief ihrer Schwiegermutter erreicht. Ganz Wien spricht schon von einer Trennung zwischen Franz Joseph und Sissy. Um die Form zu wahren, soll Sissy an seinem Geburtstag im August in Wien erscheinen. Sie fügt sich zwar dieser Anordnung, doch jeder kann sehen, daß es zwischen den Eheleuten nicht unbedingt zum besten steht. Und kaum ist die Kaiserin in Wien, verschlechtert sich ihr Gesundheitszustand schlagartig. Die ewigen Hungerkuren, das Rauchen und die Überanstrengung beim Reiten tragen dazu bei.

Der Lungenarzt Dr.Skoda entscheidet schließlich, daß Sissy den Winter in einem wärmeren Klima verbringen soll.

„Majestät, es besteht akute Lebensgefahr. Wenn ich ganz offen sprechen darf: Sie müssen nun endlich auf Kur gehen. Warum wollen Sie sich nicht nach Meran begeben?" schlägt er nach einer Visite vor.

„Nun, ich werde mir Ihren Vorschlag durch den Kopf gehen lassen. Aber muß es denn unbedingt Meran sein? Gerade ist der Bruder des Kaisers aus Madeira zurückgekehrt und hat mir Wunderdinge von dieser schönen Insel berichtet. Das Klima soll ausgezeichnet sein."

„Vom ärztlichen Standpunkt ist nichts gegen Madeira einzuwenden. Wenn Sie möchten, werde ich dem Kaiser anraten, Ihnen den Aufenthalt auf Madeira zu ermöglichen."

„Das trifft sich ja bestens", murmelt Sissy in sich hinein, als sich der Arzt zum Kaiser begibt. „Da kann ich ihnen allen entfliehen. Und Madeira ist viel zu weit entfernt, als daß man an einen Kurzbesuch denken könnte. Ich werde mich also ein halbes Jahr frei bewegen können. Hoffentlich gibt Franz Joseph seine Einwilligung."

Der Kaiser möchte dem Arzt nicht widersprechen. Er wundert sich ein wenig, da die Insel ja nun nicht unbedingt als Heilstätte für Lungenkranke berühmt ist, doch er macht keine Einwände. Vielleicht sollte ich Sissy tun lassen, was sie für richtig hält. Wenn sie dann wieder zurückkommt, wird sich hoffentlich auch zwischen uns wieder alles einrenken. Aber nun ist es wichtig, daß sie wieder gesund wird, denkt er bei sich.

Bei Hof allerdings blüht wieder einmal der Tratsch. Man glaubt nicht so recht an eine schwere Krankheit der Kaiserin. Denn seit sie die Erlaubnis hat, in Madeira zu überwintern, wirkt sie ungemein fröhlich und heiter. Landgräfin Therese von Fürstenberg äußert sich recht unmißverständlich:

„Ich bedaure den Kaiser unendlich, eine solche Frau zu haben, die es vorzieht, ihren Mann und die Kinder auf sechs Monate zu verlassen, statt ein ruhiges Leben in Wien zu führen, das der Genesung viel zuträglicher wäre. Im übrigen kann die Krankheit wohl nicht gar so gefährlich sein, da sich unser verantwortungsbewußter Kaiser nun ständig auf der Jagd befindet, und die Kaiserin sich hingebungsvoll um ihre Sommertoilette bemüht."

Sissy setzt durch, daß Obersthofmeisterin Esterhazy in Wien bleibt. An ihrer Stelle fährt die junge Mathilde Windischgrätz nach Madeira mit. Schadenfroh bemerken die Hofdamen, die Erzherzogin Sophie gut gesinnt sind, daß der Kaiser zwar zu bedauern sei, doch nun aufatmen könne. Wenn Sissy aus dem Haus ist, meint man allgemein, werden sich Mutter und Sohn wieder vertragen und keinen Grund zum Ärger haben.

Ende Oktober reist Sissy ab, hält sich einige Tage in München auf und besteigt schließlich in Antwerpen das Schiff, das sie nach Madeira bringen soll. Die Überfahrt ist recht stürmisch, und man bemerkt mit Erstaunen, daß die angeblich todkranke Kaiserin als einzige nicht seekrank wird und sogar gesunden Appetit zeigt.

Sissys Hofstaat langweilt sich schrecklich auf der Insel, die kaum eine Möglichkeit zur Zerstreuung bietet. Sissy vermißt den gesellschaftlichen Umgang keineswegs. Stundenlang promeniert sie am Strand und legt sich schon in den ersten Tagen eine Anzahl von Hunden, Papageien und Ponies zu, um die sie sich rührend kümmert. Der Husten verschwindet zwar schnell, doch Sissys Nervosität bleibt bestehen. Sie ist fahrig in ihren Bewegungen, raucht mehr als zuvor, ißt noch immer wie ein Spatz und bleibt mager. Nur selten schreibt sie an Franz Joseph. Die Kuriere, die zwischen Madeira und Wien hin und her fahren, können sich nicht oft genug über die unwirtliche Insel beklagen. Graf

Nobili versteht überhaupt nicht, wieso sich die Kaiserin an einem solchen Ort aufhält:

„Die Bewohner beiderlei Geschlechts haben eine gelblederne Haut und sind von einer unerlaubten Häßlichkeit. Die Stadt Funchal ist klein und schmutzig, die Straßen sind mit spitzen Steinen gepflastert und zum Flanieren gänzlich ungeeignet. In den wenigen Kaufläden findet man nur die ärmlichsten Waren. Das einzige, was offensichtlich gedeiht, sind die exotischsten Gewürze. Doch deren Geruch macht einen schon nach wenigen Tagen ganz benommen", erzählt er dem Kaiser nach einem kurzen Aufenthalt bei Sissy.

Doch diese fühlt sich langsam immer besser. Sie lernt, Mandoline zu spielen, vertreibt sich die Zeit mit Kartenspielen und läßt sich wieder einmal Ungarischunterricht geben. Doch es dauert nicht lange, da wird es ruchbar, daß ihr Lehrmeister, Graf Imre Hunyady, der Kaiserin gar zu sehr zugetan ist. In Sissys kleinem Hofstaat bespitzelt man sich gegenseitig und berichtet eifersüchtig über jede Bevorzugung. Als Franz Joseph Mitteilung von Sissys Kavalier gemacht wird, sorgt er dafür, daß Hunyady nach Wien abberufen wird.

Zu Weihnachten wird Graf Nobili, mit einem Weihnachtsbaum ausgestattet, noch einmal nach Madeira geschickt. Bei Sissy will aber in dem exotischen Land keine rechte Weihnachtsstimmung aufkommen. Sie kümmert sich weder um Geschenke noch um das Schmücken des Christbaumes und läßt sich am 24. Dezember nur kurz im Salon der gemieteten Villa blicken. Auch die Geburtstagswünsche entlocken ihr kein freundliches Lächeln. Sie zieht sich in ihr Zimmer zurück, um einen Brief aufzusetzen.

Doch nicht an Franz Joseph sind die Worte gerichtet, sondern an den Grafen Grünne, dem sie noch immer herzlich zugetan ist. Nachdenklich beginnt sie:

„An meinem 23. Geburtstag schießen mir die sonderbarsten Dinge durch den Kopf. Um Ihnen ganz offen zu gestehen, hätte ich nicht die Kinder, so würde mir der Gedanke, mein altes Leben wieder aufnehmen zu müssen, ganz und gar unerträglich sein. An die Erzherzogin denke ich nur mit Schaudern, und die Entfernung macht sie mir noch zuwiderer. Die Ärzte wollen, daß ich noch bis zum April hierbleibe, doch ich beginne mich zu langweilen. Jedes Schiff, das ich hier wegfahren sehe, gibt mir die größte Lust ein, eine weite Reise zu machen. Ob es nun nach Brasilien oder nach Afrika gehen soll, ist mir recht gleichgültig. So lange auf einem Fleck sitzen zu bleiben, entspricht gar nicht meinem Naturell. Wie sehr mir das ordentliche Reiten abgeht, kann ich Ihnen gar nicht sagen. Ich kann den Augenblick nicht erwarten, wieder auf meiner edlen Red Rose zu sitzen. Das stundenlange Schrittreiten auf dem elenden Pflaster hier ist ärger, als gar nicht auszureiten. Wer weiß, ob wir uns bald wiedersehen, mein guter Graf. Einerseits möchte ich den Mai in Wien nicht versäumen, besonders die Pferderennen würden mir fehlen. In anderer Hinsicht wäre es doch recht angenehm, nicht so schnell in die Nähe der Erzherzogin zu kommen, die sich gewiß die Zeit meiner Abwesenheit recht zu Nutzen gemacht hat, um den Kaiser und die Kinder zu dirigieren. Es wird wohl eine Weile brauchen, bis ich mich an das Hauskreuz wieder gewöhnt habe."

Graf Grünne mißbraucht Sissys Vertrauen in keiner Weise. Er ahnt, das Sissy in den Briefen an ihren Gemahl wohl nicht so einen offenen Ton anschlägt. Franz Joseph, der natürlich weiß, an welche Leute seine Gemahlin schreibt, bestellt Grünne einmal zu sich, um ihn auszuhorchen, doch sein ehemaliger Adjutant schweigt wie ein Grab.

Nach sechsmonatiger Trennung kann Franz Joseph seine

Sissy wieder in die Arme schließen. Er empfängt sie in Triest und macht mit ihr noch einige Tage Urlaub, bevor er nach Wien geht. Doch die Entfremdung zwischen den Eheleuten ist schon viel zu weit fortgeschritten. Sie haben einander eigentlich wenig zu sagen. Was über den Aufenthalt zu berichten war, hat Sissy in ihren Briefen schon erwähnt. Und Franz Joseph, der wieder völlig unter dem Einfluß seiner Mutter steht, denkt nicht daran, seiner Gemahlin von den politischen Vorkommnissen im Land zu berichten. Beide sind traurig, denn sie haben sich, unabhängig voneinander, das Wiedersehen ganz anders vorgestellt. Doch Sissy und Franz Joseph versuchen, die geheimsten Gedanken voreinander zu verbergen.

Liegt es nun an dem rauhen Wiener Klima oder an seelischen Ursachen — jedenfalls wird Sissy nach vier Tagen, die sie in der Kaiserstadt verbringt, wieder krank. Sie fiebert, hustet, starke Schmerzen rauben ihr den Schlaf. Wieder wird Dr. Skoda konsultiert. Er stellt galoppierende Lungenschwindsucht fest und rät Sissy, die Stadt so schnell wie möglich zu verlassen. Auf der Rückreise von Madeira hat sich Sissy einen Tag auf Korfu aufgehalten und Gefallen an der griechischen Insel gefunden. Nun äußert sie den Wunsch, länger auf Korfu zu verweilen. Franz Joseph und Sophie, die erst jetzt glauben, daß Sissy todkrank ist, gewähren ihr diese Bitte. Die Kaiserin wartet keinen Moment länger als notwendig und reist sofort ab. Sie sieht wirklich schlecht aus. Zwei Tage nach ihrer Abfahrt schwirrt das Gerücht durch Wien, daß Sissy gestorben sei.

Aus Korfu kommen die widersprüchlichsten Meldungen. Einmal heißt es, Sissy sei frisch und munter, ein anderes Mal aber hört man, sie sei bis auf die Knochen abgemagert. Franz Joseph will sich Klarheit verschaffen und schickt Graf Grünne auf die Insel. Grünne soll sich aber nicht nur über Sissys Gesundheitszustand informieren, sondern auch zwischen den Eheleuten vermitteln. Der Kaiser weiß, daß seine Gattin dem Grafen vertraut, und verspricht sich einiges von dieser Mission. Aber Grünne macht einen schwerwiegenden Fehler, der ihn Sissys Freundschaft enthebt. In Korfu angekommen, findet er, daß sie sich ein wenig erholt habe, und widmet sich seiner Aufgabe als Ehevermittler. Eines Abends scheint die Gelegenheit gekommen. Sissy und Grünne sitzen auf der Terrasse und plaudern.

„Ich weiß nicht, ob Sie mich verstehen können, Graf. Manchmal überkommt mich eine so unbestimmte Sehnsucht nach fernen Ländern. Wenn ich eine bessere Konstitution hätte, würde ich am liebsten mein ganzes Leben lang auf Reisen sein und nur selten nach Wien kommen."

Grünne mißversteht Sissy gewaltig, als er antwortet: „Ich kann mich schon in Sie hineinversetzen, Majestät. Eine Ehe, die so früh geschlossen wird, kann einem manchmal zur Last fallen. Doch da muß man nicht gleich die Flinte ins Korn werfen. Es gibt immer Wege, um solche Probleme zu lösen. Majestät müssen nur eines bedenken: Sie können tun, was Sie wollen, doch lassen Sie nie davon ein Wort verlauten."

Zornesrot springt Sissy so heftig auf, daß ihr Sessel umfällt: „Was erlauben Sie sich, Graf! Sie bezichtigen mich der Untreue gegenüber dem Kaiser! Wie können Sie es wagen, mir diese Gemeinheit zu unterstellen! Verlassen Sie mich bitte auf der Stelle."

Grünne geht schweigend, aber Sissy kann sich die ganze Nacht nicht beruhigen. Das habe ich wirklich nicht verdient, sagt sie sich. Nie im Leben habe ich einen anderen Mann geliebt. Allein diese Unterstellung ist eine Frechheit. Und dann sitzt er noch seelenruhig neben mir und gibt mir Ratschläge, wie ich meine angeblichen Seitensprünge vertuschen soll. Einfach unglaublich! Nein, diese Worte können keinem reinen Herzen entspringen. Ich will mit dem Grafen nichts mehr zu tun haben. Ich möchte nur wissen, ob Franz Joseph auch so über mich denkt...

Die Aufregung über Grünnes Fehlverhalten bewirken einen gesundheitlichen Rückfall. Dennoch schreibt sie an Franz Joseph und bittet ihn, sie doch so bald wie möglich zu besuchen. Sissy möchte unbedingt herausbekommen, ob Grünne schon mit dem Kaiser über seinen Verdacht gesprochen hat. Doch sie muß sich bis Oktober gedulden. Erst dann kommt der Kaiser, um selbst einmal nach dem Rechten zu sehen. Er kann sein Erschrecken über Sissys Aussehen kaum verbergen und schreibt noch am Tag seiner Ankunft nach Wien:

„Sissy hustet schon viel weniger und hat auch kaum noch Brustschmerzen. Doch hat sie im Gesicht zugenommen und sieht geradezu aufgedunsen auf."

Franz Joseph glaubt, daß er Sissys Einladung dem Besuch von Graf Grünne zu verdanken hat, und gibt sich bei seinem Aufenthalt so ungezwungen wie schon lange nicht mehr. Durch vorsichtiges Fragen findet Sissy heraus, daß Grünne seine absurden Gedanken nicht geäußert hat. Langsam finden Franz Joseph und Sissy wieder zueinander. Doch sie traut sich noch immer nicht, den Winter in Wien zu verbringen, und möchte sich lieber in Venedig niederlassen. Dagegen hat Franz Joseph nichts einzuwenden.

„Wenn du in Venedig bist, kann ich dich auch öfter besuchen. Aber sag einmal, hast du denn schon ganz auf unsere Kinder vergessen? Wenn du möchtest, lasse ich Gisela und Rudolf für einige Wochen nach Venedig kommen. Wäre dir das recht?"

Sissy umarmt ihren Franz Joseph zärtlich. „Wie kannst du so etwas überhaupt fragen? Du mußt doch spüren, wie ich die beiden vermisse. Doch ich hatte keinen Mut, eine solche Bitte zu äußern. Du weißt doch, was deine Mutter dazu sagen wird."

„Darüber brauchst du dir keine Sorgen zu machen. Das kann ich schon regeln. Am wichtigsten ist mir deine Gesundheit. Wenn die Ärzte meinen, du solltest dich noch einige Monate erholen, bin ich auch bereit, Opfer zu bringen. Wollen wir nicht jetzt schon gemeinsam nach Venedig fahren? Ich kann schon alles für unsere Ankunft vorbereiten lassen."

Als die Erzherzogin Franz Josephs Brief mit der Mitteilung, die Kinder für einen längeren Venedig-Aufenthalt vorzubereiten, erhält, weigert sie sich zunächst entschieden. Inzwischen fahren Sissy und Franz Joseph einträchtig in die Lagunenstadt. Nach einigen Tagen findet sich der Kaiser in Wien ein und reagiert sehr verstimmt, als er sieht, daß seine Anweisungen nicht befolgt wurden. Sophie hält eine ganze Reihe von Argumenten bereit, um ihre Enkel bei sich zu behalten. Unter anderem behauptet sie, daß das Wasser in Venedig zu schlecht sei und darin Krankheitskeime enthalten sein könnten. Aber Franz Joseph erklärt nur, daß er dann eben täglich frisches Quellwasser aus Schönbrunn hinsenden werde.

Trotz ihres Gesundheitszustandes hört Sissy aber keine Minute lang auf, sich gegen ihre Schwiegermutter aufzubäumen. Nach jahrelangem Ringen setzt sie endlich durch, daß ihre Obersthofmeisterin Esterhazy entlassen wird. Sie wird durch Paula Bellegarde, inzwischen eine verheiratete Gräfin Königsegg, ersetzt. Damit hat Sissy in Wien wieder einmal bösartiges Getuschel entfacht. Denn Gräfin Bellegarde entstammt nicht dem Hochadel und ist daher für das Amt nicht berufen. Als Obersthofmeisterin der Kaiserin gebührt ihr nun der Vortritt vor allen anderen Damen des

Landes, also auch vor den Damen der Hocharistokratie. Die lassen sich eine solche Provokation natürlich nicht ohne bissige Bemerkungen gefallen.

Doch Sissy ist die Neidgesellschaft herzlich gleichgültig. Ohne in Wien Station zu machen, fährt sie im neuen Jahr nach Bad Kissingen, um international anerkannte Ärzte zu konsultieren. Sehr zum Ärgernis von Sissys Hofdamen ist in dem Kurort die gesamte bayrische Verwandtschaft mit ihrem Gefolge versammelt.

Nun scheint aber einmal eine längerfristige Besserung von Sissys Zustand einzutreten. Die Ärzte geben ihr Bestes, und bald klingen die Schwellungen der Füße ab. Der Husten scheint vollständig verschwunden zu sein. Dr. Fischer stellt allerdings fest, daß die blutbildenden Organe nicht gesund sind. Doch im Juli wird Sissy aus der Kur als größtenteils geheilt entlassen. Aber bevor sie nach Wien fährt, unternimmt sie noch einen Ausflug nach Possenhofen.

8.

Wenige Tage vor dem Geburtstag des Kaisers trifft Sissy ohne vorherige Ankündigung in Wien ein. Sie fühlt sich völlig gesund, erstrahlt in aller Schönheit und tritt selbstbewußter denn je zuvor auf. Sissy schickt ihr Gefolge nach Schönbrunn und läßt sich selbst bei der Hofburg absetzen, wo Franz Joseph wie immer seine nachmittägliche Audienz hält. Doch an diesem Sommernachmittag ist ausnahmsweise einmal niemand beim Kaiser. Lächelnd schleicht sich Sissy näher, späht durchs Schlüsselloch und reißt dann, als sie sieht, daß der Kaiser alleine ist, schwungvoll die hohe Flügeltür auf. Erschrocken fährt Franz Joseph hoch. Ein ungläubiges Lächen erstrahlt auf seinem Gesicht. „Sissy! Du hier? Ich habe dich gar nicht zurückerwartet. Was für eine Überraschung! Und wie wunderschön du aussiehst. Komm, laß dich in die Arme schließen!"

Ganz Wien freut sich über die Rückkehr der Kaiserin. Man hat schon nicht mehr an ihre Wiedergenesung geglaubt. Zur Feier des Wiedersehens läßt Franz Joseph einen prächtigen Fackelzug im Prater veranstalten. Da lernt Sissy auch zum erstenmal ihre zukünftige Erzrivalin, Fürstin Pauline Metternich, kennen. Die spitzzüngige Dame ist mit dem österreichischen Botschafter in Paris verheiratet, hat sich aber wegen ehelicher Zwistigkeiten wieder nach Wien zurückgezogen. Während der Monate, die Sissy nicht in Wien verbracht hat, ist Pauline Metternich so etwas wie die erste Dame der Gesellschaft geworden. Während Sissy den Lampionszug bewundert, berichtet ihr Franz Joseph alles Wissenswerte über die Metternich. Er verschweigt ihr auch nicht den köstlichen Spitznamen, mit dem man die hart urteilende Frau belegt hat: „Man nennt sie auch gerne Mauline Petternich", schmunzelt Franz Joseph. „Das ist fürwahr ein passender Name."

In den folgenden Wochen schmähen einander die beiden Frauen in der subtilsten Art und Weise. Natürlich wird nie offen vorgegangen, aber bald lacht ganz Wien über die versteckten Spitzen, die beide Damen anzubringen wissen. Noch vor einem Jahr hätte sich Sissy tief verletzt in ihren Gemächern verkrochen, nun aber nimmt sie die Herausforderung gerne an.

Pauline Metternich war eine Zeitlang die Leitfigur der Wiener Mode. Sie läßt sich die neuesten Pariser Modelle kommen, und schon nach wenigen Tagen beauftragen die Aristokratinnen ihre Schneider, nach dem gleichen Muster zu arbeiten. Die Fürstin hat einen extravaganten Geschmack, schmückt sich reichlich mit Federn und Flitter und schminkt sich sehr stark. Sissy holt nun zum Gegenzug aus. Sie hat sich immer einfach, aber erlesen gekleidet. Nun verhöhnt sie jene Damen der Gesellschaft, denen ihre natürliche Schönheit nicht genügt und die sich mit allerlei Tand aufputzen müssen. Kurz nach Sissys Rückkehr kann man bemerken, daß sich viele adelige Fräulein auf einmal betont schlicht kleiden und sogar abends, Sissys Beispiel folgend, ungeschminkt auftreten.

Fürstin Metternich ist eine kluge Frau und weiß, wann sie eine Schlacht verloren hat. Also sucht sie schnellstens nach einem neuen Betätigungsfeld, um der Kaiserin ein Schnippchen zu schlagen. Auf einmal scheint sie Gefallen daran zu finden, große Wohltätigkeitsveranstaltungen zu organisieren. Sissy merkt sofort, welche Absicht hinter den großen Spenden steckt. Pauline Metternich will demonstrativ jene Aufgabe übernehmen, die eigentlich der Kaiserin zusteht. Doch Sissy macht sich um ihr Ansehen im Volk, dem die Hilfsaktionen zugute kommen sollen, keine Sorgen. Nach wie vor besucht sie die armen Leute, macht aber kein so großes Aufsehen um ihre Mildtätigkeit wie Pauline Metternich. Sie liebt es, wie eine gute Fee zu erscheinen und oft sogar unerkannt zu helfen. Erst Minuten später bemerken die Familien, wer ihnen Lebensmittel, Brennholz oder eine Geldspende vor die Tür gelegt hat. Die hochmütige Fürstin kann die Sympathie der Bevölkerung nie gewinnen. Wenn die beiden Damen aber einmal bei einem öffentlichen Anlaß aufeinander treffen, behandeln sie einander mit zuckersüßer und ausgesuchtester Höflichkeit. Franz Joseph hält sich manchmal den Bauch vor Lachen, wenn ihm Sissy von einer solchen Begegnung berichtet.

Der Kaiser ist natürlich hingerissen von seiner klugen und begehrenswerten Frau und kann ihr kaum mehr eine

Bitte abschlagen. Sissy ist sich jetzt ihrer Wirkung auf ihn voll bewußt. Wenn sie nun einen Wunsch hat, dann jammert sie nicht mehr, beschwert sich auch nicht, sondern setzt nur ihr zärtlichstes Lächeln auf. Das Herz des Kaisers schmilzt wie ein Eisblock in der Sonne. Auch Sophie hat den Persönlichkeitswandel bemerkt und zeigt sich gerne an der Seite ihrer Schwiegertochter. Man kann nicht behaupten, daß die beiden Frauen einander liebgewonnen haben, doch es besteht zumindest eine Art Waffenstillstand. Nur ein einziges Mal schließen sich Erzherzogin Sophie und Sissy zusammen. Es geht um die Erziehung des Kronprinzen Rudolf, der ihrer Meinung nach von seinem Ausbildner viel zu hart angepackt wird. Franz Joseph hat seine Liebe zum Militär noch immer nicht abgelegt und will aus seinem Sohn einen guten Soldaten machen. Doch Rudolf, einem ungemein intelligenten Kind, bekommt der militärische Drill, der ihm schon in jungen Jahren angetan wird, überhaupt nicht. Er wird krank, hat ständig Fieber, Magenbeschwerden oder Angina. Sissy beobachtet einige Tage lang, wie Rudolfs Erzieher, Graf Leopold Gondrecourt, mit ihrem Sohn umgeht. Das arme Kind leidet ganz offensichtlich unter der strengen Zucht des Grafen, der allerdings auf Franz Josephs Befehl, den übersensiblen Knaben scharf herzunehmen, handelt.

Klugerweise geht Sissy mit ihrer Sorge nicht zum Kaiser, sondern wendet sich an die Erzherzogin, die ihren Enkel heiß und innig liebt. Sissy will niemandem Vorwürfen machen. Sie fordert Sophie nur auf, die Übungen zur körperlichen und geistigen Abhärtung zu überwachen. Völlig entsetzt bittet Sophie ihrer Schwiegertochter nach einigen Tagen zu sich, um Maßnahmen gegen die fast sadistische Quälerei zu besprechen.

„Ich bin der Meinung, liebe Mama", meint Sissy, „daß

Gondrecourt schnellstens die Erziehung aus der Hand genommen werden sollte. Doch ich möchte Franz Joseph nicht enttäuschen. Er hat sich sosehr einen kleinen Soldaten gewünscht. Aber wie es scheint, liegen Rudolfs Talente auf anderen Gebieten. Haben Sie bemerkt, Mama, daß er schon ein wenig lesen kann? Vielleicht könnten Sie mit meinem Gemahl über das Thema sprechen. Wir wissen doch alle, welchen Wert er auf Ihre Ratschläge gibt."

Sophie fühlt sich natürlich ungeheuer geschmeichelt und merkt dabei überhaupt nicht, daß sich Sissy schon längst für einen anderen Lehrer entschieden hat· Oberst Latour von Thurmburg soll die freigewordene Stelle übernehmen. Bei einem ihrer nächsten Gespräche mit ihrer Schwiegermutter weist Sissy ganz beiläufig darauf hin, daß es Oberst Latour war, der so viel Mitleid mit dem Kronprinzen hatte, daß er Sissy auf die schrecklichen Erziehungsmethoden hingewiesen hat. Etwas später läßt sie dann auch die Bemerkung fallen, daß der Oberst ein außergewöhnlich gebildeter Mann sei. Die Erzherzogin horcht auf und nimmt sich vor, Franz Joseph diesen Mann als neuen Erzieher für ihren Enkel vorzuschlagen. Aber zunächst bittet sie Latour zu einer vertraulichen Unterredung. Dieser aber ist von Sissy schon vorbereitet worden und erzählt der Erzherzogin genau die Dinge, die sie von ihm hören möchte. Sissy hat ihm erklärt, wie er auftreten muß, um Sophie zu gewinnen. In Wahrheit aber ist Latour sehr liberal und antihöfisch.

Es geht alles so aus, wie es sich Sissy gewünscht hat: Latour bekommt auf Intervention der Erzherzogin den Posten als Erzieher, der militärische Drill wird auf die notwendigsten Übungen eingeschränkt, geistige Bildung bekommt Vorrang. Rudolf soll zu einem vielseitig interessierten Mann heranwachsen, der nicht in der Aristokratie, sondern im Bürgertum die Grundlage für einen modernen Staat sieht. Viel später wird seine Erziehung allerdings böse Konflikte mit dem konservativen Franz Joseph auslösen.

Aber zunächst freut sich Sissy, daß sie mit Charme und Klugheit wieder einmal einen Sieg davongetragen hat. Doch nach und nach fällt ihr das taktische Agieren auf die Nerven. Sissy umgibt sich immer mehr mit Vertrauten, die sie selber aussucht. Nun wünscht sie sich eine neue Hofdame, am besten eine Ungarin, damit sie ihre Sprachkenntnisse aufbessern kann. Gräfin Almassy schickt ihr aus Budapest eine lange Liste von Namen und fügt auch, soweit vorhanden, Abbildungen der Bewerberinnen hinzu. Spontan entscheidet sich Sissy für Ida von Ferenczy. Der Kaiserin hat der einfache Name in der Reihe von hochadeligen Bewerberinnen am besten gefallen. Und als sich die junge Ida in Wien vorstellt, steht für Sissy fest, daß sie das Mädchen in ihre Dienste nehmen möchte. Man weiß allerdings nicht so genau, wie man die neue Dame in die strenge Hierarchie eingliedern soll. Wegen ihrer bescheidenen Herkunft kann sie nicht gleich zur Hofdame gemacht werden, das würde die anderen Familien wieder brüskieren. Also verfällt Sissy auf die Idee, Ida zur Brünner Stiftsdame zu machen und sie offiziell als „Vorleserin Ihrer Majestät" einzustellen. Sissy macht Ida von Anfang an klar, in welche Neidgesellschaft sie da hineingeraten ist.

„Sie sollen ausschließlich meine Vertraute sein, liebe Ida. Lassen Sie sich von den anderen Hofdamen um Himmels willen nicht aushorchen."

Es dauert wirklich nicht lange, da machen sich die Hofdamen an ihrer Kollegin heran und versuchen, sie auf die Seite von Sophies Partei zu ziehen. Der Hof ist noch immer in jene gespalten, die entweder auf Sissys oder Sophies Seite stehen. Aber Ida ist ihrer Kaiserin treu ergeben. Als Sissy merkt, daß die anderen Hofdamen die Ungarin plötzlich ablehnend behandeln, weil sie sich als verschwiegen erweist, weiß sie, daß sie endlich eine Freundin gefunden hat. Nun hat Sissy jemanden, dem sie vorbehaltslos ihre Gedanken anvertrauen kann. Ida ist auch immer bereit, die verrücktesten Ideen mitzumachen. Eines Abends, als der Kaiser einmal nicht in Wien ist und Sissy sich schrecklich langweilt, beschließen die beiden, ganz inkognito einen Ball zu besuchen. Sissy und Ida maskieren sich als Dominos, die Kaiserin in einem gelben Kostüm, Ida in einem roten. Unbemerkt gelangen sie in den Ballsaal und stürzen sich in den Trubel. Sissy fällt ein eleganter junger Mann auf, den sie noch nie bei Hof gesehen hat. Sie schickt Ida vor, um ihn zu ihr auf die Galerie zu bringen. Wenige Augenblicke später steht der junge Ministerialbeamte Fritz Pacher vor der Kaiserin. Mit einem Blick erkennt er an Sissys kostbarer Ausstattung, daß er es mit einer berühmten Dame der guten Gesellschaft zu tun haben muß, geht aber bereitwillig auf das Versteckspiel ein. Aber als Sissy mit ihrer weichen Stimme zu sprechen beginnt, als er ihr herrliches Haar sieht, daß sich unter der Maske nicht verbergen läßt, dämmert ihm, mit wem er es zu tun haben könnte. Mit Herzklopfen wartet er auf ein weiteres Zeichen, doch Sissy ist auf der Hut. Erst viel später wird sie übermütig und beginnt, den jungen Mann auszufragen:

„Sag einmal, kennst du vielleicht auch die Kaiserin? Was spricht man denn von ihr im Volk?"

Nun ist Fritz Pacher davon überzeugt, daß er es mit Elisabeth zu tun haben müsse. Und als Sissy ihn im Lauf des Gespräches fragt, für wie alt er denn den gelben Domino halte, wagt er es, das richtige Alter der Kaiserin anzugeben. Sissy zuckt erschreckt zusammen, denn nun erhärtet sich auch bei ihr der Verdacht.

Er weiß, wer ich bin. Nun müssen wir aber schnell weg,

denkt sie bestürzt und gibt Ida ein Zeichen. Der Ministerialbeamte will den Domino aber nicht so schnell laufen lassen. Er drängt der Kaiserin seine Adresse auf und nimmt ihr das Versprechen ab, wenigstens einmal zu schreiben. Sissy kommt nur mit Mühe von ihm los. In der Kutsche meint sie erleichtert zu Ida:

„Einen Moment lang hatte ich schon den Verdacht, er hätte unser Inkognito durchschaut. Nun dürfen wir aber nicht direkt zur Hofburg zurück."

Ida weist den Kutscher an, zuerst weit hinaus in die Vorstadt zu fahren. Dann läßt sie halten und sieht sich genau um, ob auch niemand gefolgt ist.

Inzwischen wandert Fritz Pacher völlig verwirrt in seine bescheidene Behausung. War es die Kaiserin, war sie es nicht? In den nächsten Tagen schleicht er um die Hofburg, um einen Blick von Sissy zu erhaschen. Er hält sich im Prater auf, wo Sissy des öfteren ausreitet. Noch Wochen nachher unterhalten sich Sissy und Ida über dieses kleine Abenteuer. Ida nährt auch wieder die Liebe zu den Ungarn in Sissys Herz. Die Kaiserin sucht die ungarische Nationaltracht hervor, die ihr als Geschenk dargebracht wurde, und probiert sie gleich an.

„Ich muß Franz Joseph nun ernsthaft bitten, mich wieder einmal nach Ungarn mitzunehmen. Wie ich mich nach dem Land und den Menschen sehne! Gott sei Dank haben sich Ihre Landsleute, liebe Ida, doch nicht von den Unruhen in Italien aufhetzen lassen. Wie gerne möchte ich wieder nach Gödöllö fahren."

Eines Abends erscheint das Kaiserpaar in der mittleren Hofloge im Burgtheater. Sissy trägt demonstrativ eine goldbestickte Haube, wie es die ungarischen Magnatenfrauen zu tun pflegen. Die Mutter des Kaisers hat in einer zweiten Loge Platz genommen. Als sie Sissy erblickt, beginnt sie, ihre Schwiegertochter mit dem Lorgnon zu fixieren, beugt sich über die Brüstung, als ob sie ihren Augen nicht trauen könne und lehnt sich dann kopfschüttelnd zurück. Das wiederholt sich einige Male, bis Sissy ganz entnervt mitten in der Vorstellung aufsteht und geht.

Seither hält sich Sissy in der Öffentlichkeit mit proungarischen Äußerungen etwas zurück. Sie will nicht, daß Sophie ihre Pläne schon im Keim erstickt. Sissy hat vor, Franz Joseph zu bitten, Gödöllö zu kaufen und als Refugium ausbauen zu lassen. So könnte sie immer zu ihren Freunden flüchten. Bad Ischl gefällt Sissy schon lange nicht mehr. Im Winter kann man sich dort nicht aufhalten, ohne vor Langeweile zu sterben, und im Sommer versammelt sich ganz Wien in dem kleinen Städtchen, so daß man wirklich keine Erholung finden kann. Nach Gödöllö würde mir Franz Josephs Mutter nie folgen. Sie hält es für unter ihrer Würde, ungarischen Boden zu betreten, denkt Sissy. Behutsam malt sie Franz Joseph den Aufenthalt in dem renovierten Schlößchen in den allerschönsten Farben aus, weist darauf hin, daß die folgenden Ungarnreisen durch den Erwerb von Gödöllö viel billiger kämen.

Schließlich bleibt dem Kaiser wirklich nichts anderes übrig, als auf den Vorschlag einzugehen. „Wir wollen aber erst einmal mit einem Architekten hinfahren. Wenn er uns einen vernünftigen Preis machen kann, dann bin ich bereit, dir diese Freude zu machen. Du bist schon eine ungewöhnliche Frau. Statt dir Schmuck zu wünschen wie andere Kaiserinnen, möchtest du eine Ruine haben. Aber wenn du meinst, du könntest uns dort ein Heim schaffen, dann soll es mir nur recht sein."

Glücklich fällt Sissy ihrem Franzl um den Hals. Nach wenigen Wochen fahren die beiden mit kleinem Gefolge nach Ungarn, um über den Kauf zu verhandeln. Das Projekt erweist sich als billig, dem Umbau steht nichts im Wege. Während der Kaiser nach Wien fährt, quartiert sich Sissy mit Ida in einer Mietvilla in Ofen ein und läßt sich Pläne für die Renovierung vorlegen.

„Hier kann ich endlich glücklich sein. Die Kinder können sich im Freien austoben, ich darf ausreiten, so oft ich will, Franz Joseph hat die Möglichkeit, herrliche Jagden zu veranstalten, und seine Mutter ist weit weg in Wien."

Von Gödöllö aus leitet Sissy auch versöhnliche Gespräche zwischen Franz Joseph und Graf Andrassy ein. In ihrer Freude beschließt sie, dem Kaiser noch einen Nachkommen zu schenken. Für eine Weile sind wieder Friede und Harmonie in das österreichische Kaiserhaus eingekehrt.

Pius
1786–1837
Herzog in Bayern
∞ Amalie Arenberg

Max I.
1756–1825
König von Bayern
Zweite Ehe mit Karoline von Bade

Max
1808–1888
Herzog in Bayern

Ludowika
1808–1892
Herzogin in Bayern

Geschwister von Ludowika und Sop

Ludwig I., König von Bayern
Königin **Amalie** von Sachsen
Königin **Elise** von Preußen
und andere

Die Geschwister Elisabeths:

Ludwig 1831–1920
∞ Henriette Mendel
Baronin Marie Wallersee

Helene 1834–1890
∞ Maximilian Erbprinz
von Thurn und Taxis

Carl Theodor 1839–1909
1. ∞ Sophie von Sachsen
2. ∞ Marie José von Braganza

Marie 1841–1925
∞ König Franz II.
von Neapel-Sizilien

Mathilde 1843–1925
∞ Luigi Trani

Sophie 1847–1897
∞ Ferdinand von Alençon

Max Emanuel 1849–1893
∞ Amalie von Sachsen-Coburg

ELISABETH (SISSY)
1837–1898

Die Kinder von

Sophie 1855–1857

Gisela 1856–1932
∞ **Leopold** von Baye

Die Enkelkinder:

Elisabeth, geb. 187

Auguste, geb. 187

Franz II. (I.)
1768–1835
Kaiser von Österreich
Zweite Ehe: M. Therese von Bourbon-Neapel

Sophie
1805–1872
Erzherzogin

Franz Karl
1802–1878
Erzherzog von Österreich

Ferdinand I.
1793–1875
Kaiser von Österreich

Marie Luise
1791–1847
∞ Napoleon I.

FRANZ JOSEPH I.
1830–1916
Kaiser von Österreich

Maximilian
1832–1867
Kaiser von Mexiko

Karl Ludwig
1833–1886
Erzherzog von Österreich
Zweite Ehe: Maria Annunziata
von Bourbon-Neapel

Franz Ferdinand
1863–1914
Thronfolger
∞ Sophie Gräfin Chotek

ranz Joseph:

Rudolf 1858–1889
tephanie von Belgien

abeth (Erzsi), geb. 1883

Marie Valerie 1868–1924
∞ Erzherzog Franz Salvator

Elisabeth (Ella), geb. 1892

Franz Carl, geb. 1893

Hubert, geb. 1894

Hedwig, geb. 1896

Theodor, geb. 1899

Gertrud, geb. 1900

Marie, geb. 1901

Klemens, geb. 1904

Mathilde, geb. 1906

Im Schloß der Träume

Man schreibt das Frühjahr 1889. Noch immer steht Österreich, steht das Kaiserhaus im Bann der Tragödie von Mayerling. Aufgewühlt und voller Zweifel an der offiziellen Version versucht Sissy, die Wahrheit über den Tod ihres Sohnes, des Kronprinzen Rudolf, herauszufinden. Doch sie stößt gegen eine Mauer der Ablehnung und des Schweigens.

Ein Walzer in Schönbrunn

Wieder erlebt der Leser einen weiteren Lebensabschnitt im ereignisreichen Dasein der Kaiserin Elisabeth von Österreich am prunkvollen Wiener Hof, den sie so gar nicht liebt. Immer wieder versucht sie zu fliehen, reist in Begleitung ihrer Hofdamen und des alten, getreuen Barons Nopsca in fremde Länder. Doch wieder heimgekehrt, erfährt sie, daß sich der junge, neue Thronfolger Erzherzog Franz Ferdinand weit unter seinem Stand in eine einfache Komtesse verliebt hat.

Schwarzer Diamant der Krone

Wieder erlebt der Leser einen weiteren Lebensabschnitt im ereignisreichen Dasein der Kaiserin Elisabeth von Österreich am prunkvollen Wiener Hof, den sie so gar nicht liebt. Immer wieder versucht sie zu fliehen, reist in Begleitung ihrer Hofdamen und des alten, getreuen Barons Nopsca in fremde Länder. Doch wieder heimgekehrt, erfährt sie, daß sich der junge, neue Thronfolger Erzherzog Franz Ferdinand weit unter seinem Stand in eine einfache Komtesse aus böhmischem Adel verliebt hat. Die Hausgesetze der Habsburger und der auf die Tradition seines Erzhauses bedachte Kaiser Franz Joseph scheinen eine Verbindung unmöglich zu machen. In seiner Not wendet sich Franz Ferdinand an die einzige, der er vertraut — an seine Tante Sissy. Sie versteht ihn und will ihm helfen. Doch sie liebt auch ihren Mann, mit dem sie ein ganzes Leben hindurch Glück und Unglück geteilt hat.